Die Teilung Deutschlands

Deutsche Geschichte im 20. Jahrhundert

Herausgegeben von

Manfred Görtemaker
Frank-Lothar Kroll
Sönke Neitzel

Band 11

Matthias Uhl

DIE TEILUNG DEUTSCHLANDS

Niederlage, Ost-West-Spaltung und Wiederaufbau 1945–1949

be.bra verlag

Abbildungsnachweis
Archiv des Verlages 7, 11, 165
Bundesarchiv 37 (Bild F080294-0007, Foto: Vollrath), 63 (Bild 146-1977-124-30), 134 (Bild 183-NO415-303), 182 (Bild 183-R67854)
Landesarchiv Berlin 94
ullstein bild Titelbild
Karte: Peter Palm, Berlin

Sonderausgabe
Dieses Buch stellt keine Meinungsäußerung der Landeszentrale für politische Bildung dar. Für den Inhalt ist der Autor verantwortlich. Diese Ausgabe ist nicht zum Verkauf bestimmt.

Bibliografische Information der Deutschen Bibliothek
Die Deutsche Bibliothek verzeichnet diese Publikation in der Deutschen Nationalbibliografie; detaillierte bibliografische Daten sind im Internet über http://dnb.d-nb.de abrufbar.

KulturBrauerei Haus 2
Schönhauser Allee 37, 10435 Berlin
post@bebraverlag.de
Lektorat: Matthias Zimmermann, Berlin
Umschlag und Gesamtgestaltung: hawemannundmosch, Berlin
Satz: typegerecht berlin, Berlin
Schrift: Swift 10/13,9 pt
ISBN 978-3-89809-411-5

www.bebraverlag.de

Inhaltsverzeichnis

1 Einleitung

Am 9. Mai unterzeichnete Generalfeldmarschall Wilhelm Keitel die bedingungslose Kapitulation der deutschen Wehrmacht im Hauptquartier der Roten Armee in Berlin-Karlshorst.

In den frühen Morgenstunden des 7. Mai 1945 unterzeichneten im Hauptquartier der US-Armee im französischen Reims Generaloberst Alfred Jodl und Generaladmiral Hans-Georg von Friedeburg die bedingungslose Kapitulation der deutschen Wehrmacht gegenüber den Alliierten. Die Kampfhandlungen sollten am 8. Mai um 23.01 Uhr mitteleuropäischer Zeit eingestellt werden. Da die sowjetische Führung unter Josef W. Stalin jedoch auf der nochmaligen Ratifizierung einer gleich lautenden Urkunde im Beisein des sowjetischen Oberkommandos bestand, wurde der Kapitulationsakt am 9. Mai um 0.16 Uhr in Berlin-Karlshorst wiederholt. Damit endete der Zweite Weltkrieg in Europa.

Insgesamt hatten sich 61 Staaten im Kriegszustand befunden, über 110 Millionen Soldaten waren zu den Waffen gerufen worden. Die Gesamtzahl der Toten betrug mehr als 50 Millionen,

35 Millionen Menschen machte der Krieg zu Krüppeln. Die meisten Opfer hatte die Sowjetunion zu beklagen: über 13 Millionen Soldaten und mehr als 14 Millionen Zivilisten, die infolge der Kampfhandlungen oder des barbarischen deutschen Besatzungssystems ums Leben kamen. In Polen waren es fast sechs Millionen. Mehr als 18 Millionen Frauen, Männer und Kinder waren von den Nationalsozialisten in Konzentrationslager getrieben worden, elf Millionen von ihnen überlebten das dort herrschende Schreckensregime nicht. Besonders das jüdische Volk hatte unter dem Terror der NS-Diktatur gelitten. Von 9,5 Millionen Juden, die 1939 in Europa ihre Heimat hatten, lebten 1945 nur noch 3,5 Millionen.

Doch auch die Deutschen zählten zu den Opfern. Fast 5,2 Millionen Soldaten kehrten von den Fronten des Krieges nicht zurück. Zudem starben zwischen 1939 und 1945 mehr als eine Million Zivilisten einen gewaltsamen Tod, davon 410 000 bei alliierten Bombenangriffen, die zugleich 7,5 Millionen Menschen obdachlos machten. Zehn Millionen, die evakuiert wurden oder im Osten vor den Truppen der Roten Armee flohen, verloren ihr Zuhause.

Mit dem Zusammenbruch des Deutschen Reiches endeten für die Bevölkerung die unmittelbaren Kriegsgefahren und die brutale Herrschaft des NS-Regimes. Gleichwohl dauerten die chaotischen Verhältnisse, in denen die überwiegende Masse der Deutschen lebte, noch lange Zeit an. Die Besetzung Deutschlands durch die Alliierten entsprach den Geboten des Krieges und des internationalen Vertragsrechts. Indes fühlte sich die überwältigende Mehrheit der Deutschen nicht »befreit«, sondern war allenfalls erleichtert, dass Krieg und NS-Terror nun ein Ende hatten. Für die alliierten Streitkräfte waren im Frühjahr 1945 die Zerschlagung des Nationalsozialismus und der Sieg über das nationalsozialistische Deutschland die Hauptaufgaben gewesen. Eine offiziell propagierte Befreiungsmission, wie für die Länder West- und Osteuropas, hatte es dagegen nicht gegeben. Vielmehr verfolgten die Alliierten die gemeinsame Absicht, dass von Deutschland nie wieder eine derartige Bedrohung für die

Menschheit ausgehen sollte. Deshalb mussten nach seiner Kapitulation auch die gesellschaftlichen Wurzeln des Nationalsozialismus beseitigt werden. Dafür wollten die Bündnispartner ihre Kooperation über einen militärischen Sieg hinaus fortsetzen. Nach Kriegsende zeigte sich jedoch rasch, dass die unterschiedlichen strategischen Interessen und innenpolitischen Überlegungen der Siegermächte die Suche nach gemeinsamen Lösungen für Deutschland erschwerten.

Mit den militärischen Entscheidungen des Zweiten Weltkriegs hatte sich auch das internationale System grundlegend gewandelt. Die Vereinigten Staaten stiegen zur Supermacht auf und überließen die Verhältnisse in der übrigen Welt nicht mehr sich selbst, während sich die Sowjetunion als stärkste Militärmacht auf dem europäischen Kontinent etablierte. Die Zukunft Europas und Deutschlands war damit in höchstem Maße vom Verhalten der USA und der UdSSR abhängig. Zugleich entwickelten sich die Verhandlungen über die künftige Gestaltung Deutschlands zu einem zentralen Schauplatz, auf dem die beiden neuen Großmächte ihr Verhältnis erprobten. Als die amerikanisch-sowjetischen Beziehungen nach dem Ende des Zweiten Weltkriegs in schwieriges Fahrwasser gerieten, hatte dies unmittelbare Auswirkungen auf die – mehr oder weniger – gemeinsame Politik gegenüber dem niedergerungenen Kriegsgegner.

Obgleich Ende 1945 noch nicht entschieden war, dass es zur Bildung zweier deutscher Staaten in Ost und West und deren Integration in gegensätzliche Machtblöcke kommen würde, deutete sich doch bereits früh an, dass der Kalte Krieg und die folgende Teilung Europas und Deutschlands die wohl wahrscheinlichste Lösung des Konflikts zwischen der UdSSR und den USA werden würde. Damit entwickelte sich das im Herzen Europas gelegene Deutschland nicht – wie ursprünglich erhofft und vorgesehen – zum Stabilisierungsfaktor zwischen den beiden Großmächten, sondern zum Objekt und Opfer ihrer Auseinandersetzung. Dass diese Konfrontation nicht plötzlich eintrat und dass zwischen 1945 und 1949 immer wieder Chancen für eine gemeinsame

Lösung der deutschen Frage bestanden, zeigt der vorliegende Band. Gleichzeitig macht er jedoch auch deutlich, dass unter dem Einfluss der jeweiligen Besatzungsmächte die Deutschen weder in West noch Ost diese Möglichkeiten nutzten, sondern den Weg zur deutschen Zweistaatlichkeit teils sogar bereitwillig beschritten.

2 Das Kriegsende

Die »Großen Drei« auf der Potsdamer Konferenz im Sommer 1945 – der britische Premierminister Clement Attlee, der US-amerikanische Präsident Harry S. Truman und der sowjetische Staatschef Josef Stalin.

Potsdam: Die Deutschlandplanung der Alliierten

Kaum war der Krieg vorbei, zeigten sich erste Risse in der alliierten Nachkriegsplanung für Deutschland und Europa. Deutlich wurden diese bereits im Juli 1945 auf der Potsdamer Konferenz, zu der man vor den Toren der Reichshauptstadt zusammenkam, um über das weitere Vorgehen in Deutschland zu beraten. Das Treffen der »Großen Drei« – dem britischen Premierminister Winston Churchill, dem sowjetischen Staatschef Josef W. Stalin und dem amerikanischen Präsidenten Harry S. Truman – im Schloss Cecilienhof bot eigentlich Grund zur Freude: Der Krieg in Europa war vorüber, der Nationalsozialismus besiegt und das Deutsche Reich von einer gemeinsamen Koalition, angeführt von Amerikanern, Briten und Russen, besetzt. Potsdam hätte deshalb »das letzte große Fest des Krieges werden« können.

Dessen ungeachtet stand bereits der Auftakt der Verhandlungen unter keinem guten Stern. Die Franzosen – mit General Charles de Gaulle als Präsidenten ihrer provisorischen Regierung – wurden zu der vom 17. Juli bis zum 2. August 1945 dauernden Konferenz gar nicht erst eingeladen. Sie hatten jedoch das vorgesehene alliierte Kontrollsystem für Deutschland bereits am 1. Mai 1945 anerkannt und stimmten am 4. August auch dem »Potsdamer Kommuniqué« zu, das angesichts eines fehlenden völkerrechtlich verbindlichen Vertrags die wichtigsten Beschlüsse der Konferenz zusammenfasste und später häufig als »Potsdamer Abkommen« bezeichnet wurde. In ihre eigene Besatzungszone konnten die Franzosen erst nach dem Ende des Treffens in Potsdam einrücken.

Doch die an der Konferenz teilnehmenden Staatschefs konnten sich über den Anlass des Treffens ebenfalls kaum freuen. Churchill reiste mit einer Magenverstimmung nach Potsdam an und zeigte sich entsprechend missgelaunt. Stalin konnte, bedingt durch einen Herzanfall, erst einen Tag später als geplant seinen Sonderzug nach Deutschland besteigen – vor dem Fliegen hatte der sowjetische Diktator panische Angst. Es war der wohl am besten geschützte Eisenbahntransport in der Geschichte. Mehr als 19000 Soldaten des sowjetischen Geheimdienstes übernahmen den Schutz der Reiseroute. Auf dem Territorium der UdSSR überwachten sechs Soldaten jeden Bahnkilometer, in Polen bereits zehn und in Deutschland schließlich 15. Darüber hinaus patrouillierten auf der Strecke Moskau–Berlin acht gepanzerte Züge – zwei in der Sowjetunion, zwei in Polen und vier in der sowjetischen Besatzungszone (SBZ). Zusätzlich wurden in Potsdam für die Sicherheit der sowjetischen Delegation sieben Regimenter der Geheimpolizei NKWD und 900 Leibwächter des Geheimdienstes NKGB aufgeboten. Gleichwohl wies Stalin den Oberkommandierenden der Sowjetischen Militäradministration in Deutschland (SMAD) und der Gruppe der sowjetischen Besatzungstruppen in Deutschland (GSBT), Marschall Georgi K. Schukow, an, ihn ohne großen Bahnhof zu empfangen.

Selbst US-Präsident Harry S. Truman, der bei seiner Ankunft eine achttägige Atlantiküberquerung hinter sich hatte, war keineswegs euphorisch. In einem Brief an seine Mutter schrieb er deutlich, was er über das Treffen der »Großen Drei« dachte: »Ich wollte, ich hätte diese Reise hinter mir. Sie ist mir sehr zuwider. Aber leider ließ sie sich nicht umgehen.«[1]

Grund für die Zurückhaltung bei den Konferenzteilnehmern war das gespannte Verhältnis der Bündnispartner. Der britische Premier hatte inzwischen bei aller Sympathie für Stalin einen gehörigen Respekt vor den politischen Plänen des sowjetischen Diktators. Er mutmaßte, die USA könnten Großbritannien mit dem »russischen Bären« – wie er es ausdrückte – allein lassen. Dieses Misstrauen wurde bestärkt durch die Nachricht, dass Truman im Vorfeld der Konferenz ein Treffen mit Stalin ohne die Briten beabsichtigt hatte. Churchill befürchtete angesichts dieser Vorgehensweise einen Handel hinter seinem Rücken. Allerdings nahmen er und sein Außenminister Anthony Eden ohnehin nur kurz an der Konferenz teil. Schon am 28. Juli wurden sie nach der Niederlage der britischen Konservativen bei den Wahlen zum Unterhaus durch den neuen Premierminister Clement Attlee und Außenminister Ernest Bevin ersetzt, denen jedoch das politische Format ihrer Amtsvorgänger weitgehend fehlte.

Auch der stets argwöhnische Stalin witterte Verrat. Bis zum letzten Tag des Krieges hatte der sowjetische Staatschef befürchtet, Briten und Amerikaner könnten ohne seine Zustimmung einen Separatfrieden mit Deutschland aushandeln und ihn um die politischen Früchte seines mit einem hohen Blutzoll erkauften Sieges bringen. Gleichermaßen erwartete er von den Amerikanern nichts Gutes, da US-Präsident Truman am 11. Mai 1945 verfügt hatte, alle Lieferungen an die Sowjetunion, die nicht für den Krieg gegen das japanische Kaiserreich bestimmt waren, zu beenden; selbst Schiffe, die sich bereits auf hoher See befanden, mussten danach umkehren.

Truman seinerseits fürchtete, dass der zunehmend unberechenbare Bundesgenosse Churchill aus dem Ruder laufen könnte und dass die künftigen Beziehungen zur Sowjetunion sich drastisch verschlechtern könnten. Sein Außenminister James F. Byrnes hatte ihm sogar prophezeit, dass ein künftiger Krieg mit der UdSSR unumgänglich sei. Anders als Henry M. Morgenthau, der Finanzminister seines Amtsvorgängers Franklin D. Roosevelt, wollte Truman Deutschland dagegen nicht mehr in einen deindustrialisierten Agrarstaat verwandeln. Im Vordergrund standen für ihn vielmehr die Besetzung Deutschlands und die demokratische Umerziehung der deutschen Bevölkerung.

Kurz nachdem sich die amerikanischen und sowjetischen Truppen an der Elbe bei Torgau noch im Siegestaumel die Hände geschüttelt hatten, misstrauten sich ihre politischen Führer demzufolge bereits vollends. In Potsdam waren sich die Siegermächte lediglich einig, dass Deutschland einer Denazifizierung, Demokratisierung, Demilitarisierung, Dezentralisierung und Dekartellisierung unterzogen werden sollte. Daher beschlossen die Alliierten bei ihrem Treffen im Juli 1945, dass ein Vier-Mächte-Kontrollrat Deutschland als wirtschaftliche Einheit zu verwalten hatte, wobei diesem jedoch keine unbeschränkte Vollmacht für die Verwaltung des gesamten Territoriums zugestanden wurde. Weiterhin verfügten die Siegermächte die Aufteilung des Landes bis zu einem endgültigen Friedensvertrag in vier Besatzungszonen – die bereits während der Konferenz von Jalta im Februar 1945, wo die Verbündeten der Anti-Hitler-Koalition über das Schicksal Deutschlands nach dem Krieg beraten hatten, geplant worden war. Die deutschen Gebiete östlich von Oder und Neiße, über deren Verbleib bis zum Abschluss des Treffens Uneinigkeit herrschte, sollten unter sowjetische beziehungsweise polnische Kontrolle gestellt werden. Zugleich wurde die Umsiedlung der dort lebenden Deutschen beschlossen – dies betraf auch deutsche Staatsangehörige, die in der Tschechoslowakei und Ungarn lebten.

Darüber hinaus sah das Potsdamer Abkommen vor, dass Deutschland Reparationen an die Siegermächte als Ersatz für die erlittenen Kriegsschäden zu leisten hatte. Diese Leistungen sollten aber nicht in finanzieller Form erfolgen, sondern durch die Lieferung von Maschinen und anderen Industriegütern abgegolten werden. Hierfür konnten die Alliierten sowohl auf Demontagen als auch auf Entnahmen aus der laufenden Produktion zurückgreifen. Jeder Besatzungsmacht wurde das Recht zugesprochen, innerhalb der ihr unterstehenden Zone Fabriken und andere Produktionseinrichtungen zu beschlagnahmen und sie auf das eigene Territorium zu verlagern. Weil die deutsche Schwerindustrie vor allem im Gebiet der westlichen Besatzungszonen konzentriert war, sollte die Sowjetunion einen Teil der ihr zustehenden Reparationsgüter über die Westalliierten erhalten. Im Gegenzug hatten die Sowjets Lebensmittel und Rohstoffe in die Territorien der westlichen Besatzungszonen zu liefern. Außerdem kam man überein, dass der Lebensstandard der Deutschen niedriger bleiben müsse als der seiner Nachbarn.

Hinsichtlich des künftigen politischen Lebens in Deutschland beschlossen die Konferenzteilnehmer, in ihren Besatzungszonen die Gründung von Gewerkschaften und politischen Parteien zuzulassen. Ferner sollte die Bildung einer deutschen Selbstverwaltung ermöglicht werden, die auf allen Ebenen mit politisch Unbelasteten zu besetzen war. Alle diese Festlegungen wurden indes als vorläufig angesehen, da die Verhandlungspartner vereinbart hatten, dass die Außenminister der Besatzungsmächte einen entsprechenden Friedensvertrag mit Deutschland vorbereiten sollten. Allerdings verhinderte der heraufziehende Kalte Krieg, dass dieser je zustande kam, so dass eine ganze Reihe strittiger Fragen erst im Zuge der deutschen Wiedervereinigung 1990 geklärt wurden.

1945 blieben jedoch wesentlich mehr Probleme ungelöst als der nicht unterzeichnete Friedensvertrag. Schon die Frage, über welches Deutschland man in Potsdam sprach, war nicht zu klären. Der Vorschlag des US-Präsidenten, das Land in den Grenzen von 1937 zu fassen, um damit Österreich und die weiteren deutschen Gebietserwerbungen vor dem Krieg auszuschließen, wurde von den anderen Konferenzteilnehmern nicht akzeptiert.

Ohne wirkliche Rechtskraft blieben auch die Festlegung der Oder-Neiße-Linie als polnische Westgrenze sowie die Abtretung Ostpreußens an Polen und die UdSSR. Hier war es der sowjetische Diktator, der seine Verbündeten vor vollendete Tatsachen stellte. Er hatte der kommunistisch geführten polnischen Regierung bereits im Vorfeld der Konferenz die deutschen Gebiete östlich von Oder und Neiße als Entschädigung für Gebietsverluste an die UdSSR im Osten zugesagt. Die USA und Großbritannien stimmten dieser Aufteilung aber nur unter Vorbehalt mit Blick auf den Reparationskompromiss zu, so dass die Oder-Neiße-Linie bis zu ihrer Festschreibung als polnische Westgrenze in den 2+4-Verträgen von 1990 ein politisches Provisorium blieb.

Selbst die erzielte Einigung auf eine »ordnungsgemäße Umsiedlung deutscher Bevölkerung«[2] aus Ostmitteleuropa war kaum das Papier wert, auf dem sie geschrieben worden war, denn die gewaltsame Vertreibung der dort lebenden Deutschen – in deren Häuser wiederum von der Sowjetunion zwangsumgesiedelte Polen aus den ehemaligen polnischen Ostgebieten einzogen – hatte längst eingesetzt. Keiner der an der Konferenz Beteiligten zeigte wirkliches Interesse an der humanitären Katastrophe, die sich infolge dieser Entscheidung anbahnte.

Gegenüber den noch in ihrer Obhut befindlichen Sowjetbürgern waren die westlichen Alliierten jedoch genauso gleichgültig. Dies betraf neben Kriegsgefangenen und verschleppten Ostarbeitern vor allem Personen, die mehr oder weniger freiwillig in deutschen Kampfverbänden gedient hatten. Weder Großbritannien noch die USA versuchten, diese Menschen vor den stalinistischen Verfolgungen zu schützen, die sie nach einer Rückkehr in die Sowjetunion erwarteten. Die überwiegende Mehrheit der Betroffenen wurde gegen ihren Willen von den Westmächten sowjetischen Truppen übergeben und in die UdSSR zurückgebracht. Stalin betrachtete sie unterschiedslos als Kollaborateure und ließ entsprechend mit ihnen verfahren. Nicht wenige der Repatriierten wurden zum Tode verurteilt; 60 Prozent landeten – zu hohen Haftstrafen verurteilt – in den Lagern des GULag-

Systems, in dem seit 1929 in einem weit verzweigten Netz aus Arbeits- und Gefangenenlagern in der Sowjetunion Millionen von politischen und militärischen Gegnern des Regimes interniert waren. Nur jeder fünfte dieser Rückkehrer blieb zunächst unbehelligt; allerdings erschwerte ein entsprechender Eintrag in der »Kaderakte« ihr Leben nachhaltig.

Bereits kurze Zeit nach dem Ende der Konferenz waren die Alliierten vollkommen zerstritten darüber, ob die in Potsdam gefassten Beschlüsse als völkerrechtlich verbindlich zu betrachten waren, solange keine abschließende Friedenskonferenz stattgefunden hatte. Während die Sowjetunion auf der Auslegung beharrte, dass es sich um ein Abkommen handele, das den Status quo – insbesondere im Osten – festigte, bestanden die Westmächte darauf, das Dokument sei lediglich ein Konferenz-Kommuniqué. Für den weiteren Verlauf des Kalten Krieges und insbesondere für die deutsche Teilung war dieser juristische Unterschied »von immenser Bedeutung«[3], ließ er doch faktisch die deutsche Frage offen.

Insgesamt zeigte Potsdam deutlich, dass trotz der wechselseitigen Freundschaftsbeteuerungen das bisherige Bündnis der Alliierten bereits 1945 starken Belastungen ausgesetzt war. Nicht nur war das sowjetische Misstrauen gegenüber dem Westen größer geworden. Auch die Entscheidungen, die man in Potsdam getroffen hatte – zum Teil beabsichtigt, zum Teil ohne große Voraussicht –, liefen auf eine Trennung der jeweiligen Einflusssphären in Europa und Deutschland hinaus. Damit war der Keim für die deutsche Teilung schon unmittelbar nach dem Ende der nationalsozialistischen Diktatur gelegt worden.

Vom Alliierten Kontrollrat zur Konfrontation

In der Kapitulationsurkunde vom 7. Mai 1945 waren die allgemeinen Bedingungen für die Besatzungsherrschaft niedergelegt. Am 5. Juni 1945 verkündeten die Oberbefehlshaber der alliierten Besatzungstruppen – der amerikanische General

Dwight D. Eisenhower, der sowjetische Marschall Schukow, der britische Feldmarschall Sir Bernard Law Montgomery und der französische Armeegeneral Jean de Lattre de Tassigny –, dass sie »die oberste Regierungsgewalt in Deutschland« übernehmen würden, ohne dass dies eine »Annektierung Deutschlands« bedeute.[4] Die nachfolgenden 15 Artikel der »Erklärung in Anbetracht der Niederlage Deutschlands« regelten dann die Entwaffnung und Gefangennahme aller deutschen Streitkräfte sowie die Verhaftung der wichtigsten Kriegsverbrecher.

Am gleichen Tag wurde zudem eine »Feststellung über das Kontrollverfahren in Deutschland« veröffentlicht, die besagte, dass während der alliierten Besatzung die oberste Gewalt von den Befehlshabern der Besatzungszonen Großbritanniens, der Vereinigten Staaten, der Sowjetunion und Frankreichs auf Anweisung ihrer Regierungen ausgeübt werde. Dabei war jeder von ihnen zunächst für seine eigene Besatzungszone verantwortlich. Gemeinsam würden die vier Befehlshaber – unterstützt von je einem politischen Berater – in jenen Angelegenheiten entscheiden, die Deutschland als Ganzes betrafen. Zu diesem Zweck wurde der Alliierte Kontrollrat gebildet, der seine Beschlüsse einstimmig fassen sollte. Zugleich hatte er dafür Sorge zu tragen, dass die Oberbefehlshaber das Vorgehen in ihren jeweiligen Besatzungszonen miteinander abstimmten. Dem Kontrollrat unterstand ein ständiger Koordinationsausschuss, in dem je ein Vertreter der vier Oberbefehlshaber saß. Ferner wurde ein Kontrollstab gebildet, der aus mehreren Abteilungen bestand: Heer, Marine, Luftwaffe, Transport, Politik, Wirtschaft, Finanzen, Reparationen und Wiedergutmachung, Innere Angelegenheiten und Nachrichtenwesen, Justiz, Kriegsgefangene und Zwangsverschleppte sowie Arbeitseinsatz. Jeder dieser Abteilungen standen vier Leiter vor, von denen jede der vier Besatzungsmächte einen stellte.

Die ehemalige Hauptstadt Berlin sollte von einer interalliierten Behörde verwaltet werden. Den übrigen Kriegsgegnern des Deutschen Reiches empfahl man die Errichtung von Militärmissionen beim Kontrollrat. Zwei weitere Dokumente – ebenfalls vom 5. Juni 1945 – bestimmten schließlich, dass Deutschland in den Grenzen vom 31. Dezember 1937 in vier Besatzungszonen aufgeteilt werden sollte; in Berlin wurden vier Sektoren gebildet.

Tatsächlich zerfiel das Gebiet des ehemaligen Deutschen Reiches zu dieser Zeit aber bereits in acht Teile, wenn man die deutschen Territorien im Osten hinzuzählt, die durch das eigenmächtige Handeln der UdSSR unwiederbringlich verloren gingen. So wurde die Region um Königsberg, heute Kaliningrad, im äußersten Osten mit seinen insgesamt 13 200 Quadratkilometern von der Sowjetunion besetzt und zum Teil der Russischen Sozialistischen Föderativen Sowjetrepublik erklärt. Das Memelgebiet wurde der Litauischen Sowjetrepublik zugeschlagen. Die östlich von Oder und Neiße gelegenen deutschen Territorien schließlich wurden von der Sowjetunion – als Ausgleich für Gebietsabtretungen Polens an die UdSSR – entsprechend dem Potsdamer Abkommen »unter Verwaltung des polnischen Staates« gestellt, wobei man in Moskau betonte, dass sie nicht als Teil der sowjetischen Besatzungszone betrachtet werden sollten.

Die für die Verwaltung der sowjetischen Besatzungszone mit insgesamt 107 410 Quadratkilometern zuständige Sowjetische Militäradministration in Berlin-Karlshorst gliederte das ihr unterstehende Territorium in die Länder Mecklenburg, Sachsen, Thüringen sowie die Provinzen Brandenburg und Sachsen-Anhalt auf. Da die geplanten Grenzen der Besatzungszonen nicht mit dem Verlauf der Fronten am Ende des Krieges übereinstimmten, zogen sich britische und amerikanische Truppen Ende Juni 1945 aus den westlichen Teilen Mecklenburgs, Thüringens und Sachsens zurück, die sie vor Kriegsende besetzt hatten. Unter Aufsicht der örtlichen Militärkommandanturen der Roten Armee entstanden in den Städten und Gemeinden deutsche Verwaltungsämter. Im Juli 1945 setzte die SMAD schließlich Landes- und Provinzialverwaltungen ein. Am 25. Juli 1945 wurden durch den Befehl Nr. 17 der Militäradministration insgesamt elf Zentralverwaltungen gebildet, die für Transport, Post- und Fernmeldewesen, Brennstoff- und Energieversorgung, Industrie, Landwirtschaft, Finanzen, Arbeit und Soziales, Bildung, Justiz, Gesundheit sowie Handel und Versorgung zuständig waren.

Zur amerikanischen Besatzungszone gehörten die schon im September 1945 gebildeten Länder Bayern – allerdings ohne die Pfalz, die unter französischer Militärverwaltung stand –, Groß-Hessen und Württemberg-Baden. Den Zugang der US-Truppen zum Meer sollte die Enklave Bremen mit Bremerhaven sichern. Bereits im Oktober 1946 schlossen sich die Ministerpräsidenten der drei Länder in Stuttgart zu einem Länderrat zusammen, der durch einstimmige Beschlüsse eine Rechts- und Verwaltungsgleichheit gewährleisten sollte. Als ständiges Gremium wurde ein Direktorium gegründet, dessen Sekretariat neun Fachabteilungen und zahlreiche Ausschüsse unterstanden, die mit dem Coordinating Office der amerikanischen Militärverwaltung zusammenwirkten. Bremen stieß erst im Februar 1947 zum Länderrat hinzu.

Die britische Zone bestand – nachdem dort Mitte 1946 Länder gebildet wurden – aus Schleswig-Holstein, Hamburg, Nordrhein-Westfalen und Niedersachsen, das aus einem Zusammenschluss der zuvor existierenden Länder Hannover, Braunschweig und Oldenburg entstand. Bereits Mitte Februar 1946 hatte die britische Militärregierung eine beratende deutsche Körperschaft, den in Hamburg beheimateten Zonenbeirat, geschaffen. Seine mindestens einmal im Monat tagenden 32 Mitglieder sollten der Militärverwaltung vor allem fachliche Ratschläge zu Fragen erteilen, in denen die Länder keine Kompetenzen besaßen. Hierzu gehörten unter anderem Währungsfragen, Infrastrukturprobleme sowie der Außenhandel und das Strafrecht.

Die französische Zone gliederte sich in die Länder Rheinland-Pfalz, Süd-Baden und Württemberg-Hohenzollern. Im Gegensatz zu den anderen westlichen Besatzungszonen und der SBZ behielt sich die französische Militärregierung alle Regelungen auf gesamtzonaler Ebene selbst vor.

Die Besatzungszonen der Alliierten 1945.

Ursprünglich sollte auch das Saargebiet zur französischen Besatzungszone gehören, doch Frankreich löste die Saar aus der Verwaltung seiner Zone heraus und wies dem Territorium einen Sonderstatus zu, der aber von den anderen Siegermächten nicht gebilligt wurde. Zugleich begann der Aufbau einer engen wirtschaftlichen Verbindung der Saar zum französischen Staatsgebiet. Frankreich hoffte, auf diese Weise vollendete Tatsachen schaffen zu können, die durch einen späteren Friedensvertrag sanktioniert werden sollten. Ende 1946 bezog man die Region in das französische Zollgebiet ein. Bald darauf wurde sie zu einem französischen Protektorat mit eigener Verfassung und Regierung. Am 16. Juli 1947 ersetzte eine als »Saarmark« eingeführte eigenständige Währung vorübergehend die bisherige Reichsmark, doch schon im Spätherbst 1947 bezahlte man im Saarland mit dem französischen Francs. Anders als im Osten des ehemaligen Deutschen Reiches fand keine Vertreibung der rund eine Million Deutschen, die im Saargebiet lebten, statt. Allerdings erhielten die Saarländer 1948 eine eigene Staatsbürgerschaft (»Saarois«). Zudem betrieb die von Frankreich eingesetzte Regierung, die sich vor allem aus Remigranten und NS-Verfolgten zusammensetzte, eine rigorose Entnazifizierung, die nachhaltiger durchgesetzt wurde als in allen anderen Teilen Deutschlands. Politische Kräfte, die sich einem politischen Anschluss der Saar an Frankreich widersetzten, durften sich nicht entfalten. Und durch Grenzänderungen wurde das Saargebiet um rund ein Drittel vergrößert, vor allem auf Kosten des Landes Rheinland-Pfalz.

Berlin wurde als deutsche Hauptstadt – gemäß den vorangegangenen alliierten Vereinbarungen vom 12. September 1944 (»Londoner Protokoll«) sowie vom 14. November 1944 (»Abkommen über Kontrolleinrichtungen in Deutschland«) – zum »besonderen Berliner Gebiet« erklärt. Hier sollte die Alliierte Kommandantur unter dem Vorsitz der vier Stadtkommandanten, »gemeinsam die Verwaltung des Gebietes von Groß-Berlin [...] leiten«[5]. Damit lag der maßgebliche Unterschied zum restlichen

Besatzungsgebiet darin, dass Berlin nicht getrennt wurde, sondern weiterhin eine einheitliche deutsche Verwaltung besaß. Die Teilung der Stadt in vier Sektoren erfolgte entlang der historischen Verwaltungsgrenzen. Der sowjetische Sektor umfasste acht Bezirke und damit mehr als 45 Prozent der Gesamtfläche sowie rund 37 Prozent der Gesamtbevölkerung, die im August 1945 aus etwa 2,8 Millionen Menschen bestand. Zum amerikanischen Sektor gehörten sechs, zum britischen vier und zum französischen zwei Bezirke.

Noch vor dem Einzug der westlichen Besatzungstruppen war der sowjetische Stadtkommandant, Generaloberst Nikolai E. Bersarin, darangegangen, eine deutsche Verwaltung zu errichten. Die Hälfte der insgesamt 18 Stadträte im von den Sowjets ernannten Magistrat waren Kommunisten, darunter die Abteilungsleiter der wichtigen Ressorts für Personalfragen, Arbeitseinsatz und Volksbildung. Bei der Durchsetzung sowjetischer Befehle und eigener Anordnungen konnten sie auf ein unmittelbar nach der Kapitulation geschaffenes System von Straßen-, Block- und Vertrauensleuten zurückgreifen. Zur Magistratsleitung gehörten aber auch Männer wie der bekannte Berliner Chirurg Professor Ferdinand Sauerbruch, der zum Stadtrat für Gesundheitswesen ernannt worden war. In allen Berliner Bezirken hatte die sowjetische Militäradministration rasch Bürgermeister als Leiter der aus jeweils neun Abteilungen bestehenden Bezirksämter ernannt. Bereits im August wurden diese allerdings in den Westsektoren von den dortigen Besatzungsmächten wieder abgesetzt und die Zusammensetzung der Bezirksämter verändert.

Der Alliierte Kontrollrat befasste sich zunächst mit der Aufhebung von NS-Gesetzen und erließ zahlreiche Verordnungen zu Fragen der Entnazifizierung, Demokratisierung, Demilitarisierung und Reparationen. Da er jedoch über keine eigene Exekutivgewalt verfügte, musste er seine Beschlüsse in Form von Proklamationen, Befehlen und Direktiven erlassen, die dann von den Militärbefehlshabern der einzelnen Besatzungszonen umgesetzt wurden. Besonders in wirtschaftlichen Fragen zeigte sich, dass der Alliierte Kontrollrat – gerade wegen seiner begrenzten Kompetenzen – nicht in der Lage war, die Interessensgegensätze der Besatzungsmächte auszugleichen, geschweige denn zu überwinden. Gleichzeitig erhielten die Besatzungsmächte damit freie Hand für die Neuordnung und politische Transformation der bereits quasi-souveränen Verwaltungszonen nach ihren eigenen Vorstellungen.

Zusätzlich lähmten der beginnende Kalte Krieg, das Misstrauen zwischen der Sowjetunion und den Westalliierten, die eigenen politischen Pläne Frankreichs und die unterschiedliche Entwicklung in den einzelnen Besatzungszonen die Funktionsfähigkeit des Rates zunehmend. Als am 20. März 1948 der sowjetische Kontrollratsvorsitzende, Marschall Wassili D. Sokolowski, aus Protest gegen den Beschluss der Londoner Sechsmächtekonferenz – der auf dem Boden der westlichen Besatzungszonen den Weg zur Gründung eines Staates freimachte – den Sitzungssaal im Berliner Kammergericht für immer verließ, endete *de facto* die gemeinsame Verwaltung Deutschlands durch die Siegermächte. Ein entscheidender weiterer Schritt in Richtung der deutschen Teilung war damit getan.

Vorboten des Kalten Krieges: Reparationen und Demontagen

Schon im Verlauf des Krieges hatte die Frage der späteren Reparationen und Demontagen einen zentralen Streitpunkt zwischen den Alliierten dargestellt, für den es weder während der Kampfhandlungen noch danach eine zufriedenstellende Lösung gab. In der Folge trug dieser ungelöste Konflikt dazu bei, die deutsche Teilung innerhalb kürzester Zeit erheblich zu vertiefen.

Vor allem die Sowjetunion war bestrebt, ihre durch den Vernichtungskrieg der Wehrmacht erlittenen Schäden soweit wie möglich zu kompensieren, obwohl klar war, dass auf diese Weise nur ein Bruchteil der Kriegsverluste ersetzt werden konnte. Seit Mitte 1944 wurden die Planungen zu Reparationsforderungen nach dem Kriegsende mit dem Ziel verbunden, Deutschland wirtschaftlich entscheidend zu schwächen. Während der Konferenz von Jalta im Februar 1945 legten die Alliierten erstmals konkrete Zahlen auf den Tisch. Auf Drängen der UdSSR sollte Deutschland Reparationen im Wert von 20 Milliarden Dollar leisten, von denen zehn Milliarden an die Sowjetunion zu fließen hatten. Die Reparationen sollten sich jeweils zu 50 Prozent aus Demontagen von Maschinen und Anlagen sowie aus Lieferungen der laufenden Produktion zusammensetzen. Die deutsche Rüstungsindustrie war durch umfangreiche Demontagen vollständig zu beseitigen, die Kapazitäten der Schwerindustrie sollten auf ein Fünftel schrumpfen.

Die Potsdamer Konferenz zeigte jedoch, dass die in Jalta erzielte Übereinkunft mehr als brüchig war. Angesichts der rigorosen sowjetischen Demontagen im Vorfeld der Verhandlungen wuchs das Misstrauen der Westalliierten, die sich nun weigerten, eine feste Reparationssumme zu vereinbaren. Zugleich konnten sie gegenüber der Sowjetunion durchsetzen, dass jede Besatzungsmacht ihre Ansprüche grundsätzlich aus der eigenen Zone befriedigen sollte, was den Abschied von einer gemeinsamen Reparationspolitik bedeutete. Gleichwohl wurde der UdSSR die Möglichkeit eingeräumt, 25 Prozent der aus den Westzonen zu demontierenden Industrieanlagen zu erhalten – im Austausch gegen Nahrungsmittel und Rohstoffe aus der SBZ. Für die sowjetische Besatzungszone brachte diese Regelung gewaltige wirtschaftliche Nachteile, denn nicht mehr Gesamtdeutschland, sondern die SBZ wurde jetzt zum fast alleinigen Adressaten der sowjetischen Reparationsforderungen. Nach den Berechnungen des Historikers Rainer Karlsch leistete die SBZ (und später die DDR) zwischen 1945 und 1953 etwa 14 Milliarden Dollar an Reparationen und Besatzungskosten an die UdSSR. Um diese enorme Summe aufzubringen, mussten zwischen 30 und 50 Prozent des Bruttosozialproduktes für die sowjetische Besatzungsmacht bereitgestellt werden, während es in den Westzonen im gleichen Zeitraum nur neun bis 15 Prozent waren.

Was in dieser Berechnung fehlt, sind die Werte, die im Rahmen des Technik- und Technologietransfers von den Siegermächten für ihre neuen Waffenprogramme im beginnenden Kalten Krieg abgezogen wurden. Der Zweite Weltkrieg war – wie kein anderer Krieg zuvor – durch neue Rüstungstechnologien entschieden worden. Durch den Einsatz neuer deutscher Waffensysteme (Strahlflugzeuge, Raketenwaffen) im letzten Kriegsjahr war den alliierten Militärs und Politikern bewusst geworden, dass die militärisch nutzbare Wissenschaft und Technik künftig eine noch zentralere Rolle spielen würden. Wer auf Gebieten wie der Atom-, Raketen-, Radar- und Rechentechnik eindeutige Vorteile erlangen konnte, würde seine strategische Position nachhaltig verbessern.

Alle Siegermächte konkurrierten deshalb darum, sich deutsche Spezialisten und deren wissenschaftlich-technisches Knowhow zu sichern. Die Planungen und Operationen zur Inbesitznahme der rüstungswirtschaftlichen und wehrtechnologischen Kapazitäten des Dritten Reiches können als einer der ersten Schritte auf dem Weg in den Kalten Krieg betrachtet werden. Obwohl die Sowjetunion höchstes Interesse an der Waffentechnologie des Deutschen Reiches zeigte, da sie diese als wichtiges Mittel erachtete, um mit den Westalliierten mithalten zu können, dachte sie – im Gegensatz zu den USA – nie an eine langfristige Verwendung oder gar Integration der deutschen Wissenschaftler. Vielmehr sollten die sowjetischen Konstrukteure und Techniker durch die Aneignung der deutschen Militärtechnologien in die Lage versetzt werden, ihren technologischen Rückstand aufzuholen, um darauf aufbauend an die Entwicklung eigenständiger Projekte gehen zu können.

Das Jahr 1945 stellte in diesem Zusammenhang eine entscheidende Zäsur dar. Auch wenn die Sowjetunion schon vor Kriegsende relativ leicht Zugang zu moderner ausländischer Rüstungstechnologie erhielt, war aufgrund ihrer rückständigen

Produktionsanlagen an deren Nachbau erst zu denken, als nach 1945 die notwendigen Produktionskapazitäten geschaffen waren. Für einen raschen Wissenstransfer waren die deutschen Spezialisten zunächst unverzichtbar und wurden von den USA und der UdSSR nach dem Kriegsende gleichermaßen mit Geld und Privilegien angeworben. Zahlreiche Fachkräfte der deutschen Rüstungsindustrie wechselten so lediglich ihren Auftraggeber. Vor allem die Entwicklung von ballistischen Fernlenkwaffen wie der V-2 – der ersten funktionsfähigen Mittelstreckenrakete der Welt, die, unter dem deutschen Ingenieur Wernher von Braun im Forschungszentrum Peenemünde entwickelt, noch 1944 zum Einsatz kam – war für die Alliierten von höchstem Interesse, hatten doch die Deutschen während des Zweiten Weltkriegs sowohl die USA als auch die Sowjetunion diesbezüglich weit überholt.

Das Ergebnis der sowjetischen Bemühungen auf diesem Gebiet war beachtlich. Im Sommer 1946 arbeiteten in den elf Hauptabteilungen der neu aufgebauten Raketeninstitute »Nordhausen« und »Berlin« insgesamt 929 sowjetische Mitarbeiter. Hinzu kamen von deutscher Seite noch einmal mindestens 289 als besonders qualifiziert geltende Fachkräfte sowie eine große Anzahl von Technikern und Produktionsarbeitern. Allein im »Institut Nordhausen«, das mit der Rekonstruktion der V-2 beauftragt war, waren zu diesem Zeitpunkt mehr als 6000 Deutsche beschäftigt. Die gesamte Organisation der Anlage war – wie auch die des »Instituts Berlin«, das deutsche Flugabwehrraketen nachbaute – zweigleisig konzipiert, um einen raschen Wissenstransfer sicherzustellen. Nach dem System der »doppelten Führung« wurde jedem deutschen Spezialisten ein entsprechendes sowjetisches »Pendant« zugeordnet, das bei der gemeinsamen Arbeit den Forschungsstand kennenlernen und zugleich die deutschen Ergebnisse überprüfen sollte. Auf diese Weise eigneten sich in kurzer Zeit mehr als 1500 sowjetische Konstrukteure, Ingenieure und Techniker die Grundlagen des modernen Raketenbaus an. Nur so konnte die Sowjetunion den Verlust der führenden

Peenemünder Raketenwissenschaftler an die USA wettmachen, die dort am Aufbau des amerikanischen Weltraumprogramms mitwirkten.

Die mehr als eineinhalbjährige gemeinsame Arbeit der Raketenexperten in der SBZ legte den Grundstein für das Fernlenkwaffenprogramm der UdSSR. Das bisherige Konzept des Technologietransfers wurde allerdings grundlegend geändert, als die sowjetische Führung am 22. Oktober 1946 in einer Nacht-und-Nebel-Aktion 308 der wichtigsten deutschen Raketentechniker, 40 V-2-Raketen und 2 270 Waggons mit mehr als 14 258 Tonnen Raketenbaugruppen, Halbfabrikaten, Spezialmaschinen und zahlreichem anderen technischen Gerät in die UdSSR abtransportieren ließ. 1947 waren die Spezialisten aus der SBZ noch maßgeblich an den erfolgreichen Tests der sowjetischen V-2 beteiligt, danach wurden sie aus den jeweiligen Forschungsprogrammen herausgenommen und »kaltgestellt«. Ihre Kenntnisse über die Raketenrüstung der UdSSR sollten so weit »abkühlen«, dass sie bei der Rückkehr für den Westen keine Bedeutung mehr besaßen. Der wichtigste Beitrag der Deutschen zum sowjetischen Raketenbau war ohne Zweifel die schon in der SBZ funktionierende Serienproduktion der Rakete R-1, einer »Kopie« der V-2. Bereits bei der Weiterentwicklung der R-2 wurden die deutschen Kollegen von den sowjetischen Konstrukteuren nur noch mit Teilaufgaben betraut. Deren Nachfolgemodell, die R-5, wurde schließlich als erste sowjetische Eigenkonstruktion ohne direkte deutsche Beteiligung entwickelt. Diese Rakete, die einen konventionellen Sprengkopf mit einem Gewicht von 1,4 Tonnen über eine Distanz von 1 200 Kilometern transportieren konnte, modifizierten die sowjetischen Konstrukteure Anfang 1956 zur R-5M, der ersten atomaren Mittelstreckenrakete der UdSSR – und der Welt. Insgesamt hatten die deutschen Spezialisten einen nicht zu unterschätzenden Anteil an der Entwicklung der ersten Generation militärischer Fernraketen der Sowjetunion. Dank des Konzepts des nachholenden Technologietransfers konnte die UdSSR jedoch schon die Entwicklung der zweiten

Baureihe der ersten Raketengeneration vorwiegend eigenen Ingenieuren anvertrauen.

Eigentlich war aber den USA der bessere Start gelungen. Unmittelbar nach Kriegsende hatten sich mit Wernher von Braun und General Walter Dornberger die führenden V-2-Experten in Gewahrsam der Amerikaner begeben. Im Rahmen der Operation *»Paperclip«* wurden sie dann zusammen mit rund 1 000 weiteren deutschen Wissenschaftlern, die zum Teil in die Verbrechen der NS-Diktatur verstrickt waren, in die USA geschafft. Zudem hatten US-Truppen im Mittelwerk bei Nordhausen mehr als 100 V-2-Raketen erbeutet und gleichfalls in die Vereinigten Staaten abtransportiert. Allerdings sorgten in der Folge vor allem Kürzungen im Verteidigungshaushalt der USA dafür, dass die Entwicklung von Raketenwaffen vorerst weitgehend eingestellt wurde. Die Lage der ehemaligen »Peenemünder« verbesserte sich ab 1950, als sie mit der Entwicklung der Mittelstreckenrakete *Redstone* beauftragt wurden. Der Flugkörper mit einer Reichweite von rund 400 Kilometern war jedoch kein nennenswerter Erfolg, denn knapp die Hälfte der abgeschossenen Raketen versagte. Erst nach dem »Sputnik-Schock« vom Oktober 1957 – die UdSSR hatte mit *Sputnik 1* den ersten künstlichen Erdsatelliten ins All befördert – gewannen die Deutschen um Wernher von Braun in den USA an Einfluss. Zwölf Jahre später konnten sie mit der Saturn-Rakete, die bei der Mondlandung zum Einsatz kam, zeigen, dass das amerikanische Prinzip des langfristigen Transfers von technischem Wissen, das die deutschen Forscher in die amerikanische Rüstungsindustrie und Forschungsgemeinschaft integrierte, keine schlechteren Ergebnisse brachte als das sowjetische Konzept des nachholenden Technologietransfers. Die mit Hilfe deutscher Techniker in Ost und West entwickelten Atomraketen revolutionierten nicht nur die Militärstrategie und Rüstungstechnik nach 1945, sondern sie veränderten auch die Politik des Kalten Krieges. Die Sowjetunion und die USA erwarben durch diese Waffen die Fähigkeit, bei der Durchsetzung ihrer jeweiligen politischen Ziele auf eine direkte militärische Konfrontation zu verzichten. An ihre Stelle trat die Drohung mit der atomaren Vernichtung des Gegners, die fortan als Grundmuster für ein »Gleichgewicht des Schreckens« diente.

Die als Teil der Reparationen vorgesehenen Demontagen dienten dagegen ganz anderen Zwecken. Sie stellten nicht nur eine Kompensation für die erlittenen Kriegsschäden der Siegermächte dar, sondern verfolgten zugleich das Ziel, deutsche Industriekapazitäten, vor allem im Bereich der Rüstung, abzubauen. Im Gegensatz zur späteren Wahrnehmung waren auch die Westzonen von erheblichen Demontagen betroffen, die nicht selten den stürmischen Protest der Bevölkerung hervorriefen. Der Wert der 662 demontierten Unternehmen belief sich hier auf rund eine Milliarde Dollar. Den Hauptanteil an den Demontagen hatte aber die Sowjetunion, die bis Ende 1948 in Deutschland – vor allem in der SBZ – mehr als 3400 Industrieunternehmen abbaute, deren Gesamtwert sie Mitte 1948 auf knapp fünf Milliarden Dollar bezifferte. Wie diese Demontagen verliefen und welchen tatsächlichen Nutzen sie für die sowjetische Volkswirtschaft hatten, soll kurz am Beispiel der Zeiss-Werke in Jena gezeigt werden.

Die 1846 gegründeten Zeiss-Werke galten am Ende des Zweiten Weltkriegs als einer der Marktführer bei der Herstellung von komplizierten optischen Geräten und Messinstrumenten. Für die Alliierten war insbesondere die Rüstungsproduktion, die unter anderem hochmoderne Bombenzielgeräte, Entfernungsmesser, Periskope und andere optische Geräte für das Militär umfasste, von Interesse. Die Amerikaner, die den Betrieb von Anfang April bis Ende Juni 1945 zunächst besetzten, beschlagnahmten mehr als 180000 Patente sowie mehrere Tausend Patentakten und Konstruktionsunterlagen von militärischen Geräten. Spezielle Fertigungseinrichtungen für deren Produktion im Wert von etwa 18,5 Millionen Reichsmark ließ der amerikanische Werkskommandant ebenfalls in Richtung Westen abtransportieren. Eine umfassende Demontage fand angesichts der fehlenden

Zeit allerdings nicht statt. Bevor sich die amerikanischen Truppen jedoch in ihre vorgesehene Besatzungszone zurückzogen, brachten sie 126 hochrangige Wissenschaftler, Ingenieure und Angestellte der Zeiss-Werke nach Heidenheim an der Benz, um sie dort für ihre Interessen einzusetzen.

Auch für die sowjetischen Demontage- und Reparationsplanungen waren die Carl Zeiss-Werke von großer Bedeutung. Durch eine Demontage der Jenaer Anlagen schien es möglich, wissenschaftliche Einrichtungen und Betriebe in der Sowjetunion mit erstklassigen Fertigungsanlagen für die optische Industrie auszustatten. Die zuständigen Stellen rechneten dadurch mit einer Steigerung der bisherigen Optik-Produktion in der UdSSR um mehr als das Zweifache sowie einem nicht unbeträchtlichen Export. Dem zuständigen Volkskommissariat für Bewaffnung in Moskau kam es deshalb darauf an, die geplante Demontage der Anlagen möglichst sorgfältig durchzuführen, um das Produktionspotenzial der Zeiss-Werke zu erhalten. Gleichzeitig musste aber auch das Problem des Neuaufbaus in der UdSSR gelöst werden.

Im August 1945 untersuchte eine sowjetische Kommission zunächst die in Jena vorhandenen Bedingungen für eine Demontage. Bis zu deren Durchführung blieben die Fertigungsanlagen – im Unterschied zu anderen sowjetischen Demontagen in der SBZ – vor Ort und hatten für den Bedarf der optischen Industrie der UdSSR zu produzieren. Den Planern im Volkskommissariat schien es indes unmöglich, die Zeiss-Werke an nur einem Standort wiederaufzubauen. Sie dachten deshalb darüber nach, die einzelnen Fertigungsbereiche auf sechs sowjetische Optik-Betriebe aufzuteilen. Die in Jena eingesetzte Expertenkommission wandte sich jedoch entschieden gegen diesen Vorschlag, da sie fürchtete, dass dadurch die gesamte Fertigungsstruktur und Produktionskultur zerrissen werde und man letztlich für die »Zerstörung einer Produktion von Weltgeltung«[6] verantwortlich sei. Wie vorgesehen lief die Produktion in Jena zunächst zugunsten der Sowjetunion weiter, so dass sich auch die Beschäftigungszahlen rasch erhöhten. Im Februar 1946 arbeiteten in den Zeiss-Werken bereits wieder 10000 Menschen. Währenddessen wurden in der UdSSR die Pläne für die Durchführung der Demontagen weiter präzisiert und die Aufteilung der Produktionsanlagen aus den drei Werksstandorten in Jena und den Zweigwerken in Gera, Saalfeld und Pößneck sowie den Schott-Werken auf insgesamt zwölf Betriebe des Volkskommissariats für Bewaffnung beschlossen. Damit hatten sich die Funktionäre im Volkskommissariat über die vorgetragenen Bedenken der Expertenkommission hinweggesetzt.

Da man in Moskau zu diesem Zeitpunkt die zahlreichen Schwierigkeiten bereits kannte, die sich beim Abtransport von Demontagegütern aus Deutschland ergeben konnten, sah der Entwurf für die Transporte aus Jena ein direktes Umschlagen der Güter in Breitspurwaggons vor. Die Zwischenlagerung der demontierten Anlagen an der polnisch-sowjetischen Grenze – hier rotteten bereits Tausende deutsche Maschinen vor sich hin – verbot Volkskommissar Dimitri F. Ustinow kategorisch. Besonders wichtige technische Dokumentationen und Laboranlagen sollten sogar direkt in die Sowjetunion geflogen werden.

Ustinow bezifferte die Ausgaben für die Demontage auf 100 Millionen Rubel. Weitere 200 Millionen waren für Baumaßnahmen in den sowjetischen Betrieben erforderlich, die die Anlagen aus Jena erhalten sollten. Darüber hinaus verlangte der Minister für Bewaffnung, zusammen mit den demontierten Maschinen 2500 »Zeissianer« für den Wiederaufbau der Anlagen in die UdSSR zu schaffen und die De- und Remontage der Zeiss-Werke zur »wichtigsten staatlichen Aufgabe« zu erklären.[7] Schließlich legte Stalin selbst mit der Verfügung des Ministerrats der UdSSR Nr. 1539-686 vom 9. Juli 1946 als Beginn der Demontagearbeiten den 22. Oktober 1946 fest, erlaubte aber nur den Transport von 300 Jenaer Optikspezialisten in die UdSSR – 2200 weniger als geplant. Offenbar konnte das Ministerium für Bewaffnung eine so hohe Zahl von Arbeitern weder unterbringen noch versorgen. Der daraus resultierende Mangel an qualifizierten Fachkräften erschwerte dann aber den Aufbau der in der UdSSR eingetroffenen Anlagen, da nur in acht von 14 Werken überhaupt deutsche Experten vorhanden waren. Außerdem standen für die in der Sowjetunion erforderlichen Bauarbeiten lediglich zwölf Millionen statt der benötigten 200 Millionen Rubel zur Verfügung. Zudem mangelte es nicht nur an Geld, sondern auch an Material, Transportmitteln und Arbeitskräften. Folglich waren im Dezember 1946 nur drei Optik-Fabriken in der UdSSR auf die Ankunft der Transporte aus Jena ausreichend vorbereitet. »Die restlichen Betriebe«, hieß es in einem internen Schreiben, seien »für den Empfang und die Aufstellung der Ausrüstung nicht gewappnet und können die Maschinen erst nach der Vollendung einer Reihe von Arbeiten im ersten und zweiten Quartal 1947 montieren, dann aber nicht mehr als 50 Prozent der an sie gegangenen Anlagen«.[8]

Trotz der mangelhaften Vorbereitung in der UdSSR hielt die sowjetische Führung an ihren Plänen fest. Als am 22. Oktober 1946 die sowjetischen Offiziere der deutschen Werksleitung von Carl Zeiss den Demontagebefehl bekannt gaben, wurde diese von den Ereignissen völlig überrascht. Schließlich hatte die sowjetische Werkskommission stets vehement bestritten, dass eine Demontage der Anlagen geplant sei.

Die Zeiss-Werke beschäftigten im Oktober 1946 mehr als 18000 Personen und besaßen einen Ausrüstungspark, der aus 12740 einzelnen Maschinen mit einem Gesamtgewicht von 49121 Tonnen bestand. Die gesamte Planung der Demontage hatte ausschließlich in den Händen der sowjetischen Betriebsverwaltung gelegen und war unter höchster Geheimhaltung durchgeführt worden. Erst nach dem 22. Oktober 1946 mussten sich die deutschen Arbeiter wohl oder übel an der Verlagerung beteiligen. Ihre Aufgabe war dabei die Zerlegung der Fertigungsanlagen, deren fachgerechte Verpackung und ihr Abtransport zu den Verladebahnhöfen. Ähnlich wie bei anderen Demontagen fügte sich die Belegschaft weitgehend den sowjetischen Befehlen. Eventueller Widerstand gegen den Abbau der Produktionsstätten wurde ohnehin bereits im Vorfeld durch eine massive Truppenpräsenz erstickt. Trotzdem kam es zu vereinzelten Protestaktionen, wie dem Verteilen von Flugblättern. Als die sowjetischen Demontagekommandos aber damit begannen, offenkundige Betriebsunfälle mit dem Verdacht der Sabotage zu belegen, und als zudem Mitarbeiter des Innenministeriums der UdSSR (MWD) betroffene Werksangehörige verhörten und einzelne Personen für mehrere Tage in Untersuchungshaft »verschwanden«, wollte die sowjetische Werksführung wohl endgültig klar machen, dass aktiver Widerstand gegen die Demontage des Betriebs sinnlos war.

Indessen kämpfte die Werksleitung von Carl Zeiss zusammen mit der thüringischen Landesregierung, der Sozialistischen Einheitspartei Deutschlands (SED) und der Gewerkschaft um einen zumindest teilweisen Erhalt der Anlagen. Während in der SBZ die deutsche Seite und die SMAD noch intensiv verhandelten, hatte Stalin seine Entscheidung längst getroffen. Anfang November 1946 wies der sowjetische Staats- und Parteichef das Volkskommissariat an, sechs Prozent der Gesamtkapazität der Jenaer Werke vor Ort zu belassen.

Inzwischen waren die Demontagearbeiten bereits weit vorangeschritten und wurden im Frühjahr 1947 abgeschlossen. Damit hatte der Abbau der Maschinen und Anlagen gerade einmal fünf Monate gedauert. In dieser Zeit stellten die Demontageeinheiten 155 Eisenbahntransporte mit 7 232 Waggons zusammen, die an insgesamt 14 Adressaten in der Sowjetunion gingen. Weil das Verbot der Zwischenlagerung an den Grenzen konsequent eingehalten wurde, kamen die Transporte vollständig und unbeschädigt in der UdSSR an. Die Betriebe des Ministeriums für Bewaffnung erhielten aus Jena 13 693 Fertigungsanlagen, zudem brachte man 48 516 Tonnen Material unterschiedlichster Art in die UdSSR. Darunter befanden sich zum Beispiel 715 Tonnen Laborausrüstung und technische Dokumentationen, 1 353 Tonnen Buntmetall, 7 472 Tonnen Halbfabrikate, aber auch 8 108 Tonnen Büromaterial und 2 457 Tonnen Sanitäranlagen. Das erste

Etappenziel der sowjetischen Planungen, die erfolgreiche Demontage, war erreicht.

Allerdings bereitete schon der Empfang der Ausrüstung in der UdSSR ernste Probleme. Im November 1946 waren die Optik-Betriebe in der Sowjetunion bestenfalls in der Lage, das aus Jena eintreffende Material fachgerecht zu lagern – und meist nicht einmal das. Da mit einer Behebung der Situation in naher Zukunft nicht zu rechnen war, entwarf Ustinow ein langfristiges Programm zum Wiederaufbau von Carl Zeiss in der UdSSR. Von einer sofortigen Inbetriebnahme der Anlagen war darin längst nicht mehr die Rede, vielmehr sollten sie erst 1950 ihre volle Leitungsfähigkeit wiedererlangen. Da das Projekt jedoch nicht den Status eines Sonderprogramms erhielt und so die erforderlichen 656 Millionen Rubel erneut nicht zur Verfügung standen, musste das Volkskommissariat für Bewaffnung die Remontage aus eigenen Kräften betreiben. Entsprechend ernüchternd war das Ergebnis: Im Juni 1947 war nur ein geringer Prozentsatz der angelieferten Maschinen bereits im Stadium der Montage, und keine davon war bis zum Sommer 1947 funktionstüchtig. Diese Situation änderte sich bis zum Jahresende kaum. Die meisten Fertigungsanlagen aus der SBZ befanden sich jetzt entweder in der sogenannten »Langzeitkonservierung« oder waren bereits Schrott. Insgesamt betraf dies im Ministerium für Bewaffnung 20 713 Maschinen aus dem Bestand der Demontagelieferungen, von denen fast die Hälfte – mehr als 10 600 – aus den Zeiss-Werken stammte. Es sollte bis zum Anfang der 1950er Jahre dauern, bis zumindest einige ehemalige Jenaer Fertigungsbereiche in der UdSSR wieder produzierten. Folglich wurden auch die erhofften Exportergebnisse nicht erreicht. Zwar konnten die Maschinen in die UdSSR gebracht und dort teilweise wieder in Gang gesetzt werden. Doch entscheidende Faktoren für die hohe Qualität und die Produktionskennzahlen der Zeiss-Werke, wie die enge Zusammenarbeit zwischen wissenschaftlichen Forschungsbereichen und Konstruktionsbüros, die exzellente Einbindung der Werke in die regionale Forschungslandschaft und die seit Generationen gesicherte außerordentliche Qualifizierung der Mitarbeiter, waren eben nicht zu »verlagern«.[9]

Wie wichtig diese Standortbedingungen waren, verdeutlicht der Neuaufbau von Carl Zeiss in der SBZ, wo es der Belegschaft unter größten Schwierigkeiten gelang, die Auswirkungen der Demontage allmählich zu beseitigen. Bereits Ende 1949 arbeiteten im Werk wieder mehr als 10000 Personen und noch im selben Jahr erzielte das Unternehmen einen Gesamtumsatz von 53,8 Millionen Mark. Selbst auf dem Weltmarkt meldeten sich die Zeiss-Werke zurück, auch wenn der Export mit 2,7 Millionen Mark gerade einmal fünf Prozent der Gesamteinnahmen ausmachte. Hauptabnehmer der optischen Geräte aus Jena blieb weiterhin die Sowjetunion – allein 1949 lieferte Zeiss Reparationsgüter im Wert von mehr als 14,8 Millionen Mark in die UdSSR. Offensichtlich hatte sich die von den sowjetischen Planern gewünschte Situation ins Gegenteil gekehrt, denn die Optik-Industrie der UdSSR war nach wie vor von Importen abhängig.

Die gescheiterte Verpflanzung der Zeiss-Werke war exemplarisch für den Misserfolg der sowjetischen Demontage in der SBZ, da bis auf wenige Ausnahmen – beispielsweise im Raketen- oder Flugzeugbau – kein Verlagerungsprojekt die hohen Erwartungen erfüllte. Auf lange Sicht konnte die Sowjetunion nur marginal vom Abbau der deutschen Industriekapazitäten profitieren, während die Demontagen gleichzeitig schwerste Schäden für den wirtschaftlichen Wiederaufbau in der SBZ anrichteten, die – trotz aller Anstrengungen – bis weit in die 1960er Jahre hinein nicht vollständig zu beheben waren.

Gemessen am Vorgehen der Sowjetunion, fielen die Demontagen im Westen wesentlich geringer aus. Der Wert der abgebauten Produktionsanlagen entsprach etwa drei bis fünf Prozent der dort vorhandenen Industriekapazität. Damit war der industrielle Aderlass durch die Demontagen nicht so nachhaltig wie in der SBZ, zumal die Entnahmen von Maschinen und Fabrikanlagen in den Westzonen über mehrere Jahre verteilt erfolgten.

3 Die Nachkriegsgesellschaft

Das Bild der Trümmerfrauen, die aus dem Schutt des Krieges die Materialien für den Wiederaufbau gewannen, steht wie kein anderes für den Neuanfang nach der Zerstörung.

Alltagsprobleme: Hunger, Wohnungsnot, Zerstörung

In den ersten Jahren nach dem Krieg bestimmte vor allem die Sorge um die tägliche Nahrung den Alltag der Menschen. Lebensmittel wurden mit dem Ende der Kampfhandlungen noch knapper als während des Krieges. Verstärkt wurde der Mangel durch die vielerorts beschädigte Infrastruktur. Zerstörte Straßen, Brücken, Verkehrsknotenpunkte und Schienen sowie fehlender Transportraum und Treibstoff erschwerten die gesicherte Versorgung der Bevölkerung mit Nahrungsgütern. Im Mai 1945 waren beispielsweise in der britischen Besatzungszone von mehr als 13 000 Streckenkilometern der Eisenbahnlinien kaum mehr als 1 000 Kilometer intakt. Aus den ländlichen Regionen konnte die dringend benötigte Nahrung nur mit enormem Aufwand in die Ballungsräume geschafft werden. Zudem verhinderten die willkürlich gezogenen Grenzen der Besatzungszonen die bislang gewohnten Transportrouten, da die entsprechenden Güter die Territorien der jeweiligen Militärmacht nicht verlassen durften. Hier und da weigerten sich sogar Kreisverwaltungen, vorhandene Überschüsse an Nahrungsmitteln an benachbarte Landkreise abzugeben.

Um die Menschen dennoch einigermaßen ausreichend versorgen zu können, gaben die kommunalen Verwaltungen Lebensmittelkarten aus. Diese wurden alle vier Wochen neu verteilt und erlaubten den Bezug einer festgelegten Menge an verschiedenen Nahrungsmitteln. In Berlin erhielten Schwerarbeiter beispielsweise unmittelbar nach Kriegsende täglich 600 Gramm Brot, 100 Gramm Fleisch, 80 Gramm Nährmittel sowie 25 Gramm Zucker. Zusätzlich gab es pro Monat 100 Gramm Kaffee, 100 Gramm Ersatzkaffee und 25 Gramm Tee. Angestellte mussten sich mit deutlich weniger zufrieden geben, die Rationen für Kinder, Alte und Kranke waren sogar noch geringer.

Diese Menge reichte kaum zum Überleben. Fast alle Menschen waren chronisch unterernährt. 1946 musste man in der französischen Besatzungszone beispielsweise pro Tag mit 900 Kalorien auskommen – was nach heutigen Maßstäben etwa einem Big Mac und einer Tüte Pommes Frites entspricht. In der britischen Zone gab es täglich 1 050 Kalorien, in der SBZ 1 080 und in der amerikanischen Besatzungszone immerhin 1 330. Oft konnten aber noch nicht einmal diese auf dem Papier bestehenden Normen verteilt werden. Um dennoch wenigstens eine Minimalversorgung sicherzustellen, mussten zahlreiche Lebensmittel im Ausland beschafft werden. Da Deutschland über keine Devisen mehr verfügte, investierten allein Amerikaner und Briten pro Jahr 700 Millionen Dollar in die Versorgung ihrer Besatzungszonen.

Trotzdem verschlechterte sich die Versorgungslage zunehmend – und zwar keineswegs nur wegen der Kriegsschäden. Denn aufgrund des Systems der Zwangsbewirtschaftung, bei dem die Landwirte ihre Produkte gegen weitgehend wertloses Geld und faktisch ohne Gewinn abgeben sollten, bestand wenig Anreiz, die Erträge zu steigern. Sie versuchten vielmehr, ihre Produkte zu horten und der Erfassung zu entziehen, um sie dann gewinnbringend an Hamsterfahrer oder aber auf dem Schwarzmarkt verkaufen zu können.

Die Bevölkerung war deshalb gezwungen, zu improvisieren. In Gärten, Parks und sogar auf Balkonen wurden Obst und Gemüse angebaut, und am Wochenende fuhren die Familien in heillos überfüllten Zügen aufs Land, um dort ihre letzten Habseligkeiten gegen etwas Essbares einzutauschen. Besonders wer in der Stadt überleben wollte, musste sich nicht selten außerhalb der Legalität bewegen, um das Lebensnotwendigste zu »organisieren«. Wer keine solchen Hamsterfahrten unternehmen konnte, musste Lebensmittel auf dem Schwarzmarkt zu stark überhöhten, ja fast absurden Preisen kaufen. Im Juli 1945 kostete ein Pfund Butter beispielsweise 1000 Reichsmark, für 500 Gramm Zucker mussten 175 Reichsmark gezahlt werden, die gleiche Menge Kaffee war für 600 Reichsmark zu haben. Zum Vergleich: Ein Bergmann verdiente in der Woche rund 60 Reichsmark, Normalverdiener kamen auf lediglich zehn bis 15 Reichsmark.

Allerdings hatte das Geld zu diesem Zeitpunkt längst seinen ursprünglichen Wert verloren. Als Leitwährung war die Reichsmark von der amerikanischen Zigarette abgelöst worden, deren Preis pro Stück (!) je nach Ort und Zeitpunkt zwischen fünf und 15 Reichsmark schwankte. Die Geschäfte auf dem Schwarzmarkt wurden ohnehin meist nur als Tauschgeschäft Ware gegen Ware abgewickelt. Schmuck, Pelze, Wäsche, Uhren, Teppiche, Silberbesteck, Antiquitäten und Porzellan wechselten gegen Essbares den Besitzer. Der Schwarzmarkt entwickelte sich so zum eigentlichen Umschlagplatz des Warenverkehrs, der vor allem aus geplünderten Wehrmachtbeständen sowie den gut gefüllten Lagern der Besatzungstruppen gespeist wurde. Wer freilich durch den Krieg seine Habseligkeiten verloren hatte, besaß kaum eine Möglichkeit, an die dringend benötigten zusätzlichen Lebensmittel heranzukommen. Nicht zuletzt deshalb war beispielsweise auf einer Friedhofsmauer in Dortmund in bitterem Spott zu lesen: »Du liegst bald hinter dieser Mauer, bist du nicht Schieber, Bergmann oder Bauer.«[1]

Die Mangelernährung weiter Teile der deutschen Bevölkerung nahm für viele schnell gesundheitsschädigende Ausmaße an. In Hamburg stellten Ärzte Ende 1946 bei mehr als 100 000 Personen Hungerödeme fest. In Köln und anderen Großstädten hatten lediglich zwölf bis 15 Prozent der Kinder ein normales Gewicht. Ständig bestand die Gefahr der Ausbreitung von Seuchen und Krankheiten. So stieg die Zahl der Fälle von Typhus, Tuberkulose und Diphtherie sprunghaft an.

Es wäre sogar unweigerlich zu einer Katastrophe gekommen, wenn nicht private Organisationen aus dem Ausland Hilfe geleistet hätten. Die bekannteste davon war die Cooperative for American Remittances to Europe (CARE), die einen Zusammenschluss von 22 Wohlfahrtsverbänden in den USA darstellte. Diese zahlten ein Startkapital von einer Million Dollar in die Dachorganisation ein, für die zunächst knapp drei Millionen Lebensmittelrationen der *US Army* aufgekauft wurden. Später stellte CARE eigene Pakete zusammen, die Konserven, Fett, Trockenmilch, Mehl, Schokolade, aber auch Seife, Kaugummi und Zigaretten enthielten. Für zehn Dollar konnten US-Bürger dann ein solches Paket an eine Adresse in Europa, auch in Deutschland, verschicken lassen. Insgesamt verteilte CARE in Deutschland mehr als acht Millionen Pakete, die einen Wert von 360 Millionen Dollar hatten. Dies half die schlimmste Not zu lindern. Gleichwohl blieb die Ernährungslage in allen Besatzungszonen kritisch und konnte bis zur Währungsreform im Sommer 1948 nicht entscheidend verbessert werden. Erst 1950 war es in der Bundesrepublik Deutschland möglich, die Lebensmittelmarken abzuschaffen. In der DDR blieben Fleisch, Fett und Zucker sogar noch bis zum Mai 1958 rationiert.

Nicht minder bedrückend als der Hunger war die Ruinenlandschaft, die der Krieg hinterlassen hatte. Schutt war das einzige, das es 1945 mehr als reichlich gab: rund 400 Millionen Kubikmeter. Zumindest in den Städten wurden die Trümmerlandschaften eine prägende Erfahrung der Nachkriegszeit. Zahlreiche Orte boten ein Bild der Verwüstung: zerstörte Häuser, ausgebombte Industrieanlagen und unpassierbare Straßen. Fast alle Brücken über die großen deutschen Flüsse waren gesprengt, der Güter- und Personenverkehr nahezu vollständig zum Erliegen gekommen. Infrastruktur und Energieversorgung waren soweit zusammengebrochen, dass mehr als 20 Millionen Deutsche längere Zeit ohne Gas, Strom und fließendes Wasser auskommen mussten. Allein in Hamburg hatte der Krieg mehr als die Hälfte des Wohnraumes zerstört, über 250 000 Wohnungen waren nach den zahllosen Bombennächten nicht mehr vorhanden. Zudem waren 3 500 Industriegebäude sowie 277 Schulen, 58 Kirchen und 24 Krankenhäuser in Schutt und Asche versunken. Auf jeden Einwohner kamen damit mehr als 25 Kubikmeter Trümmerschutt. Doch viele hatte es weit schlimmer getroffen: 50 000 Hamburger waren infolge der alliierten Bombenangriffe gestorben, 66 000 hatten an der Front oder in den Vernichtungslagern der Nationalsozialisten ihr Leben verloren, Hunderttausende waren geflohen oder zwangsevakuiert worden. Hatten 1938 noch 1,68 Millionen Menschen in der Stadt gelebt, so waren es nach Kriegsende kaum mehr als eine Million.

Insgesamt hatte der Krieg allein in den Westzonen 20 bis 25 Prozent des Wohnungsbestandes vernichtet. 2,25 Millionen Wohnungen waren komplett zerstört, weitere 2,5 Millionen vorläufig nicht bewohnbar. In der SBZ waren rund 640 000 Wohnungen – etwa 14 Prozent aller Unterkünfte – vollkommen ausgebombt worden. Die regionale Verteilung der Schäden war dabei recht unterschiedlich. In Dessau waren durch die westalliierten Bombenangriffe 80 Prozent des Bestandes verloren gegangen, in den thüringischen Orten Nordhausen und Plauen hatte nur ein Viertel der Wohnungen die Luftangriffe überstanden. Dresden hatte bei den verheerenden Luftangriffen der *Royal Air Force* (RAF) und der *United States Army Air Force* (USAAF) im Februar 1945 65 Prozent seiner Quartiere eingebüßt. Im sowjetischen Sektor von Berlin wurden durch die Bombardements der RAF und der USAAF sowie die schweren Kämpfe mit der Roten Armee 230 000 Wohnungen zerstört – etwa 40 Prozent des Vorkriegsniveaus. In ganz Berlin gingen während des Krieges 627 000 Wohnungen verloren. Die für ihren Sarkasmus bekannten Berliner gaben deshalb ihrer Stadt neue Namen, wie »Reichstrümmerfeld«, »Klamottenburg« oder »Trichterfelde«. Die Masse des in Berlin vorhandenen Trümmerschutts hätte ausgereicht, um einen 500 Kilometer langen, 30 Meter hohen und fünf Meter breiten Damm zu bauen. Die Ruinenreste landeten schließlich auf insgesamt 64 Trümmerlagerstätten in und um die ehemalige Reichshauptstadt und bildeten die Grundlage für neue Sporteinrichtungen, Parks – wie den Friedrichshain –, künstliche Berge, Kanäle sowie Rollbahnen für Flugzeuge, wie beispielsweise in Tegel während der Berliner Luftbrücke.

In der SBZ hatte der Krieg 760 000 Wohnungen ganz oder teilweise zerstört. Etwa ein Viertel davon konnte infolge der Beschädigungen vorerst überhaupt nicht bewohnt werden; die übrigen drei Viertel waren nur mit Einschränkungen nutzbar. Insgesamt wurden im Laufe des Zweiten Weltkriegs in den westlichen Besatzungszonen zwar wesentlich mehr Wohnungen vernichtet als in der SBZ. Gleichwohl mussten die Menschen dort nicht im gleichen Maß »zusammenrücken« wie im Osten, da in der SBZ der noch verfügbare Wohnraum pro Kopf der Bevölkerung geringer war als im Westen.

Der Mangel an Unterkünften wurde durch den Zustrom von Millionen Flüchtlingen und Vertriebenen sowie die Einquartierung von Besatzungstruppen noch verstärkt. So wuchs in der SBZ die Wohnbevölkerung im Verhältnis zur Vorkriegszeit um 14,6 Prozent von 15 auf 17 Millionen, während fünf Prozent weniger Wohnraum vorhanden war als 1939. Dadurch lebten im Osten Deutschlands Ende 1946 im Schnitt in jeder Wohnung 4,3 Personen, während es zu Kriegsbeginn nur 3,3 Personen gewesen waren. Noch ungünstiger gestaltete sich die Versorgung mit Wohnraum pro Kopf. Statistisch verfügte 1939 jeder Einwohner auf dem Territorium der späteren sowjetischen Besatzungszone noch über 13,6 Quadratmeter Wohnfläche. Bis zum September 1948 kam es fast zu einer Halbierung dieser Zahl, da jetzt für jeden Einwohner nur noch 7,6 Quadratmeter zur Verfügung standen. Fast 30 Prozent aller Familien hatten keine eigene Wohnung.

Zahlreiche Menschen hausten in Kellern, Bunkern oder notdürftigen Behelfswohnungen und hatten noch Glück, wenn sie nicht in Notunterkünften – etwa den berüchtigten »Nissenhütten« – landeten. Allein in Hamburg ließ die britische Militärverwaltung 2200 der nach ihrem Erfinder Peter Nissen benannten Wellblechhütten mit halbrundem Dach aufstellen, die auf 100 Quadratmetern je zwei Familien Obdach bieten sollten. Diese provisorischen Behausungen besaßen weder eine Küche noch eine Privatsphäre, und im Winter sank die Temperatur unter Null Grad, da die vorhandenen kleinen Öfen nur mit Holz beheizt werden konnten. In den noch bewohnbaren Wohnungen mangelte es an den notwendigsten Möbeln und Hausgeräten, deren Wiederbeschaffung sich zumeist als unmöglich erwies. Am schwersten wog das Fehlen von Betten und Bettzeug. Nicht selten mussten sich zwei bis drei, mitunter aber auch mehr Personen ein Bett teilen. Viele schliefen auf dem Küchentisch oder in Decken und Lumpen gehüllt auf dem Boden.

Die Verteilung des verbliebenen Wohnraums wurde streng geregelt. Wohnungsämter kümmerten sich nach den zum Teil drastischen Vorgaben der Militärverwaltungen um die Erhaltung, Wiederherstellung und Verteilung der noch vorhandenen Unterkünfte. Doch infolge des allgegenwärtigen Mangels, vor allem an Baustoffen und qualifizierten Arbeitskräften, konnten diese Bemühungen zumeist nur wenig Abhilfe schaffen. Noch 1949 lebte allein in den Westzonen fast eine Million Menschen in Massenlagern und Notunterkünften. Auch in der SBZ hausten Ende 1947 nach wie vor mehr als eine Dreiviertelmillion Menschen in Provisorien und Elendsquartieren. Durch die Beschlagnahmung von Wohnraum und die Zwangseinquartierung von Flüchtlingen verringerte sich diese Zahl bis Ende 1949 auf einige Zehntausend, was einen nicht unbeträchtlichen Erfolg der Wohnraumpolitik von SMAD und SED darstellte. Gleichwohl fehlten bei Gründung der DDR, die jedem Bürger das Recht auf eine Unterkunft zusicherte, noch rund 1,5 Millionen Wohnungen.

Mehr als sechs Millionen Deutsche, darunter 5,1 Millionen Soldaten, hatten für die Welteroberungspläne Hitlers ihr Leben lassen müssen. Weitere elf Millionen Wehrmachtangehörige befanden sich im Mai 1945 in Kriegsgefangenschaft, Millionen Flüchtlinge und Vertriebene zogen auf der Suche nach einem neuen Heim über die Landstraßen der Reste eines deutschen Staates, der mit den Ostgebieten fast 20 Prozent seines ehemaligen Territoriums verloren hatte. Hinzu kamen mehr als 1,5 Millionen Kriegsbeschädigte, die auf medizinische Versorgung angewiesen waren, sowie die zahlreichen Betroffenen, die angesichts der Traumata der Kriegserlebnisse psychische Behandlung benötigt hätten, diese aber nur in den seltensten Fällen erhielten.

Die materiellen Verluste der deutschen Bevölkerung wurden auf 200 Milliarden Reichsmark geschätzt. Dies bedeutete, dass durch den Krieg und seine Folgen von 100 Personen 40 fast ihr gesamtes Hab und Gut sowie 25 einen nicht unbedeutenden Teil ihres Vermögens einbüßten. Erst jetzt wurde deutlich, wie schwer Rüstungswirtschaft und Krieg die gesamte Volkswirtschaft beschädigt hatten. Während die zur Verfügung stehenden Waren immer knapper wurden, erhöhte sich die im Umlauf befindliche Geldmenge im Vergleich zur Vorkriegszeit um mehr als das Zehnfache. Die rapide Entwertung des Geldes und der allgegenwärtige Mangel an Lebensmitteln und Gebrauchsgütern ließen überall Tauschhandel, Schwarzmarkt, Preiswucher und Spekulation blühen. Der Warenverkehr innerhalb Deutschlands sowie der Handel mit dem Ausland brachen vollständig zusammen. Für lange Zeit schienen die Lebens- und Existenzbedingungen des deutschen Volkes mehr als schwierig.

Auch das Transportsystem stand vor dem Kollaps. Auf dem Gebiet der SBZ waren im Laufe des Krieges 970 Eisenbahn- und 530 Straßenbrücken zerstört oder gesprengt worden. Straßen mit einer Gesamtlänge von 18 000 Kilometern konnten, bedingt durch die schweren Zerstörungen, nicht mehr befahren werden. In Berlin war – wie in fast allen Städten – der öffentliche Nahverkehr zusammengebrochen. 22 Prozent des S-Bahnnetzes sowie zahlreiche Bahnhöfe waren durch die Kampfhandlungen zerstört worden, drei Viertel des Triebwagenparks der S-Bahn konnten nicht mehr eingesetzt werden und nur noch 534 Waggons galten im Frühjahr 1945 als betriebsfähig. Bei der U-Bahn musste fast die Hälfte des Wagenparks abgeschrieben werden. Ähnlich schwer hatte es die Straßenbahn getroffen, bei der 95 Prozent des Oberleitungsnetzes zerstört und 77 Prozent des Bahnbestandes nicht mehr funktionsfähig waren. Auch der Einsatz von Omnibussen konnte keine Abhilfe beim Transportproblem schaffen. Hier fehlte nicht nur der dringend benötigte Treibstoff. Von 900 Berliner Omnibussen waren zudem weniger als 20 Fahrzeuge fahrbereit. Nur etwa 1 100 Berliner Privatfahrzeuge hatten den Krieg überstanden, hinzu kamen 2 200 Lkw und 520 Zugmaschinen. Wer also im Berlin der unmittelbaren Nachkriegszeit unterwegs war, konnte sich im Wesentlichen nur auf zweierlei Weise fortbewegen: entweder zu Fuß, wobei man für den Weg von Wilmersdorf nach Pankow und zurück mehr als einen Tag benötigte, oder mit dem Fahrrad, soweit man eines besaß und riskierte, dass es insbesondere Soldaten der Roten Armee es kurzerhand »beschlagnahmten«.

Schließlich wurde der Alltag nicht zuletzt dadurch erschwert, dass zahlreiche Dinge des täglichen Bedarfs nicht oder nur mit Mühe aufzutreiben waren. Kleider und Schuhe waren Kostbarkeiten, die sorgsam gehütet und gepflegt wurden. Schon während des Krieges war es kaum möglich gewesen, beides zu erneuern. Heimkehrende Kriegsgefangene konnten ihre zerschlissene Bekleidung nicht austauschen, Arbeitern fehlte es an geeignetem Schuhwerk und Schulkinder hatten kaum etwas anzuziehen. Da selbst Seife, Wasch- und Putzmittel fehlten, konnten viele Haushalte nicht mehr sauber gehalten werden. Vermeidbare Krankheiten – wie Krätze – breiteten sich dadurch aus. Der ständige Mangel an Kohle führte außerdem dazu, dass nicht jeden Tag eine warme Mahlzeit zubereitet werden konnte und die Wohnungen fast durchgängig unzureichend geheizt waren. Viele Menschen waren deshalb abgerissen und durch den ständigen Kampf ums Überleben erschöpft und entkräftet.

Mit den umfangreichen Zerstörungen ging eine Teilnahmslosigkeit der Bevölkerung einher, die schwer zu beschreiben war. Jeder kümmerte sich nur noch um sich selbst und seine Familie. Der österreichische Journalist Hans Habe, seit 1942 im Dienst einer Propaganda-Einheit der *US Army,* beschrieb die beklemmende Situation in Deutschland nach dem Kriegsende wie folgt: »Das überraschendste war die eigentlich totale Apathie, diese vollkommene Gleichgültigkeit, Stumpfheit, der wir begegneten. [...] Wogegen wir in erster Linie anzukämpfen hatten, war also nicht Feindseligkeit, sondern Gleichgültigkeit, Niedergeschlagenheit – wobei ich unter Niedergeschlagenheit weniger die Niedergeschlagenheit über die Niederlage verstehe, sondern eben totale Apathie, die Unfassbarkeit des Zusammenbruchs. Niemand wusste, wie soll das weitergehen.«[2]

Rolle vorwärts und zurück: Trümmerfrau und Mutter

Tief in das Gedächtnis der Nachkriegsgenerationen eingebrannt haben sich jene Frauen, die ab 1945 in den zerstörten Städten und Dörfern die apokalyptisch wirkenden Ruinen abtrugen und Ziegelsteine zur Wiederverwendung als Baumaterial klopften. Die Trümmerfrauen – mit dem typischen Kopftuch und dem Hammer in der Hand oder Loren voll Schutt schiebend – prägten das Bild der vom Krieg nachhaltig getroffenen Gemeinden und stehen bis heute als Symbol für die »Stunde Null«, den Optimismus des Wiederaufbaus und den ungebrochenen Lebenswillen der deutschen Bevölkerung.

Vor allem jedoch organisierten die Frauen das eigentliche Überleben: einen warmen Platz zum Schlafen, die nächste Mahlzeit, Hamsterfahrten, Besuche auf dem Schwarzmarkt, die Zubereitung von »Knolli«-Brandy – einem selbst gebrannten Schnaps aus Zuckerrüben – oder dem für Zeitzeugen unvergesslichen Brennnesselsalat. Die Frauen klapperten, oft mit ihren Kindern, die umliegenden Dörfer ab, um etwas Kohl, Kartoffeln oder ein Stück Butter zu ergattern, und stellten sich – für Brot oder Fleisch – an das Ende langer Schlangen. Die Frauen hatten die Familien und Kinder zu versorgen, denn mehr als fünf Millionen Männer waren im Krieg gefallen, weitere elf Millionen befanden sich in Gefangenschaft oder hatten selbst so sehr mit den psychischen Folgen der exzessiven Gewalterlebnisse zu kämpfen, dass sie ihren Partnerinnen keine Stütze sein konnten. Sie lebten zusammengedrängt mit fremden Personen, oft in einem einzigen Raum, so dass an Intimsphäre nicht zu denken war. Die Trümmerfrauen jedoch entwickelten die Phantasie des Überlebenswillens: Sie tapezierten ihr Heim mit gewachstem Packpapier, schneiderten sich Mäntel aus alten Uniformen und wendeten, flickten und färbten ihre abgetragenen Kleider, um dem trostlosen Nachkriegsalltag mit etwas Freude zu entfliehen.

Unmittelbar vor Ende des Krieges und in der sich anschließenden Nachkriegszeit bekamen die Frauen jedoch auch die Brutalität des Krieges zu spüren, als sie nicht selten von den Siegern als »Beute« und »Lustobjekt« betrachtet wurden. Sexuelle Übergriffe und Vergewaltigungen sind aus allen Besatzungszonen überliefert. Die offensichtlich geringste Zahl von sexuell motivierten Gewalttaten gab es im amerikanischen Machtbereich, wo zwischen März und Mai 1945 insgesamt 1 500 bis 2 000 Vergewaltigungsfälle gezählt wurden. Verheerender waren die Verhältnisse in den von der Roten Armee besetzten Gebieten des ehemaligen Deutschen Reiches. Der amerikanische Historiker Norman Naimark nimmt an, dass in der SBZ während der Monate vor der Kapitulation und den Jahren danach »Zehntausende, wahrscheinlich sogar Hunderttausende« Frauen von Angehörigen der sowjetischen Besatzungsmacht vergewaltigt wurden: »Rechnet man diejenigen Frauen und Mädchen hinzu, die während der Vertreibung und Flucht aus Ostpreußen, Schlesien und dem Sudetenland diesem Gewaltverbrechen zum Opfer fielen, so ergibt sich möglicherweise eine Zahl von bis zu zwei Millionen.«[3]

Während in der sowjetischen – und auch in der französischen – Besatzungszone zahlreiche Frauen Opfer von sexueller Gewalt wurden, waren, so die Historikerin Ute Frevert, in den Territorien der amerikanischen und britischen Militärverwaltung »die Grenzen zwischen Vergewaltigung und Prostitution vielfach fließend: Zahlreiche amerikanische und britische Soldaten bezahlten ihr Vergnügen mit Zigaretten, Schokolade und Brot. Junge Mädchen, aber auch verheiratete Frauen knüpften Beziehungen zu Angehörigen der Besatzungsmächte, und ihre Familien, die von solchen Kontakten profitierten, übten Toleranz.«[4] Der Tauschhandel »Geschlechtsverkehr gegen Lebensmittel« wurde damit zu einem alltäglichen Phänomen der Nachkriegszeit. Frauen aus fast allen Schichten der Bevölkerung prostituierten sich, um ihre Familien zu ernähren, zu schützen oder zu verhindern, dass ihre Angehörigen selbst Opfer von Vergewaltigungen wurden. Neben den Frauen, die ihren Körper verkauften, gab es nicht selten – selbst in der sowjetischen Besatzungszone – jene, die intensive Liebesbeziehungen mit alliierten Soldaten und Offizieren begannen, aus denen in vielen Fällen auch gemeinsame Kinder hervorgingen.

Die katastrophale Versorgungslage und generelle Demoralisierung der deutschen Gesellschaft, die nahezu alle Schichten und Kreise erfasste, ließ befürchten, dass die Kriminalität so sehr ansteigen würde, wie es nach dem Ende des Ersten Weltkriegs der Fall gewesen war. Die alliierte Besatzungsherrschaft wusste dies jedoch zu verhindern. Zwar nahm die Zahl der Verbrechen tatsächlich zu – was sich vor allem in den privaten Erfahrungen und auch in der öffentlichen Meinung niederschlug –, doch erreichte die Kriminalität insgesamt nie wirklich dramatische Werte. An der Spitze der Straftatenstatistik standen verständlicherweise Eigentumsdelikte, wobei es sich größtenteils um Beschaffungskriminalität handelte, zumeist das »Organisieren« von Nahrungsmitteln, Brennstoffen, Hausrat und Kleidung. Da vor allem Jugendliche, die im Fall einer Verhaftung eine geringere Bestrafung erwarten konnten, bei der Verübung dieser Straftaten aktiv waren, stieg die Jugendkriminalität beträchtlich, nahm aber mit zunehmender Verbesserung der Versorgungslage wieder ab.

Nachhaltige Auswirkungen hatte der Krieg indessen auf das Leben in den Familien. Die Zahl der Scheidungen stieg nach dem Ende des Zweiten Weltkriegs – vor allem bedingt durch die lange Zeit der Trennung der Ehepartner – rasant an und erreichte 1948 ihren Gipfelpunkt, als sie doppelt so hoch war wie vor dem Krieg. Besonders Ehen, die während des Krieges geschlossen worden waren, endeten nicht selten vor dem Scheidungsrichter, da die Partner sich kaum kannten. Am häufigsten endeten die Beziehungen jedoch, weil während der langen Trennungszeit und bedingt durch die Ungewissheit über den Verbleib des Partners neue Beziehungen eingegangen worden waren. In nicht wenigen Fällen verkrafteten zudem die Männer ihren sozialen Abstieg nach dem Krieg nicht. Vor allem ehemalige Berufsoffiziere und Funktionäre waren nicht bereit, sich von ihrem traditionellen Rollenverständnis zu verabschieden und der selbstbewusster und selbständiger agierenden Ehefrau, die oftmals die Versorgung der Familie übernommen hatte, mehr Rechte einzuräumen. Außerdem kam ein Teil der aus Krieg und Gefangenschaft zurückkehrenden Männer nicht mit der freizügigeren Sexualmoral ihrer Partnerinnen zurecht. Einer besonderen Belastung waren jene Beziehungen ausgesetzt, in denen die Männer Schwierigkeiten hatten, Verständnis für die traumatischen Erlebnisse ihrer vergewaltigten Frauen aufzubringen. Trost hatten die Vergewaltigungsopfer von den Heimkehrern aus der Kriegsgefangenschaft selten zu erwarten. Vielmehr wurden Frauen, die durch die sexuelle Gewalt schwanger geworden waren und ein Kind zur Welt gebracht hatten, von ihren Ehemännern häufig verstoßen. Die Hälfte aller Scheidungsanträge in der Nachkriegszeit stammte von Männern; nur bei einem Drittel der Trennungen wurde ihnen vom Gericht die Alleinschuld am Scheitern der Ehe zugesprochen. Damit hatten sich die Verhältnisse im Vergleich zu den 1930er Jahren umgekehrt, als im Durchschnitt mehr als zwei Drittel der Scheidungsanträge von Frauen eingereicht und mehr als die Hälfte der Männer alleinschuldig gesprochen worden waren.

Problematisch wurde 1945 auch die Regelung, die die wirtschaftliche Versorgung der geschiedenen Lebensgefährtin betraf. Zwar hatte das Ehegesetz von 1946 die 1938 erlassene Erwerbsverpflichtung der geschiedenen Ehefrau wieder aufgehoben. Doch die Rechtsprechung ließ den Anspruch auf Ehegattenunterhalt nur bei denen gelten, die unschuldig geschieden waren. Dadurch hatte die Mehrzahl der nach dem Krieg getrennten Frauen – ein Viertel war alleinschuldig und ein Drittel wegen beiderseitigem Verschulden geschieden worden – keinen Anspruch auf Unterstützung durch den geschiedenen Partner. Auch die Möglichkeiten, einen neuen Mann zu finden, waren für die Frauen nicht besonders aussichtsreich, während die geschiedenen Männer, bedingt durch den Frauenüberschuss – es gab nach dem Krieg in Deutschland sieben Million Frauen mehr als Männer –, gute Chancen hatten, durch eine neue Heirat ihre soziale und wirtschaftliche Lage zu verbessern.

In der SBZ wurde darüber hinaus das Berufsleben der Frauen zur Ursache ehelicher Spannungen. Im gleichen Maße, in dem ihre Arbeit für den Wiederaufbau an Bedeutung gewann, wuchs die Unabhängigkeit der Frauen – und damit auch ihre gesellschaftliche Stellung. Ihr sozialer Aufstieg wurde dadurch begünstigt, dass in der SBZ erstmals Vorschriften über die gleiche Bezahlung von Männern und Frauen bei gleichartiger Tätigkeit erlassen worden waren. Während es den Männern in den westlichen Besatzungszonen allmählich gelang, die Frauen an Heim und Herd zurückzudrängen und damit die traditionelle Rollenverteilung der Geschlechter in der Gesellschaft, insbesondere im Arbeitsleben, wiederherzustellen, gaben sich die Frauen in der SBZ kämpferischer. Nichtsdestotrotz bestanden auch dort ähnliche Probleme wie im Westen, wenn etwa SED-Aktivistinnen sich auf Parteiberatungen beklagten, dass »die kräftigen Männer an den Schaltern (sitzen) und knipsen die Karten, und oben stehen die Frauen und schleppen den Schutt und die Steine von der Straße weg«[5].

Umgang mit Kriegsverbrechern und Entschädigung der NS-Opfer

Bereits im Oktober 1943 einigten sich die Außenminister Großbritanniens, der Sowjetunion und der USA in Moskau, wo die Drei Mächte erstmals über den Umgang mit Kriegsverbrechern berieten, auf den Grundsatz, die deutschen Kriegsverbrechen zu ahnden und die Schuldigen für die begangenen Grausamkeiten »bis in den entferntesten Schlupfwinkel der Erde« zu verfolgen und »sie ihren Anklägern auszuliefern, damit Gerechtigkeit geschehe«.[6] Uneins waren sie indes darüber, wer als Kriegsverbrecher einzustufen sei und ob diese ein ordentliches Gerichtsverfahren erhalten sollten. Stalin wollte das Problem offensichtlich auf die ihm vertraute Weise lösen: Während der Konferenz von Teheran im Dezember 1943, als sich die Staats- und Regierungschefs der »Großen Drei« erstmals zu Gesprächen über das weitere Vorgehen auf dem europäischen Kriegsschauplatz trafen, trat er während eines gemeinsamen Abendessens dafür ein, 50 000 bis 100 000 deutsche Offiziere hinrichten zu lassen. Roosevelt entgegnete darauf scherzhaft, dass 49 000 wohl auch genügen würden.[7] Lediglich Churchill wies Exekutionen aus politischen Gründen zurück und bekräftigte noch einmal, »that war criminals must pay for their crimes and individuals who had committed barbarous acts [...] must stand trail«[8]. Im Laufe des Jahres 1944 setzte sich dann die Idee durch, den Hauptkriegsverbrechern einen Prozess zu machen, der alle Rechtsnormen beachten sollte. Damit war der Weg frei für einen regulären Gerichtsprozess, für den ein Internationales Militärtribunal (IMT) eingerichtet werden sollte.

Als der Krieg zu Ende ging, setzte die große Jagd alliierter Sonderkommandos nach den Hauptkriegsverbrechern ein, wobei das Chaos nach dem Zusammenbruch es nicht einfach machte, diese zu finden. Adolf Hitler, Reichspropagandaminister Josef Goebbels und Reichsführer-SS Heinrich Himmler hatten sich selbst getötet. Hermann Göring, Oberbefehlshaber der deutschen Luftwaffe, begab sich samt Familie und 17 Lastwagen Gepäck in amerikanische Kriegsgefangenschaft und hoffte, Eisenhower würde mit ihm verhandeln. Julius Streicher, Herausgeber der antisemitischen Wochenzeitung *Der Stürmer,* geriet durch Zufall in Gefangenschaft der US-Streitkräfte, während Alfred Rosenberg, NSDAP-Chefideologe und ab 1941 Reichsminister für die besetzten Ostgebiete, Arthur Seyß-Inquart, ab 1940 Reichskommissar für die Niederlande, und Außenminister Joachim von Ribbentrop von Suchkommandos ergriffen wurden. Lediglich Baldur von Schirach, Reichsjugendführer und Gauleiter von Wien, stellte sich selbst. Den größten Teil der Gefangenen brachten die Westalliierten zunächst in das luxemburgische Bad Mondorf, wo man sie ersten Verhören unterzog. Mitte Juni 1945 erhielten dann erstmals sowjetische Geheimdienstoffiziere Gelegenheit, die Festgenommenen zu befragen, und waren erstaunt, dass sich beispielsweise der Chef des Oberkommandos der Wehrmacht (OKW), Wilhelm Keitel, seit Sommer 1941 bewusst gewesen sein wollte, dass Deutschland den Krieg militärisch nicht mehr gewinnen konnte: »Frage: Wann war Ihnen als Chef des Generalstabes klar, dass Deutschland des Krieg verloren hat?

Antwort: Wenn ich die Lage grob einschätze, so kann ich sagen, dass dieses Faktum für mich im Sommer 1944 klar wurde. Jedoch war ich mir dieser Tatsache nicht plötzlich bewusst geworden, sondern durch eine Reihe von Phasen, die mit der

Entwicklung der Lage an den Fronten einhergingen. Weiterhin möchte ich erläutern, dass sich für mich persönlich dieses Verständnis in der Formel ausdrückte, dass Deutschland den Krieg nicht mit militärischen Mitteln gewinnen kann. [...] Im Sommer 1941 verstand ich, dass die Militärs ihre Worte gesagt hatten und keine entscheidende Wirkung mehr ausüben können – die Sache lag jetzt bei den Politikern. [...] Angefangen seit Sommer 1944 führte Deutschland den Krieg, um Zeit zu gewinnen, und wartete auf Ereignisse, die geschehen sollten, sich jedoch nicht ereigneten.«[9]

Weniger überrascht waren sie hingegen, dass Göring die Verbrechen des NS-Staates und den Massenmord von Wehrmacht, SS und Polizei in den besetzten Gebieten der UdSSR leugnete: »Frage: Was ist Ihnen bekannt über Maßnahmen der Partei und Militärführung zur Vernichtung von Millionen Russen, Polen, Juden und anderen Nationalitäten in den besetzten Gebieten und Grausamkeiten, die von deutschen Streitkräften verübt wurden?

Antwort: Von Millionen kann nicht die Rede sein. Das sind schlichte Propagandazahlen. Außerdem, glauben Sie mir, der Terror war auf keinem Fall gegen die Slawen gerichtet, sondern nur gegen die Juden.«[10]

Ende Juni 1945 begannen auf der Londoner Viermächtekonferenz die Verhandlungen der vier Alliierten über die Aburteilung der Kriegsverbrecher. Das dabei erarbeitete »Londoner Statut« legte die Rechtsgrundlagen und die Prozessordnung des Internationalen Militärtribunals und der amerikanischen Militärgerichtshöfe fest, die für die nachfolgenden Prozesse ins Leben gerufen wurden und Verbrechen der europäischen Achsenmächte verhandeln sollten. Das IMT war demnach für drei Kategorien von Verbrechen zuständig: Kriegsverbrechen, Verbrechen gegen den Frieden und Verbrechen gegen die Menschlichkeit – von denen die letzten beiden zuvor nicht kodifizierte Strafnormen des Völkerrechts darstellten. Unter »Verbrechen gegen den Frieden« wurden die Planung, Einleitung und Durchführung eines

Angriffskrieges verstanden. Als »Verbrechen gegen die Menschlichkeit« definierte das Statut Handlungen, die sich abseits des Kriegsgeschehens gegen die Zivilbevölkerung eines Landes richteten. Darunter fielen die Ermordung, Versklavung und Deportation von Zivilisten sowie Verfolgungen aus politischen, rassischen oder religiösen Gründen. Später wurden die drei Kategorien noch durch den Straftatbestand »Gemeinsamer Plan oder Verschwörung zu einem Verbrechen gegen den Frieden« ergänzt. Das Gericht sollte für solche Kriegsverbrecher zuständig sein, »für deren Verbrechen ein geographisch bestimmter Tatort nicht vorhanden war«[11]. Andere Kriegsverbrecher waren entsprechend der Moskauer Erklärung in die Länder zu überführen, in denen sie ihre Verbrechen begangen hatten, und dort vor nationale Gerichte zu stellen.

Der vorgesehene Ablauf des Verfahrens entsprach mehr dem Zivilrecht als dem allgemeinen Strafrecht, weil dem Gericht ein Richtergremium vorsaß, das sich auch auf Augenzeugenberichte stützen konnte. An der angelsächsischen Rechtstradition orientierte sich die Möglichkeit des Gerichts, Zeugen und Auskunftspersonen nicht selbst zu vernehmen, sondern auf Protokolle der Anklagebehörde zurückzugreifen. Die vier unterzeichnenden Mächte des Londoner Statuts stellten je zwei Richter (wovon einer als Ersatzrichter fungierte) für das Internationale Militärtribunal, das den Prozess gegen die Hauptkriegsverbrecher führte.

Am 18. Oktober 1945 trat das IMT unter der Leitung des sowjetischen Richters Iola T. Nikitschenko erstmals zu seiner konstituierenden Sitzung zusammen – in jenem Saal des vormaligen Volksgerichtshofes in Berlin, in dem der oberste Richter des NS-Staates, Roland Freisler, die Schauprozesse gegen die Widerstandskämpfer des 20. Juli 1944 durchgeführt hatte. Später, vom 20. November 1945 an, wurden die Verhandlungen des IMT in Nürnberg fortgesetzt, wofür mehrere Gründe sprachen: Der amerikanische Hauptankläger Robert H. Jackson, zugleich mit der Organisation des Prozesses beauftragt, favorisierte einen Verhandlungsort in der US-Zone, das Gericht und das unmittelbar daran angrenzende Gefängnis waren leicht zu verteidigen, und der Ort als ehemalige Stadt der Reichsparteitage der NSDAP war überaus symbolträchtig. Angeklagt werden sollten sowohl die politische, militärische und wirtschaftliche Führung des NS-Regimes als auch Organisationen wie das Reichskabinett, das Führerkorps der NSDAP, die Schutzstaffel (SS), der Sicherheitsdienst des Reichsführers SS (SD), die Geheime Staatspolizei (Gestapo), die Sturmabteilung (SA) sowie der Generalstab und das Oberkommando der Wehrmacht.

Da Hitler und führende NS-Funktionäre wie Goebbels, Himmler und der Leiter der Reichskanzlei der NSDAP, Martin Bormann, tot waren – letzterer wurde vermisst und daher in Abwesenheit angeklagt –, zählte lediglich Göring als Beschuldigter zur ersten Führungsriege der nationalsozialistischen Diktatur. Aus Großbritannien wurde Rudolf Heß herbeigeschafft, der den Posten als Stellvertreter Hitlers in der NSDAP innegehabt hatte, bis er 1941 nach Großbritannien geflogen und dort in britischen Gewahrsam genommen worden war. Als Mitglieder der politischen Führung wurden auch Reichsaußenminister Joachim von Ribbentrop, der Reichsorganisationsleiter der NSDAP und Vorsitzende der Deutschen Arbeitsfront (DAF), Robert Ley, der allerdings noch vor Prozessbeginn Selbstmord beging, und der ehemalige Reichskanzler Franz von Papen angeklagt. Stellvertretend für die Wehrmacht saßen der Chef des OKW, Keitel, und der Chef des Wehrmachtführungsstabes, Jodl, auf der Anklagebank, auf der als Militärs auch die ehemaligen Befehlshaber der Kriegsmarine, Erich Raeder und Karl Dönitz, Platz nehmen mussten. Das Reichssicherheitshauptamt und damit auch SS, Gestapo und SD wurden durch den Angeklagten Ernst Kaltenbrunner, Chef der Sicherheitspolizei und des SD, symbolisiert. Für die Kriegswirtschaft und ihre Verbrechen hatten sich Rüstungsminister Albert Speer, der Generalbevollmächtige für den Arbeitseinsatz, Ernst Sauckel, die Reichsbankpräsidenten Hjalmar Schacht und Walther Funk sowie der Unternehmer Gustav Krupp von Bohlen und Halbach zu verantworten. Wegen Verbrechen in den besetzten Gebieten waren der Generalgouverneur in Polen, Hans Frank, Arthur Seyß-Inquart, Alfred Rosenberg, der Protektor für Böhmen und Mähren, Konstantin Freiherr von Neurath, sowie Reichsinnenminister Wilhelm Frick angeklagt. Als Vertreter der NS-Propagandamaschinerie standen Baldur von Schirach, Julius Streicher, und der Abteilungsleiter im Reichsministerium für Volksaufklärung und Propaganda, Hans Fritzsche, vor dem Internationalen Militärtribunal.

Insgesamt verhandelte das IMT 218 Tage, an denen 403 öffentliche Sitzungen durchgeführt wurden. Die Anklage legte 2930 Beweisdokumente vor, 240 Zeugen wurden gehört, 300000 eidesstattliche Erklärungen gesichtet. Die Sitzungsprotokolle umfassen mehr als vier Millionen Worte und sind in einer 42-bändigen Dokumentation veröffentlicht. Die zielstrebig auf den Krieg und auf die Eroberung von neuem Lebensraum ausgerichtete Angriffspolitik Hitlers konnte durch die Ankläger eindeutig nachgewiesen werden. Doch auch die zahlreichen menschenverachtenden Verbrechen des Nationalsozialismus, einschließlich des Völkermords an den Juden, wurden zum ersten Mal vor der Weltöffentlichkeit – mehr als 250 Zeitungs- und Rundfunkreporter berichteten über den Prozess – offengelegt und riefen überall, auch beim deutschen Volk, Entsetzen hervor. In besonderem Maße war dies der Fall, als der ehemalige Kommandant des Vernichtungslagers Auschwitz, Rudolf Höß, in ruhigen, nüchternen, präzisen Worten und scheinbar unberührt die brutale Mechanik der industriellen Tötung von Millionen Angehörigen des jüdischen Volkes schilderte.

Gleichwohl gab es, vor allem unter den Deutschen, immer wieder Diskussionen um den Prozess, den nicht wenige als »Siegerjustiz« bezeichneten. Schließlich war im Interesse des künftigen Völkerrechts der Rechtsgrundsatz »Keine Strafe ohne Gesetz« – demzufolge niemand aufgrund von Gesetzen bestraft werden darf, die erst nach der Tat erlassen sind – außer Kraft gesetzt worden. Angriffskriege standen bis Nürnberg nicht unter Strafe, und auch für die Verletzung von Regeln des Kriegs- und

Völkerrechts existierte keine Strafandrohung. Für Mord, einschließlich millionenfachem, galt jedoch auch nach damaligem deutschen Strafrecht die Todesstrafe.

Am 1. Oktober 1946, fast ein Jahr nach Beginn der Verhandlungen, wurde den Angeklagten ihr Urteil verkündet: Göring, Ribbentrop, Keitel, Jodl, Kaltenbrunner, Rosenberg, Frick, Frank, Streicher, Sauckel, Seyß-Inquart und – in Abwesenheit – Bormann wurden zum Tod durch den Strang verurteilt. Heß, Funk und Raeder erhielten lebenslänglich, Schirach und Speer 20 Jahre, Neurath 15 Jahre und Dönitz zehn Jahre Haft. Gegen den Einspruch des sowjetischen Richters sprach man Schacht, Fritzsche und von Papen frei. Gleichzeitig wurden die SA, die Reichsregierung sowie der Generalstab und das OKW nicht zu verbrecherischen Organisationen erklärt, während die Gestapo, der SD, die SS und das Führerkorps der NSDAP als solche gebrandmarkt wurden.

Am 16. Oktober 1946 wurden die zum Tode Verurteilten – bis auf Göring, der sich dem Urteil durch Selbsttötung entzogen hatte – gehenkt und anschließend verbrannt. Ihre Asche wurde von amerikanischen Soldaten bei München in einen Nebenlauf der Isar geschüttet. Die zu Haftstrafen Verurteilten verbrachte man in das eigens dafür umgebaute Kriegsverbrechergefängnis in Berlin-Spandau. Bis 1966 entließen die Alliierten alle Gefangenen, zum Teil sogar vorzeitig. Lediglich der zu lebenslänglicher Haft verurteilte Heß blieb bis zu seiner Selbsttötung im Jahre 1987 der letzte gemeinsame Inhaftierte der alliierten Siegermächte.

Dem Nürnberger Prozess vor dem IMT folgten zwischen 1947 und 1949 zwölf weitere Prozesse gegen Kriegsverbrecher, jetzt allerdings vor US-Militärgerichten. Sie richteten sich gegen Militärs, hohe Ministerialbeamte (vor allem aus dem Auswärtigen Amt), führende Unternehmer des Dritten Reiches sowie SS- und Parteifunktionäre. Angeklagt wurden 39 Ärzte und Juristen, 56 Angehörige der SS und Polizei, 42 Unternehmer und Bankiers, 26 Generale sowie 22 Minister und hohe Regierungsbeamte. 24 von ihnen verurteilten die Militärrichter zum Tode – bei der Hälfte davon wurde das Urteil vollstreckt –, 20 zu lebenslanger Haft und 98 zu Freiheitsstrafen zwischen 18 Monaten und 25 Jahren. 35 Angeklagte wurden freigesprochen. In weiteren Prozessen verurteilten allein Militärgerichte der Briten, Amerikaner und Franzosen 5006 Angeklagte wegen NS- und Kriegsverbrechen, 794 davon zum Tode. Von den Todesurteilen vollstreckten die westlichen Alliierten 486, die übrigen Verurteilten verbüßten zunächst ihre Haftstrafen, wurden dann aber zwischen 1950 und 1956 fast alle entlassen. Zudem wurden in Belgien (gegen 75 Angeklagte mit zehn Todesurteilen), Dänemark (80, 4), Luxemburg (68, 15), den Niederlanden (204, 19) und Norwegen (80, 16) Gerichtsverfahren gegen deutsche Kriegsverbrecher durchgeführt. In der Sowjetunion standen mehr als 34000 Angehörige der Wehrmacht, SS, Gestapo, Polizei und des SD vor Militärtribunalen. Knapp zwei Drittel von ihnen klagten die Militärstaatsanwälte wegen Kriegs- sowie NS-Verbrechen an. 218 Angeklagte erhielten Todesurteile, der Rest hohe Haftstrafen. In der Tschechoslowakei wurden rund 16000 Deutsche für NS-Verbrechen abgeurteilt, in Polen 5382.

Trotz aller Schwächen galten die insgesamt 13 Nürnberger Prozesse als Durchbruch der in den »Nürnberger Prinzipien« festgehaltenen Überzeugung, dass es für einige Verbrechen keine Immunität geben darf. Außerdem wurden in Nürnberg die Entfesselung und Führung eines Angriffskrieges geächtet, was einen Meilenstein für die späteren UN-Kriegsverbrechertribunale darstellte. Erstmals in der Geschichte wurden Staatsmänner, Militärs und Beamte eines zum Zeitpunkt der Taten souveränen Staates persönlich für die Führung von Angriffskriegen und die organisierte Vernichtung von Millionen Menschen zur Verantwortung gezogen und bestraft. Zugleich enthüllten die Prozesse die düstere Realität des NS-Regimes vor der deutschen Öffentlichkeit, auch wenn sich die Bevölkerung in nicht wenigen Fällen von den Beweisen für die begangenen Straftaten abwandte und sich die meisten Deutschen persönlich nicht schuldig fühlte.

Die Gesamtzahl der Menschen, die inner- und außerhalb der Grenzen des Deutschen Reiches unter dem NS-Terror zu leiden hatten, dürfte auf mehr als 20 Millionen Personen zu schätzen sein, von denen jedoch nur ein verschwindend geringer Teil unmittelbar nach dem Krieg als Verfolgte des Nationalsozialismus eine Entschädigung für die erlittenen Qualen erhielt. Erste Schritte zur Hilfe für NS-Opfer hatten die Alliierten bereits ein knappes Jahr vor der bedingungslosen Kapitulation festgelegt, wobei Deutsche und Ausländer strikt voneinander getrennt wurden. Die Betreuung der ausländischen oder staatenlosen NS-Opfer sollten UN-Organisationen oder private ausländische Einrichtungen übernehmen, während die deutschen NS-Verfolgten nach einer ersten Versorgung durch die Alliierten von deutschen Stellen betreut werden würden. Daher realisierten weite Teile der deutschen Nachkriegsbevölkerung gar nicht, »dass die größten Opfergruppen der Naziherrschaft Ausländer waren«[12]. Folglich empfand die Masse der Deutschen die aus der Zwangsarbeit und den Konzentrationslagern befreiten Ausländer in erster Linie als Sicherheitsrisiko und fühlte sich von ihnen eher belästigt. Gerade die von den Vereinten Nationen versorgten *Displaced Persons* (DP) und die ausländischen und deutschen Juden, die unmittelbar nach dem Krieg Unterstützung von amerikanischen Hilfsorganisationen erfuhren, wurden nicht als Opfer des Nationalsozialismus angesehen und daher oft sogar angefeindet. So diffamierte der Minister für Volksbildung in Mecklenburg, das SED-Mitglied Gottfried Grünberg, die dortige jüdische Gemeinde als »amerikanische Speckpaketempfängerorganisation«[13].

Um die freigekommenen deutschen KZ-Insassen – und hier vor allem die politischen Häftlinge – kümmerten sich nach dem Ende des Krieges kommunale Behörden sowie auf Initiative ehemaliger KZ-Häftlinge entstandene Betreuungsstellen. In erster Linie wollte man ihnen dabei helfen, sich wieder in die Gesellschaft einzugliedern und Wohnraum, Kleidung sowie Hausrat zu beschaffen. Die hierfür zur Verfügung stehenden finanziellen Mittel waren allerdings eher bescheiden. So erhielten in Stuttgart frühere Häftlinge neben der üblichen Wohlfahrtsunterstützung monatlich einen Betrag von 30 Reichsmark ausgezahlt. Zur gleichen Zeit erließen die Alliierten verschiedene Regelungen, die die Fürsorge für die notleidenden NS-Opfer vereinheitlichen sollten, und gewährten Sondervergünstigungen bei der Beschaffung von Arbeitsplätzen, Wohnraum und Lebensmitteln.

Bis zum Sommer 1946 hatten die inzwischen gebildeten Ausschüsse der »Opfer des Faschismus« (OdF) in den vier deutschen Besatzungszonen etwa 250 000 bis 300 000 Betroffene erfasst. Unter ihnen stellten die ehemaligen politischen Häftlinge die einflussreichste Gruppe dar, die in der SBZ zudem noch von der SMAD und der Kommunistischen Partei Deutschlands (KPD) bzw. – nach der Zwangsvereinigung zwischen KPD und der Sozialdemokratischen Partei Deutschlands (SPD) 1946 – der SED bevorzugt wurden. In der sowjetischen Besatzungszone ging ihr Einfluss sogar soweit, dass hier zwischen »Kämpfern gegen den Faschismus« und »Opfern des Faschismus« unterschieden wurde, zu denen vor allem rassisch Verfolgte wie Juden sowie Sinti und Roma zählten. Ausgeschlossen von der Entschädigung, Wiedereingliederung und entsprechenden Betreuungsmaßnahmen waren allerdings ehemalige als kriminell eingestufte KZ-Häftlinge sowie »Asoziale« und Homosexuelle. Gleichwohl war der deutschen Bevölkerung nur schwer begreiflich zu machen, dass es bei den Entschädigungen nicht um ungerechtfertigte Privilegien ging, sondern um einen bescheidenen Ausgleich für das erlittene Leid.

Indes gelang die berufliche Wiedereingliederung der offiziell anerkannten NS-Opfer zumindest in der SBZ relativ rasch: 1948 waren von 11 360 befragten Mitgliedern der Vereinigung der Verfolgten des Naziregimes (VVN) rund 2 000 im öffentlichen Dienst beschäftigt. Zur gleichen Zeit stellten sie 17 Minister, 23 Ministerialdirektoren, 31 Ministerialräte, 50 Oberbürgermeister, 73 Landräte, 230 Partei- und Gewerkschaftsvorsitzende sowie 58 Landtagsabgeordnete. Versuche in den westlichen Zonen, die NS-Opfer hier ebenfalls in den öffentlichen Dienst zu integrieren, scheiterten hingegen weitgehend. So wurden etwa in Bayern bis 1949 lediglich 282 Verfolgte des Nationalsozialismus als Beamte eingestellt, von denen 17 bereits nach kurzer Zeit entlassen wurden, während zur gleichen Zeit 14400 ehemalige NSDAP-Mitglieder wieder im öffentlichen Dienst des Freistaates arbeiten konnten.

Recht schnell gingen die westlichen Militärregierungen daran, NS-Opfern – insbesondere aus der deutschen jüdischen Bevölkerung – ihre feststellbaren Vermögenswerte zurückzuerstatten. Damit sollte verhindert werden, dass diejenigen, die sich am Vermögen verfolgter und umgebrachter Juden und anderer NS-Opfer bereichert hatten, noch länger in den Genuss des durch Unrecht erworbenen Eigentums kamen. Zudem war die Rückerstattung von noch vorhandenen Werten wesentlich einfacher zu bewerkstelligen als die Entschädigung für die erlittenen gesundheitlichen und körperlichen Qualen oder die finanziellen Folgen von Haft und Folter.

Es zeigte sich jedoch rasch, dass die Alliierten sich nicht auf eine gemeinsame Rückerstattungs- und Entschädigungspolitik einigen konnten. Lediglich die amerikanische Militärverwaltung erließ bereits 1946 auf Länderebene erste Entschädigungsgesetze und verabschiedete 1947 ein Gesetz für die Rückerstattung von geraubtem Eigentum. In der französischen und britischen Besatzungszone ließen derartige Regelungen länger auf sich warten, während es in der SBZ – mit Ausnahme des Landes Thüringen – gar keine vergleichbaren gesetzlichen Richtlinien gab, da die Wiederherstellung von kapitalistischen Eigentumsverhältnissen nicht im Interesse der SMAD lag.

Wie kein anderer Bereich der Entschädigung sorgte die Rückerstattung für Konflikte zwischen der deutschen Bevölkerung und den NS-Opfern, da viele deutsche Familien direkt von Rückforderungen betroffen waren. Allein in der amerikanischen Besatzungszone, wo das konsequenteste Rückerstattungsgesetz galt, wurden über 160000 Ansprüche geltend gemacht. Dabei sahen sich nicht wenige der Betroffenen zu Unrecht belangt, gaben sie doch vor, die zumeist jüdischen Besitzstände »redlich« erworben zu haben. Dass sie dabei nur Spottpreise gezahlt hatten, ließen sie allerdings ebenso unerwähnt wie den Zwang, der oftmals ausgeübt worden war, um die vormaligen Besitzer zum Verkauf ihres Eigentums zu bewegen. So kam es in München im August 1949 sogar zu einer Straßenschlacht zwischen der deutschen Polizei und rund 1 000 Juden, als diese gegen einen antisemitischen Artikel über die Rückgabe jüdischen Vermögens in der *Süddeutschen Zeitung* protestierten.

Endgültig geordnet wurden die weitreichenden Entschädigungsmaßnahmen, die das uneinheitliche System der Fürsorgeregelungen ablösen sollten, jedoch erst nach der deutschen Teilung. Die Bundesrepublik übernahm dabei das 1949 in der amerikanischen Zone beschlossene Entschädigungsgesetz, während man im Osten Deutschlands zwei Tage vor der Gründung der DDR die »Anordnung zur Sicherung der rechtlichen Stellung der anerkannten Verfolgten des Naziregimes« erließ, durch die NS-Opfer eine verbesserte Sozialfürsorge erhielten. Millionen Zwangsarbeiter aus Polen und der ehemaligen Sowjetunion wurden für das Unrecht, das sie während der NS-Zeit erlitten hatten, vom deutschen Staat allerdings erst nach der Wiedervereinigung 1990 entschädigt.

4 »Strandgut des Krieges«

Millionen von Flüchtlingen und Vertriebenen – vor allem aus dem Osten des Deutschen Reiches – irrten nach Kriegsende auf der Suche nach einer neuen Heimat durch die alliierten Besatzungszonen.

Vertriebene und Umsiedler

Viele deutsche Städte, wie Berlin, Dresden, Frankfurt am Main, Hamburg und Köln, lagen nach dem Ende des Zweiten Weltkriegs in Trümmern. Durch die verwüsteten Straßen irrten Zehntausende Flüchtlinge und Vertriebene – ohne Heimat, Hoffnung oder eine Perspektive für ein neues Leben in einem bislang unbekannten und nicht selten feindlich eingestellten Umfeld. Für die meisten Vertriebenen begann ihr neues Leben nach dem Krieg bei Null. Siegfried Lenz, Schriftsteller und Flüchtling aus Ostpreußen, prägte den Ausdruck, dass am besten überlebte, wer seinen Besitz als »vergänglich und verrutschbar« begriff und »nach Möglichkeit sehr disponibel« lebte. Alles schien veränderbar. Mehr als zwölf Millionen Menschen suchten eine neue Heimat, und Deutschland sollte nie wieder so werden, wie es zuvor gewesen war.

Unter der Zivilbevölkerung hatten die Flüchtlinge und Vertriebenen die Hauptlast des verlorenen Krieges zu tragen, da sie nicht nur ihr Hab und Gut eingebüßt hatten, sondern meist einen totalen Existenzbruch vollziehen mussten, um sich ein neues Leben aufbauen zu können. Zwei Drittel der vor dem Krieg noch selbständigen Ostflüchtlinge mussten zwischen 1945 und 1947 den Erwerbszweig wechseln. Bei den früher in der Landwirtschaft Beschäftigten waren es sogar 87 Prozent. Die Zahl der Arbeiter unter den Vertriebenen hatte sich damit verdoppelt.

Auch das persönliche Umfeld änderte sich einschneidend. In den Westzonen lebten nach Kriegsende 200 Menschen pro Quadratkilometer, vor dem Beginn des Krieges waren es nur 160 gewesen. Doch für die Ostflüchtlinge und Vertriebenen gab es in den zerbombten Städten, in denen 4,3 Millionen Wohnungen fehlten, keinen Platz. Wer aus den Städten Ostpreußens oder Schlesiens kam, musste sich ab sofort zumeist auf dem Land durchschlagen, was für viele ein vollkommen unbekanntes Lebensumfeld bedeutete. Der Großteil des geflohenen und vertriebenen Bürgertums aus dem Osten – massenhaft in den Dörfern der westdeutschen Provinz untergebracht – wurde als Fremdkörper mit anderer Mentalität, anderem Glauben und zudem noch als Konkurrent um die ohnehin knappen Nahrungsmittel angesehen.

Die Neuankömmlinge galten als »lästige Zugabe zum verlorenen Krieg« und wurden – mitunter auch tätlich – als »Polacken« und hergelaufenes Gesindel angegriffen.[1] Wohnraum rückten viele Einheimische erst nach amtlicher Beschlagnahmung heraus, Nahrungsmittel gab es oft nur im Tausch gegen die letzten Wertsachen der Heimatlosen. Die Flüchtlinge galten als Landplage. Der sächsische Innenminister Kurt Fischer verglich die Entwurzelten sogar mit biblischen Katastrophenbildern: Millionen Vertriebene hätten wie »Heuschreckenschwärme« Restdeutschland heimgesucht und geradezu »überschwemmt«. Entsprechend war die Reaktion: Um Sachsen »vor der Hungersnot« zu bewahren, verfügte die Landesregierung im August 1945 die

»restlose Ausweisung« aller Vertriebenen und entzog ihnen die überlebensnotwendigen Lebensmittelkarten.[2]

Angesichts strenger Rationierung und zerstörten Wohnraums war Solidarität ein knappes Gut. Zudem prallten zwei Kriegserfahrungen aufeinander: Die ausgebombten Einheimischen konnten sich kaum vorstellen, dass man noch mehr verlieren konnte als sie selbst. Die Flüchtlinge und Vertriebenen dagegen klagten nicht nur über den Verlust der Heimat, sondern sie besaßen auch die Erfahrung der Trecks mit endloser Flucht, Not, Erfrierungstod, Vergewaltigung und sowjetischen Panzer, die Pferde, Wagen und Menschen zermalmt hatten.

Dabei ging es um gewaltige Größenordnungen. Der »Flüchtlingsplan«, den die USA, Großbritannien und die Sowjetunion auf der Grundlage der Potsdamer Beschlüsse im November 1945 in Kraft setzten, um die »wilden Vertreibungen« des Jahres 1945 durch »ordnungsgemäße Überführungen« zu beenden, sollte binnen eines halben Jahres allein aus Polen 3,5 Millionen Menschen auf die einzelnen Besatzungszonen verteilen. Gleichzeitig wurde zwischen der Regierung der Tschechoslowakei und den Alliierten der »Abschub« von 2,5 Millionen Deutschen vereinbart, von denen 1,75 Millionen in der amerikanischen und 750 000 in der sowjetischen Zone angesiedelt werden sollten.

Faktisch kamen die Vertreibungen jedoch 1945 noch nicht zum Abschluss, sondern dauerten im Wesentlichen bis Ende 1947 an. Allein in diesem Jahr nahm die sowjetische Besatzungszone knapp eine halbe Million Zwangsausgesiedelte aus Polen auf. Unablässig strömten zudem Flüchtlinge aus den neuen polnischen Gebieten, der Tschechoslowakei und der SBZ nach Westen, so dass letztlich jeder fünfte Bewohner der 1949 gegründeten Bundesrepublik ein Flüchtling oder Vertriebener war. Die meisten von ihnen siedelten sich in der amerikanischen und britischen Besatzungszone an, da die französische Zone in Südwestdeutschland vorerst kaum Flüchtlinge aufnahm. Besonders Niedersachen, Schleswig-Holstein und Bayern, dessen Bevölkerungszahl gegenüber Kriegsbeginn um zwei Millionen stieg, waren Anlaufpunkte für die zahllosen entwurzelten Menschen. Die aus der Tschechoslowakei vertriebenen Sudetendeutschen, von denen rund 786 000 in 764 Zügen im Freistaat eintrafen, bildeten hier den »vierten Stamm« der Bayern. Mancherorts traten sogar Fälle von absoluter »Überfremdung« auf, wie in Holzhausen am Starnberger See, wo man neben 561 Einwohnern 824 Vertriebene zählte. Rund zwei Drittel der mehr als zwei Millionen neuen Bewohner Bayerns kamen in Orten mit weniger als 4 000 Einwohnern unter, wo die Unterschiede in Mentalität, Dialekt und Lebensweisen hart aufeinander prallten.

Weit stärker als die westlichen Besatzungszonen traf es jedoch die SBZ. Anfang 1949 machten die damals 4,3 Millionen Zuwanderer, Flüchtlinge und Vertriebenen – in der Sprache der SED verharmlosend »Umsiedler« genannt – fast 25 Prozent der Gesamtbevölkerung aus. Im nicht gerade als veränderungsfreudig bekannten Mecklenburg war nach 1945 sogar jeder zweite ein Vertriebener – oder besser: eine Vertriebene, denn das Antlitz der Vertreibung war weiblich. Das grausame Geschehen wurde zur »Stunde der Frauen«. Vor allem sie hatten schlimme Flucht- und Vertreibungserfahrungen gemacht und mussten die Notsituation, in die sie zusammen mit Kindern und Alten

Regionale Verteilung der Vertriebenen in der SBZ

Aufnahmeregion	bis 31.12.1946	bis 1.12.1947	bis 1.1.1949
Brandenburg	580 571	621 756	655 466
Mecklenburg	980 773	930 774	922 088
Sachsen-Anhalt	961 733	1 081 802	1 051 024
Sachsen	781 455	1 005 992	997 798
Thüringen	607 390	692 424	685 913
SBZ insgesamt	3 911 922	4 332 748	4 312 289

Quelle: Rolf Dieter Müller (Hrsg.): Das Deutsche Reich und der Zweite Weltkrieg, Band 10/2: Der Zusammenbruch des Deutschen Reiches 1945. Die Folgen des Zweiten Weltkrieges, München 2008, S. 651.

Regionale Verteilung der Vertriebenen in den Westzonen

Aufnahmeregion	bis 29.10.1946	bis 1.1.1948	bis 1.1.1949
Schleswig-Holstein	845 000	878 000	888 000
Hamburg	63 000	76 000	91 000
Niedersachsen	1 493 000	1 633 000	1 767 000
Bremen	26 000	32 000	38 000
Nordrhein-Westfalen	714 000	976 000	1 183 000
Hessen	537 000	626 000	675 000
Rheinland-Pfalz	49 000	60 000	75 000
Baden-Württemberg	575 000	648 000	701 000
Bayern	1 662 000	1 828 000	1 916 000
Westzonen insgesamt	5 964 000	6 757 000	7 334 000

Quelle: Rolf Dieter Müller (Hrsg.): Das Deutsche Reich und der Zweite Weltkrieg, Band 10/2, S. 651.

geraten waren, bewältigen. Noch auffallender war der überdurchschnittliche Kinderanteil, der gerade in der unmittelbaren Nachkriegszeit eine gravierende Belastung darstellte. In den ländlichen Gebieten, in denen die Masse der Vertriebenen ihr Dasein fristeten, blieb die Hilfsbedürftigkeit der vielen Alleinerziehenden, die neben ihren Kindern nicht selten auch noch ältere Angehörige unterstützen und pflegen mussten, langfristig ein soziales Problem: Umsiedler und Vertriebene stellten in der SBZ daher fast 43 Prozent der Sozialunterstützten. Doch SED und SMAD scheuten die für einen Lastenausgleich erforderlichen Umverteilungen, weil dies eine nicht gewollte Zerreißprobe für die neu aufzubauende sozialistische Gesellschaft bedeutet hätte: »Für ein verarmtes Großmütterchen« so das Zentralorgan der SMAD, die *Tägliche Rundschau,* sei »der Kochtopf, den sie durch ein solches Gesetz zu bekommen hofft oder zu verlieren fürchtet, sehr viel wichtiger als die Frage, ob irgendein Konzernleiter im ganzen oder teilweisen Besitz seiner Verfügungsgewalt über Teile der deutschen Industrie bleibt«.[3]

Auch in den westlichen Besatzungszonen überforderte der gewaltige Massenansturm die Behörden, die sich selbst gerade erst im Neuaufbau befanden, maßlos. Trotz Zuzugssperren, Zwangseinweisungen und Berufsquoten ließ sich der allgegenwärtige Mangel nicht einmal verwalten.

Erst mit der Gründung der Bundesrepublik 1949 nahm man sich der Flüchtlinge und Vertriebenen zumindest im Westen mit der erforderlichen Energie an. Jetzt kam eine Sozialmaschinerie in Gang, die den Betroffenen endlich das lang Entbehrte ermöglichte: Hausrats- und Vermögensentschädigungen, Ausbildung, Arbeitsplätze sowie Aufbaumittel und Wohndarlehen. Mit dem Soforthilfegesetz vom 8. August 1949 und dem unmittelbar darauf folgenden Flüchtlingssiedlungsgesetz sowie später dem Lastenausgleichsgesetz vom 14. August 1952 und dem Bundesvertriebenengesetz vom 19. Mai 1953 wandte sich nun auch der Gesetzgeber den Menschen zu, die im Osten ihre Heimat verloren hatten. Dennoch muss trotz aller Hilfestellung von außen festgehalten werden, dass die Schlüsselleistung zur geglückten Eingliederung der Flüchtlinge, Vertriebenen und Umsiedler von ihnen selbst erbracht wurde und von den betroffenen Menschen nur mit einem riesigen Kraftakt zu bewältigen war, der sie nicht selten an die Grenzen des Erträglichen führte.

Kriegsgefangene

Nach dem Ende des Zweiten Weltkriegs marschierten Millionen deutsche Soldaten in endlosen Kolonnen in die Kriegsgefangenschaft, die für alle ein Weg in eine ungewisse Zukunft und für nicht wenige ein Marsch ohne Wiederkehr war. Insgesamt gerieten während des Krieges und nach der bedingungslosen Kapitulation elf Millionen deutsche Soldaten in Gefangenschaft, die über eine Million – fast jeder Zehnte – nicht überlebte. Erst elf Jahre später, im März 1956, kehrten die letzten Kriegsgefangenen, die bis dahin noch in der Sowjetunion festgehalten wurden, heim.

Erste Überlegungen zum Schicksal der Kriegsgefangenen nach einer deutschen Niederlage hatten die Alliierten bereits auf der Moskauer Außenministerkonferenz im Herbst 1943 angestellt. Vor allem die Sowjetunion hatte sich dafür stark gemacht, die ehemaligen Soldaten als Zwangsarbeiter in der UdSSR einzusetzen und diese über Jahre hinweg zum Aufbau des schwer zerstörten Landes heranzuziehen. Die USA hingegen hatten sich für eine rasche Demobilisierung der Wehrmacht sowie für eine Entlassung der Kriegsgefangenen ins Zivilleben eingesetzt und zeigten sich an einer Verwendung der Deutschen als billige Arbeitskräfte nicht interessiert. Davon unbeeindruckt setzte die UdSSR im Verlauf des Jahres 1944 ihre Planungen zum Einsatz deutscher Arbeitskräfte und Kriegsgefangener fort. Der sowjetische Diplomat Iwan M. Maiski forderte im Sommer dieses Jahres den Einsatz von rund fünf Millionen Zwangsarbeitern für die Dauer von zehn Jahren und bezifferte den Wert dieser deutschen »Reparationsleistung« auf 35 bis 40 Milliarden Dollar.[4] Die Franzosen nahmen wenig später den gleichen Standpunkt ein. Auch sie betrachteten Zwangsarbeit als eine gerechte Form der Wiedergutmachung.

Den eigenen Vorgaben folgend, begann die Sowjetunion unmittelbar nach der Besetzung deutschen Territoriums mit der Mobilisierung von deutschen Arbeitskräften. Hierfür hatte am 3. Februar 1945 das Staatliche Verteidigungskomitee der UdSSR verfügt: »Alle Deutschen im Alter zwischen 17 und 50 Jahren sind, soweit zu physischer Arbeit tauglich, zu mobilisieren und zur Verwendung von Arbeiten in der UdSSR in Arbeitsbataillonen zu 750 bis 1 200 Mann zu formieren.«[5] Zuvor waren bereits im Baltikum und auf dem Balkan Deutsche als Zwangsarbeiter festgesetzt worden. Bis zum 19. Januar 1945 waren aus Litauen, Lettland, Estland, Jugoslawien, Ungarn und Rumänien insgesamt 135 860 Deutsche von NKWD-Truppen zum Arbeitseinsatz in der UdSSR verbracht worden, davon 70 704 Männer und 65 156 Frauen. Auch in Ostpreußen erreichten die Mobilmachungsaktionen des NKWD schnell ein hohes Tempo. Bis zum 10. April

1945 waren bereits 97 487 Personen »mobilisiert«, von denen das NKWD 66 786 inzwischen zu ihren Arbeitsplätzen in der Sowjetunion abtransportiert hatte. Dort waren bislang allerdings nur 61 036 eingetroffen. Der Großteil von ihnen, 55 409, wurde in der Ukraine eingesetzt, der verbleibende Rest in Weißrussland, 32 198 davon im Steinkohlebergbau, 13 112 bei der Erzgewinnung, 5 799 im Bereich des Volkskommissariats für Bau, 2 000 beim Volkskommissariat für Transportwesen und 1 550 bei der Reparatur von Energiekraftwerken. Die in Ostpreußen verbliebenen 20 000 Internierten sollten in Oberschlesien und anderen Gebieten Deutschlands für Demontagen verwendet werden. Schon am 16. April 1945 schlug der Chef des NKWD, Lawrenti P. Beria, Stalin vor, die Mobilisierungen einzustellen, um die dafür eingesetzten Geheimdiensteinheiten zu entlasten. Ohnehin konnte inzwischen verstärkt auf deutsche Kriegsgefangene zurückgegriffen werden.

Offiziell bekannten sich die Alliierten allerdings erst mit der Kontrollratsproklamation Nr. 2 vom 20. September 1945 zum zwangsweisen Einsatz von deutschen Arbeitskräften. Für die ehemaligen Wehrmachtangehörigen sorgte wenig später die Kontrollratsdirektive Nr. 18 für Klarheit: »Der Kontrollrat verfügt wie folgt: Angehörige der ehemaligen Wehrmacht und der angegliederten militarisierten Streitkräfte, einschließlich der Militärbeamten und Kriegsgefangenen, werden aus dem Militärdienst entlassen, unter Berücksichtigung der folgenden Umstände:

Die Anforderung von deutschen Arbeitskräften durch die alliierten Nationen.

Die Notwendigkeit, Kriegsverbrecher und Personen, die unter dem Verdacht von Kriegsverbrechen stehen oder eine Gefahr für die öffentliche Sicherheit bedeuten könnten, bis zum Beweis ihrer Schuld in Haft zu halten.

Die Notwendigkeit, Offiziere der ehemaligen Wehrmacht und der angegliederten militarisierten Verbände, welche eventuell eine Gefahr bedeuten könnten, in Haft zu halten.«[6]

Obgleich damit neben der Genfer Konvention und der Haager Landkriegsordnung, in denen unter anderem grundlegende Regeln zum Umgang mit Kriegsgefangenen vereinbart sind, die Bedingungen für die Kriegsgefangenschaft vorgegeben waren, unterschieden sich die Lebensbedingungen der ehemaligen Soldaten doch beträchtlich, da jede Gewahrsamsmacht eine eigene Politik verfolgte. Nicht minder entscheidend war allerdings die persönliche Lebenssituation jedes einzelnen Gefangenen, in der er den Lageralltag und dessen Begleiterscheinungen wie Hunger, Krankheit und Zwangsarbeit bewältigen musste. Hatte sich nicht schon bei der Gefangennahme eine gewisse Gruppensolidarität entwickelt, wie sie etwa bei geschlossen in Kriegsgefangenschaft gegangenen Einheiten vorhanden war, standen die Männer im täglichen Kampf »jeder gegen jeden« allein.

Die britischen Streitkräfte hielten sich während des Zweiten Weltkriegs und auch danach grundsätzlich an die völkerrechtlichen Konventionen zur Behandlung von Kriegsgefangenen. Sie töteten in der Regel keine Soldaten bei der Gefangennahme und erfüllten alle bestehenden internationalen Vorschriften hinsichtlich Ernährung, Arbeitseinsatz und medizinischer Versorgung. Die Organisation des Lagerlebens überließen die Briten weitgehend der Selbstverwaltung der Gefangenen. Bis zum Ende des Krieges waren die Insassen der britischen Lager, die über alle Länder des Empire verteilt lagen – weshalb Großbritannien und nicht die Sowjetunion über das am weitesten verzweigte Lagersystem verfügte –, kaum zum Arbeitseinsatz herangezogen worden. Mit der deutschen Kapitulation änderte sich diese Politik. Man schaffte die Kriegsgefangenen nun nach Großbritannien zurück, wo sie bevorzugt in der Landwirtschaft und bei Aufräumarbeiten zur Beseitigung der zahlreichen Kriegsschäden eingesetzt wurden. Zugleich unterzogen die Briten die deutschen Kriegsgefangenen einem umfangreichen *Reeducation*-Programm, das vor allem auf freien Informationszugang und Meinungsbildung setzte. Damit wollte man erreichen, dass sich die Gefangenen mit der nationalsozialistischen Ideologie und deren Folgen auseinandersetzten.

Da Großbritannien nur die durch den Krieg erlittenen Verluste ersetzen wollte, war geplant, rund 250 000 Kriegsgefangene als billige Arbeitskräfte einzusetzen. Deshalb wurden bereits in den ersten Wochen nach der Kapitulation zahlreiche Gefangene entlassen, darunter vor allem Angehörige solcher Berufe, die in der britischen Besatzungszone dringend benötigt wurden. Wenig später wurden vor allem Verwaltungsangehörige und Personen, die durch die Wehrmacht zwangsrekrutiert worden waren, sowie Österreicher und Italiener nach Hause geschickt. Gleichzeitig überstellten die britischen Streitkräfte 25 000 Gefangene an Frankreich, 33 000 an Belgien sowie 7 000 an die Niederlande. Die Zahl der deutschen Kriegsgefangenen in britischer Hand, die im Juni 1945 mit rund 3,5 Millionen einen Höchststand erreicht hatte, verringerte sich dadurch bis zum Jahresende 1945 auf eine Million. Deren Repatriierung in die Heimat begann ab September 1946, auch wenn zunächst nur Kranke, in Deutschland benötigte Spezialisten und sogenannte »Weiße«, das heißt Soldaten, die während der Internierung erkennbar mit dem Nationalsozialismus gebrochen hatten, entlassen wurden. Durch den Repatriierungsbeschluss auf der fünften Tagung der alliierten Außenminister in Moskau im Frühjahr 1947 erhöhte sich der Druck auf die britische Regierung, auch die verbliebenen Gefangenen in die Freiheit zu entlassen. Ab Dezember 1947 stieg die Zahl der monatlichen Heimkehrer auf über 15 000 Mann. Am 12. Juli 1948 verließ der letzte deutsche Kriegsgefangentransport die britischen Inseln. Die noch in Ägypten befindlichen ehemaligen deutschen Soldaten, die von der Repatriierung zunächst ausgenommen worden waren, kehrten erst drei Monate später in die Heimat zurück.

Die amerikanische Gewahrsamspolitik glich der britischen in vielerlei Hinsicht. So setzten die USA in den Lagern nur wenig eigenes Personal ein, woraus der deutschen Lagerleitung ein verhältnismäßig großer Handlungsspielraum erwuchs. Die gute Verpflegung sorgte gleichfalls für eine außerordentlich geringe Zahl von Konflikten. Geradezu üppig war das Angebot an Weiterbildung und kultureller Beschäftigung, das ab Herbst 1944 noch um Demokratisierungsprogramme erweitert wurde. Ein Arbeitseinsatz erfolgte für die Masse der Gefangenen nur selten und nie über längere Zeit, da die USA kein besonderes Interesse an Arbeitskräften hatten, so dass die Soldaten zumeist geschlossen im Lager verblieben. Selbst wenn die Kriegsgefangenen relativ isoliert vom gesellschaftlichen Leben in den USA waren, bekamen sie dennoch einen Eindruck vom amerikanischen Alltag. So waren nicht wenige auf der einen Seite fasziniert vom materiellen Überfluss, nahmen aber auf der anderen Seite auch die im Vergleich zu Europa größere Kluft zwischen Arm und Reich zur Kenntnis. Befremdlich wirkte für zahlreiche Kriegsgefangene, dass trotz der propagierten Freiheits- und Gleichheitsprinzipien beispielsweise die gefangenen Soldaten beim Transport in öffentlichen Verkehrsmitteln das Zugrestaurant oder das Schlafwagenabteil nutzen konnten, während ihre farbigen Bewacher vor der Tür zu bleiben hatten.

Obgleich sich nicht wenige Kriegsgefangene wünschten, in den Vereinigten Staaten zu bleiben, wurden bei Kriegsende entsprechend den Bestimmungen des Kriegsvölkerrechts alle Internierten nach Europa zurückgebracht. Bereits im März 1945 wurden die ersten Kriegsgefangenen entlassen. Nach der Kapitulation im Mai wurden alle Frauen, Alten, Kranken, Jungen sowie jene Berufsgruppen nach Deutschland eingeschifft, die für die dortige Wirtschaft gebraucht wurden. Da die US-Streitkräfte auch alle Nichtdeutschen entließen, stieg die Zahl der Freigelassenen bis Ende 1945 auf rund eine Million. Im Herbst 1945 begannen die USA dann auch mit dem Rücktransport der in den Vereinigten Staaten verbliebenen deutschen Gefangenen – im Dezember 1945 waren es rund 60 000, im März 1946 bereits mehr als 80 000. Am 23. Juli 1946 verließ der letzte reguläre Kriegsgefangentransport die USA in Richtung Deutschland. Nur eine kleine Zahl von Flüchtigen, Kranken und Verurteilten blieb zurück. Am 30. Juni 1947 entließen die USA auch die letzten deutschen Kriegsgefangenen aus dem amerikanischen Gewahrsam in Europa. Allerdings war rund ein Drittel der Gefangenen zum Zweck des Arbeitseinsatzes für ein bis zwei Jahre an Großbritannien überstellt worden, während man ein weiteres Sechstel den französischen Streitkräften übergeben hatte.

Ganz anders erging es den rund 765 000 ehemaligen deutschen Soldaten in französischem Gewahrsam. Nur ein Drittel von ihnen war von den französischen Streitkräften selbst gefangen genommen worden. Den Rest hatten Amerikaner und Briten an die Franzosen überstellt. Bedingt durch die schweren Kriegszerstörungen gelang es der französischen Regierung ungeachtet aller Bemühungen zunächst nicht, die notwendigen Ressourcen für die Ernährung und Unterbringung der zahlreichen Gefangenen bereitzustellen. So blieb die Versorgungssituation – trotz des persönlichen Eingreifens von General de Gaulle und amerikanischen Hilfslieferungen – bis zum Herbst 1946 prekär. Eine ausreichende Ernährung war erst ab 1947 gegeben.

Während Großbritannien und die USA die Genfer Konvention im Wesentlichen beachteten, verstieß Frankreich grob gegen dieses Abkommen, indem es deutsche Kriegsgefangene zur Räumung von Minen einsetzte. Auch andere Gewahrsamsmächte und Deutschland selbst hatten sich während des Krieges und danach über den Artikel 32 der Genfer Konvention hinweggesetzt, der ohne Einschränkungen verbot, Kriegsgefangene bei gesundheitsschädlichen oder gefährlichen Arbeiten einzusetzen. Die Franzosen gingen dabei jedoch noch rücksichtsloser als andere vor. Da eine Minenräumorganisation, wie es sie beispielsweise in Großbritannien gab, in Frankreich nicht existierte, wurden zunächst unterernährte Gefangene ohne ausreichende Ausbildung zur Entschärfung von deutschen, aber auch alliierten Minen und Bomben eingesetzt. Dementsprechend kamen nach Angaben des Internationalen Roten Kreuzes in der Anfangszeit monatlich rund 2000 Kriegsgefangene bei diesen gefährlichen Einsätzen um. Anders ausgedrückt: Die Räumung von 5000 Minen kostete das Leben eines Kriegsgefangenen. Erst die Proteste des Roten Kreuzes führten dazu, dass eine bessere Ausbildung, Ausrüstung und Behandlung der Einsatzkräfte erfolgte. Danach ging die Zahl der Unfälle und der Toten drastisch zurück. Unbekannt ist, wie viele deutsche Soldaten und französische Kollaborateure, die gleichfalls zum Minenräumen eingesetzt wurden, insgesamt ums Leben kamen. Als Ende 1947 die Räumung der Minen abgeschlossen war, wurde die als Dank in Aussicht gestellte schnellere Repatriierung jedoch nicht gewährt.

Auch beim Einsatz der anderen Kriegsgefangenen galt der Grundsatz, dass eine maximale Arbeitsleistung – und nicht Rache oder Umerziehung – das Ziel der Gefangenschaft sein müsse, um die erlittenen Kriegsschäden zu beseitigen. Als Folge dieser Politik wurden die nach der Kapitulation eingerichteten großen Gefangenenlager rasch aufgelöst und deren Insassen auf mehr als 100 kleinere Lager verteilt, in denen aber nur ein geringer Teil der Kriegsgefangenen lebte, während die Masse außerhalb der Lager arbeitete und auch bei den Arbeitgebern wohnte. Diese waren für die Gefangenen in jeder Hinsicht verantwortlich und mussten für die Bewachung, Unterkunft und Verpflegung sorgen, während der französische Staat den Gewinn der Kriegsgefangenenarbeit als Reparationsleistung für sich beanspruchte. Durch die Politik, Kriegsgefangene als Reparations-Zwangsarbeiter einzusetzen, kam es zu teilweise absurden Entscheidungen. So schickten die Franzosen die Mehrzahl der Offiziere, selbst wenn diese in Verdacht standen, an Kriegsverbrechen beteiligt gewesen zu sein, bereits nach kurzer Zeit nach Hause, während die Mannschaften oft jahrelang in Frankreich Zwangsarbeit verrichten mussten. Denn Offiziere durften nach der Genfer Konvention nicht zum Arbeitseinsatz herangezogen werden, hätten von den Franzosen aber verpflegt werden müssen.

Insgesamt wurden die Kriegsgefangenen hauptsächlich in der Landwirtschaft, dem Bergbau und bei der Beseitigung von

Kriegsschäden eingesetzt. Da nur wenige Massenunterkünfte vorhanden waren, existierten kaum organisierte Bildungs- oder Kulturaktivitäten. Zudem verzichteten die Franzosen weitgehend auf ein *Reeducation*-Programm. Bei den ersten Kriegsgefangenen, die schon Ende 1945 in Frankreich entlassen wurden, handelte es sich um sogenannte »fremdvölkische« Wehrmachtangehörige. Anfang 1946 folgten die Italiener, dann die Österreicher. Ab März 1947 entließ Frankreich auf amerikanischen Druck aber auch monatlich 20 000 ehemalige deutsche Soldaten aus der Gefangenschaft. Im zweiten Halbjahr 1947 steigerte sich diese Zahl auf 40 000 pro Monat, so dass die Repatriierung am 8. Dezember 1948 abgeschlossen war.

Das härteste Schicksal der über elf Millionen deutschen Kriegsgefangenen traf aber die mehr als drei Millionen Soldaten, die in sowjetischem Gewahrsam landeten. Schon die NS-Propaganda und weit verbreitete Gräuelnachrichten über die Zustände in den sowjetischen Lagern hatten dazu beigetragen, dass die Wehrmacht- und SS-Angehörigen zum Teil panische Angst vor der Gefangennahme durch sowjetische Truppen hatten. Nicht wenige Soldaten versuchten deshalb, sich der Gefangennahme durch Selbsttötung zu entziehen. Wer schließlich in den Lagern der Hauptverwaltung des NKWD/MWD für Kriegsgefangene und Internierte (GUPWI) landete, konnte tatsächlich nicht sicher sein, dass er die Strapazen der Gefangenschaft überleben würde. Denn obwohl sich die Sowjetunion bemühte, die Bestimmungen der Haager Landkriegsordnung zumindest in Grundzügen einzuhalten, war das Leben der Gefangenen vom Mangel geprägt. Hinzu kamen die extremen Klima- und Arbeitsbedingungen, die in den GUPWI-Lagern herrschten. Vor allem in den ersten Kriegsjahren verloren zahlreiche deutsche Soldaten, bedingt durch ihre schlechte körperliche Verfassung und die kaum versorgten Transporte durch die unendlichen Weiten des Landes, ihr Leben in sowjetischer Gefangenschaft. So kehrten beispielsweise von den 110 000 deutschen Soldaten, die nach der Schlacht um Sta-

Gesamtzahl der deutschen Kriegsgefangenen, Todesfälle und Sterberaten

Gewahrsamsmacht	Kriegsgefangene	Todesfälle	Sterberate
Großbritannien	ca. 3 600 000	ca. 2 000	> 1 Prozent
USA	ca. 3 100 000	5 000–10 000	> 1 Prozent
UdSSR	ca. 3 000 000	max. 1 000 000	max. 33 Prozent
Frankreich	ca. 1 000 000	22 000	ca. 2 Prozent
Jugoslawien	ca. 200 000	ca. 80 000	ca. 40 Prozent
Polen	ca. 70 000	ca. 10 000	ca. 14 Prozent
Belgien	ca. 60 000	ca. 500	ca. 1 Prozent
Tschechoslowakei	ca. 25 000	ca. 2 000	ca. 10 Prozent
Niederlande	ca. 7 000	ca. 200	ca. 3 Prozent
Luxemburg	ca. 5 000	15	1 Prozent
Gesamt	ca. 11 000 000	ca. 1 100 000	ca. 10 Prozent

Quelle: Rüdiger Overmans: Soldaten hinter Stacheldraht. Deutsche Kriegsgefangene des Zweiten Weltkriegs, München 2000, S. 246.

lingrad Anfang 1943 gefangen genommen worden waren, nur etwa 5 000 nach Deutschland zurück.

Gleichwohl lässt sich nicht behaupten, dass die Sowjetunion ihre Kriegsgefangenen willentlich umkommen ließ. Denn auch die eigene Bevölkerung konnte aufgrund der verheerenden Kriegszerstörungen von der sowjetischen Regierung nicht ausreichend versorgt werden: Millionen von Gebäuden, Zehntausende Fabriken, Kolchosen, Brücken, Tausende Schulen, Universitäten, Museen, Theater sowie Hunderte Krankenhäuser in mehr als 1 700 Städten und 70 000 Dörfern waren zerstört oder beschädigt. Erst nach dem Ende des Krieges war die Sowjetunion in der Lage, die Gefangenen zumindest in Baracken unterzubringen. Ausrüstungsgegenstände, die in den westlichen Lagern selbstverständlich waren, bekamen die deutschen Kriegsgefangenen hingegen kaum oder gar nicht zu sehen. Dies galt für Bett- und Unterwäsche ebenso wie für Oberbekleidung und persönliche Dinge wie Essbesteck und Kochgeschirr.

Bei der Verteilung der Verpflegung machte die Führung der GUPWI zudem einen Unterschied, der in der Wehrmacht unbekannt gewesen war: Den Offizieren wurden höhere Rationen zugestanden als den Unteroffizieren und Soldaten. Während den Mannschaften auf dem Papier pro Tag 600 Gramm Roggenbrot, die gleiche Menge an Kartoffeln, 30 Gramm Fleisch, 100 Gramm Fisch und 300 Gramm Gemüse, zumeist Kohl, zustanden, erhielten die Offiziere 300 Gramm Weißbrot und die gleiche Menge an Roggenbrot, 75 Gramm Fleisch, 80 Gramm Fisch, 200 Gramm frisches Gemüse und 15 Zigaretten. Noch besser war die Versorgung der Generale. Ihnen stand die Norm Nr. 4 zu, die sich gleichfalls aus 300 Gramm Weißbrot und 300 Gramm Roggenbrot, dann aber aus 120 Gramm Fleisch, 50 Gramm Fisch, 20 Gramm Käse, 200 Gramm frisches Gemüse und 20 Zigaretten zusammensetzte.

Die Masse der Kriegsgefangenen unterstand der GUPWI, dessen Archipel aus mehr als 5 000 Lagern, Teillagern, Lazaretten und Arbeitsbataillonen bestand, die über die gesamte Sowjetunion verstreut lagen. Hier waren die Lebensbedingungen für die Inhaftierten noch am besten, denn die zahlreichen Fachministerien, denen Arbeitsbataillone aus Kriegsgefangenen »leihweise« unterstellt wurden, interessierte nur die maximale Ausnutzung der Arbeitskraft. Die Schwerpunkte des Arbeitseinsatzes wurden von den Kriegszerstörungen und den Großprojekten des laufenden Fünfjahrplans bestimmt: Wiederaufbau und Wohnungsbau sowie der Ausbau der Schwerindustrie und der Infrastruktur. Dementsprechend setzte das Innenministerium die Gefangenen im Bergbau, beim Bau von Wohnungs-, Industrie- und Prestigeobjekten, wie beispielsweise der Moskauer Staatlichen Universität auf den Leninbergen, der Errichtung von Kraftwerken und Talsperren, aber auch bei der Produktion von Baumaterialien – was vor allem die Holzgewinnung einschloss – sowie beim Straßen- und Schienenbau ein.

Der zentrale Aspekt des sowjetischen Lagerlebens war die Erfüllung der Arbeitsnorm. Dabei kam es in der Regel allein auf die Realisierung einer quantitativen Vorgabe an, während die Qualität der Arbeitsleistung nur eine geringe oder gar keine Rolle spielte. Wer sich zudem als so genannter »Normschreiber« zum Spezialisten für den allgemeinen Abrechnungsbetrug entwickelt hatte, konnte seinen Kameraden wirksame Hilfe leisten, denn die Erfüllung der Normen bestimmte auch das Maß der Lebensmittelrationen. Zugleich wurden bis 1947 Minderleistungen nicht selten als antisowjetische Sabotage betrachtet und entsprechend hart verfolgt.

In der Sowjetunion war das Verhältnis der Kriegsgefangenen zum Land und seinen Bewohnern zunächst von der jahrelangen NS-Propaganda geprägt. Erst allmählich erkannten die ehemaligen Wehrmachtangehörigen, dass es der russischen Bevölkerung auch nicht besser ging als ihnen selbst, und sie legten ihre Vorurteile überwiegend ab. Nicht wenige Soldaten betrachteten ihre einstigen Feinde jetzt als gute, freundliche und hilfsbereite Menschen. »Angesichts der Armut der Bevölkerung und der offensichtlichen Trostlosigkeit ihres Nachkriegslebens«, so der kriegsgefangene Leutnant Hans Kampmann zu diesem Bewusstseinswandel, »entwickelten wir zunehmend Verständnis für die Umstände unseres Daseins. Wir waren gewissermaßen Gleiche unter Gleichen, vielleicht sogar noch besser gestellt.«[7] Die Skepsis gegenüber dem gesellschaftlichen System änderte sich allerdings kaum. Vor allem das Planwirtschaftssystem der UdSSR, das den Gefangenen Stoff für unzählige Anekdoten bot, begründete mit seinen Absurditäten die Ablehnung des real existierenden Sozialismus.

Zur Leitung der sowjetischen Kriegsgefangenenlager gehörte stets auch ein Politoffizier, dessen Aufgabe darin bestand, die Gefangenen ideologisch zu indoktrinieren und sie zusammen mit dem verantwortlichen Geheimdienstoffizier durch ein ausgeprägtes Spitzelsystem zu überwachen. Nach sowjetischen Vorgaben sollten bis zu zehn Prozent der Gefangenen als Zuträger angeworben werden. Die damit geschaffene Atmosphäre von Denunziation, Angst und Verrat untergrub das Zusammengehörigkeitsgefühl der Kriegsgefangenen und zerstörte die für das Überleben unter den herrschenden Extrembedingungen so wichtige Kameradschaft. Für die Spitzel dagegen, die es unter allen Dienstgraden – selbst unter den mehr als 300 Generalen – gab, war der Verrat mit nicht wenigen Vorteilen verbunden.

Entscheidenden Einfluss auf das Geschehen im Kriegsgefangenenlager übte auch die deutsche Lagerprominenz aus, die zumeist den Antifa-Komitees entstammte. Diese Gefangenen genossen zahlreiche Vorteile und konnten es sich unter anderem leisten, unangenehme Arbeiten durch die Masse der nicht privilegierten Insassen ausführen zu lassen. Die Antifa-Komitees, die nach 1945 in fast jedem sowjetischen Kriegsgefangenlager zu finden waren, steuerten nahezu alle Freizeit- und Weiterbildungsaktivitäten. Ihre Ausbildung erhielten die Antifa-Funktionäre auf besonderen Schulen, deren Besuch die Bereitschaft voraussetzte, sich auf die kommunistische Ideologie einzulassen. Nicht selten wurde aber Druck auf die Gefangenen ausgeübt, sich zu einer solchen Maßnahme zu melden, denn auch die sowjetischen Politoffiziere mussten ihre Planvorgaben erfüllen. So bestand die Masse der Antifa-Angehörigen weniger aus Kommunisten als aus Personen, die sich eine raschere Heimkehr in die Heimat erhofften. Doch diese Hoffnung trog, denn für den Einsatz in der SBZ verwandte die sowjetische Führung nur handverlesene kommunistische Kader.

Unter den Gefangenen war die Meinung über die Antifa-Tätigkeit geteilt. Gleichwohl muss der Gesamterfolg der politischen Umerziehungsmaßnahmen als gering eingeschätzt werden, da für die Masse der Kriegsgefangenen der täglich erlebbare Widerspruch zwischen dem ideologisch-humanistischen Anspruch der kommunistischen Weltanschauung und der tristen Realität des Alltags in der Sowjetunion allzu stark war. Selbst die sowjetische Seite musste nach eigenen Erhebungen widerwillig zugeben, dass bis zu 90 Prozent der ehemaligen Wehrmachtsoldaten die UdSSR als entschiedene Gegner des Kommunismus verließen.

Der Wunsch nach einer raschen und gesunden Heimkehr beherrschte letztlich die Gedanken aller Kriegsgefangenen. Flucht schien durch die Weite der russischen Landschaft und das engmaschige Netz, das der NKWD über das Land gespannt hatte, undenkbar. Insofern blieb nur die Hoffnung auf Entlassung. Zwar hatte die Sowjetunion bereits 1945 rund eine Millionen Kriegsgefangene in die Heimat zurückgeführt. Unter ihnen fanden sich jedoch lediglich Deutsche, die für den Arbeitseinsatz untauglich waren. Die meisten Entlassenen stammten zudem aus der Tschechoslowakei, Jugoslawien, Bulgarien oder – in geringerem Umfang – aus Österreich, Ungarn und Rumänien.

Erst 1946 ließ die Sowjetunion zur Unterstützung der SED bei den Gemeinde- und Landtagswahlen in der SBZ rund 150 000 Gefangene frei. Deren Repatriierung stellte allerdings für die SED keine besondere Hilfe dar und bewirkte eher das Gegenteil, da 90 Prozent der Heimkehrer aufgrund ihres schlechten Gesundheitszustandes als arbeitsunfähig galten. Obwohl sich die Alliierten auf der Moskauer Außenministerkonferenz im Frühjahr 1947 darauf einigten, bis Ende 1948 alle Kriegsgefangenen freizulassen, schickte die Sowjetunion auch 1947 lediglich rund 220 000 ehemalige deutsche Soldaten nach Deutschland. Und auch wenn sich das Tempo der Freilassungen 1948 steigerte – in diesem Jahr konnten rund 330 000 Kriegsgefangene aus der UdSSR in die Heimat zurückkehren –, musste die Sowjetunion Ende des Jahres auf Anfrage der USA bekennen, dass sie die Repatriierungen nicht entsprechend der festgelegten Frist beenden könne. Erst auf weiteres internationales Drängen entließ die UdSSR im Laufe des Jahres 1949 mit fast 400 000 Mann den Großteil der verbliebenen Kriegsgefangenen. Am 5. Mai 1950 erklärte die sowjetische Nachrichtenagentur TASS, dass die Repatriierung der Kriegsgefangenen abgeschlossen sei und sich außer einigen Kranken, die nicht transportfähig seien, nur noch 9 717 verurteilte Deutsche in der UdSSR befänden, die allerdings als Strafgefangene betrachtet würden. Hinzu kämen knapp 4 000 Personen, deren Verfahren noch nicht abgeschlossen sei.

Tatsächlich waren aber noch rund 20 000 Kriegsgefangene und etwa 30 000 deutsche Zivilisten in Lagern des sowjetischen GU-Lag-Imperiums inhaftiert.

Da die Gefangenen vor dem Hintergrund des Kalten Krieges nun immer mehr zum politischen Faustpfand wurden, gestaltete sich ihre Freilassung mehr als zögerlich. Anfang 1953 saßen noch rund 25 000 Deutsche in sowjetischen Lagern ein. Nach dem Tod Stalins entließ die sowjetische Führung rund 15 000 von ihnen, bevor der Sturz Berias und der Volksaufstand in der DDR vom 17. Juni 1953 für eine weitere Verzögerung der bereits geplanten Freilassung sorgten. Im Juli 1955 beschloss das Präsidium des Zentralkomitees (ZK) der Kommunistischen Partei der Sowjetunion (KPdSU) dann, Bundeskanzler Konrad Adenauer die Freilassung der restlichen deutschen Kriegsgefangenen als Preis für die Aufnahme diplomatischer Beziehungen anzubieten. Adenauer, der entgegen zahlreichen Widerständen auch in Deutschland im September 1955 seine Moskau-Reise unternahm, konnte mit der Heimkehr der letzten Kriegsgefangenen eine wichtige Leistung seiner politischen Karriere verbuchen. Bis März 1956 kamen die verbliebenen 9 626 Kriegsgefangenen nach Deutschland zurück. Die letzten Zivildeportierten, die von diesem Handel nicht profitierten, wurden erst im März 1957 freigelassen.

Bevor die Kriegsgefangenen heimkehrten, hatten die Familien lange und nicht selten ohne Nachricht auf sie warten müssen. Die Suche nach Angehörigen war für viele in der Nachkriegszeit Bestandteil des Alltags. Wann immer Züge mit freigelassenen Kriegsgefangenen eintrafen, wurden die Heimkehrer auf den Bahnhöfen von zahllosen Menschen mit Fragen und Fotos bestürmt, deren wichtigster Gedanke immer war: »Wer kennt diesen Soldaten?« War der ehemalige Kriegsgefangene endlich an seinem vormaligen Heimatort eingetroffen, hatte er sich zunächst, um überhaupt ins öffentliche Leben zurückkehren zu können, polizeilich anzumelden. Daraufhin waren der Meldebogen für die Entnazifizierung zu beantworten und bei der entsprechenden Behörde einzureichen, die Kriegsgefangenen-Rückkehrer-Meldekarte und das Meldeblatt für den Personalausweis auszufüllen und eine entsprechende Zuzugsgenehmigung zu beantragen, bevor der Heimkehrer auf dem Arbeitsamt vorstellig werden konnte. Mit den entsprechenden Dokumenten ausgestattet, konnte der Freigelassene dann endlich die ihm zustehende Lebensmittelkarte beantragen. Dieser Behördenmarathon war allerdings nur dann auf Anhieb erfolgreich, wenn die Entlassungspapiere lückenlos vorlagen. Waren diese unvollständig oder fehlten sie beispielsweise im Fall einer Flucht ganz, so mussten die Papiere durch den Betreffenden erst »organisiert« werden.

In der Regel bedeutete die Rückkehr des Mannes aus der Gefangenschaft für die Frau zumeist mehr – statt, wie von ihr erhofft, weniger – Arbeit. Aus dem Krieg und der nachfolgenden Lagerhaft kam ein geschwächter, nicht selten kranker und psychisch gebrochener Mann heim, der seine bisherige Stellung im gesellschaftlichen Leben eingebüßt hatte und sich vollkommen neu orientieren musste. Zahlreiche Heimkehrer waren durch den Krieg und die Gefangenschaft psychisch so weit verändert, dass sie kaum in die Familie zurückfinden und über ihre Erfahrungen nur schwer mit Menschen reden konnten, die nicht das gleiche erlebt hatten. Für viele von ihnen wurde der Alkohol zur Sucht, die ihre Ängste und schrecklichen Erlebnisse vergessen machen sollte.

Die Vorstellungen, die sich die Soldaten in ihrer jahrelangen Abwesenheit von der Familie bewahrt und die oftmals ihren Überlebenswillen aufrechterhalten hatten, gründeten auf der Harmonie der Vorkriegszeit. Während sich die Frauen an die allmähliche Zerstörung der Lebenswelt hatten gewöhnen können, traf die Rückkehrer die Realität der Trümmerwelten und der aufgelösten Lebensträume besonders hart. Da der Kriegsversehrte als »Prototyp des heutigen deutschen Mannes«[8] galt, wurde er zum Gegenstand zahlreicher psychologischer Ratgeber für die Ehefrau. Nicht selten erfolgte auf das lang ersehnte Wiedersehen die rasche Scheidung, da beide Seiten mit den neuen Realitäten des gemeinsamen Lebens nicht mehr zurechtkamen. Zumeist stellten sich jedoch – vor allem im Westen – die traditionellen Geschlechterrollen rasch wieder ein, und die veränderte Rollenverteilung der Kriegs- und unmittelbaren Nachkriegszeit wurde als vorübergehende Anomalie gedeutet. Dass die Mehrzahl der Männer nach der Gefangenschaft wieder ihre als traditionell geltenden Aufgaben und Positionen wahrnahm, wurde von der Gesellschaft als Rückkehr zur Normalität nach den Wirren des Krieges wahrgenommen, wobei allerdings das Zurückkommen der Väter den Kindern oft sogar noch mehr Probleme bereitete als den Ehefrauen. In der Not des Krieges waren sie mit ihren Müttern zu einer verschworenen Gemeinschaft zusammengewachsen. Jetzt wollten sie nicht ohne weiteres die gewonnenen Freiheiten und die Erwachsenenrolle aufgeben, in die sie notgedrungen hineingewachsen waren. Für die Betroffenen selbst war die Kriegsgefangenschaft, auch wenn sie nur von kurzer Dauer war, eine Erfahrung, die ihr Leben stärker prägte als ihre Kindheit oder ihr Berufsleben. Was die Internierten in dieser Zeit erfuhren und nicht selten erlitten, veränderte ihre Persönlichkeit für immer und beeinflusste die ganze deutsche Gesellschaft für mindestens zwei Generationen.

Displaced Persons, Repatriierte und Remigranten

Eine der größten Gruppen unter den entwurzelten Menschen, die sich nach Kriegsende innerhalb des Deutschen Reiches aufhielten, bildeten die mehr als 10,8 Millionen sogenannten *Displaced Persons* (DP). Laut Definition des *Supreme Headquarters Alliied Expeditionary Force* (SHAEF) galten als DPs »Zivilpersonen, die sich aus Kriegsfolgegründen außerhalb ihres Staates befinden, die zwar zurückkehren oder eine neue Heimat finden wollen, dieses aber ohne Hilfestellung nicht zu leisten vermögen«[9]. Darunter fielen Zwangsarbeiter, die während des Krieges in deutschen Betrieben arbeiten mussten, Kriegsgefangene, ehemalige KZ-Häftlinge und verschleppte Osteuropäer. Die westlichen Besatzungsmächte unterschieden dabei zwischen Staatsangehörigen der im Juni 1945 geschaffenen Vereinten Nationen und solchen, die aus den Ländern kamen, gegen die die Anti-Hitler-Koalition gekämpft hatte. Eine dritte Gruppe bildeten Staatenlose, die ihre Nationalität nicht nachweisen konnten, während die Bürger der Sowjetunion – auf deren Zwangsrepatriierung in die UdSSR sich die Alliierten bereits während der Konferenz von Jalta im Februar 1945 auf Drängen Stalins geeinigt hatten – sowie nichtdeutsche Kollaborateure in die vierte Kategorie fielen.

Im Mai 1945 schätzten die westlichen Siegermächte die Zahl der DPs in dem von ihnen besetzten Teil des Deutschen Reiches auf rund 1,5 Millionen Staatsangehörige der Sowjetunion, 1,2 Millionen Franzosen, 600 000 Polen, 350 000 Italiener, je 200 000 Niederländer und Belgier, 100 000 Jugoslawen, 60 000 Tschechen sowie jeweils 10 000 Dänen, Griechen, Luxemburger und Norweger.

Die Statistik zeigt zunächst eine bewundernswerte Repatriierungsleistung der alliierten Militärbehörden. Trotz der schwierigen Umstände gelang es ihnen, zwischen Mai und September 1945 täglich über 33 000 Personen aus den drei Westzonen in ihre Heimatstaaten zurückzubringen, so dass sich die Zahl der DPs schnell auf rund 1,2 Millionen reduzierte. Bei der Repatriierung wurden die Militärregierungen von der *United Nations Relief and Rehabilitation Administration* (UNRRA) unterstützt, die die DP-Lager in den befreiten Gebieten betreute. Für jedes Lager war ein UNRRA-Team zuständig, das der örtlichen Militärkommandantur unterstellt war, selbst aber wiederum gegenüber den nichtmilitärischen Hilfsorganisationen – wie dem Roten Kreuz oder dem *Joint Distribution Committee* – Weisungen erteilen konnte.

Wo die DPs nicht in alliierten Lagern zusammengefasst waren und unter militärischer Kontrolle standen, setzte rasch eine unregulierte »Selbstkontrolle« ein. Viele DPs zogen dann in langen Trecks durch Deutschland in Richtung Heimat. In den Westzonen befand sich Ende 1945 nur noch eine kleine Restgruppe von DPs, deren Anwesenheit in Deutschland die Alliierten im Zuge des beginnenden Kalten Krieges zunehmend in Bedrängnis brachte. Rund 13 Prozent von ihnen waren baltische und staatenlose DPs, die nicht repatriierbar waren. Und auch die Rückkehr der 66 Prozent DPs polnischer Herkunft war aufgrund der politischen Veränderungen in Polen kompliziert und häufig unmöglich.

Das Ziel der Alliierten, alle DPs rasch und ausnahmslos in ihre Heimatländer zurückzuführen, wurde somit letztlich nicht erreicht. Die DP-Frage entwickelte sich daher zu einem Nachkriegsproblem. Als die UNRRA 1947 aufgelöst wurde, befanden sich in den vier Besatzungszonen immer noch knapp eine Millionen Ausländer, von denen mehr als die Hälfte in der amerikanischen Zone lebte und ein weiteres Viertel in der britischen. Hatte die Mehrheit der Deutschen diesen Opfern des nationalsozialistischen Terrors kurz nach Kriegsende noch Mitleid entgegengebracht, änderte sich dies bald. Dass viele DPs sich jahrelang in den westlichen Besatzungszonen aufhielten und von den Siegermächten bevorzugt behandelt wurden, löste bei der Bevölkerung zunehmend Unzufriedenheit aus. Da zudem Ängste, Vorurteile und Klischees, die von der NS-Propaganda geschürt worden waren, weiter fortwirkten, galten den einheimischen Bewohnern nicht wenige DPs als Kriminelle und Schwarzmarkthändler, die sich unter alliiertem Schutz auf Kosten der Deutschen bereicherten.

Tatsächlich gab es am 1. März 1949 in den Westzonen noch insgesamt 411 654 DPs – hauptsächlich Polen, Balten, Ukrainer, Jugoslawen und Tschechen –, die überwiegend in Lagern oder geschlossenen Siedlungen lebten. Erst nach Gründung der Bundesrepublik, im Frühjahr 1951, erhielten die heimatlosen Ausländer auf westalliierten Druck hin ein besonderes Aufenthalts- und Niederlassungsrecht, das über das bislang gewährte bloße Asylrecht hinausging. Die in den ehemaligen Westzonen verbliebenen Zwangsarbeiter des Dritten Reiches waren damit zu einem Teil der westdeutschen Nachkriegsgesellschaft geworden.

Die Rückführung ausländischer Kriegsgefangener und Zwangsarbeiter in ihre Heimat war bereits in Jalta beschlossen worden. Die technischen Fragen regelte dann ein am 22. Mai 1945 unterzeichnetes Abkommen zwischen dem Hauptquartier der Westalliierten und dem sowjetischen Oberkommando. Daraufhin wurden zwischen 1945 und 1949 von der SMAD insgesamt mehr als fünf Millionen sowjetische Staatsbürger, von denen zwei Millionen von den Westalliierten an die sowjetischen Behörden überstellt worden waren, sowie mehr als zwei Millionen Zwangsarbeiter, Kriegsgefangene und Evakuierte aus anderen Ländern repatriiert.

Grundlage für die Rückführung sowjetischer Militärangehöriger und Staatsbürger war die Verfügung Nr. 6884 des Staatlichen Verteidigungskomitees der UdSSR vom 4. November 1944. Obwohl diese sich zunächst nur auf Angehörige der sowjetischen Streitkräfte bezog, diente sie auch als normative Basis für die Repatriierung von zuvor verschleppten Zwangsarbeitern in die UdSSR. Die befreiten Kriegs- und Zivilgefangenen sollten unverzüglich besonderen Reserveeinheiten im Rücken der Front übergeben werden. Innerhalb von ein bis zwei Monaten hatten dann die Organe der militärischen Spionageabwehr *Smersch* alle ehemaligen Militärangehörigen der Roten Armee zu überprüfen. Verlief die Überprüfung ergebnislos, wurden die betreffenden Personen in die Kampf- oder Versorgungseinheiten der Fronttruppen eingegliedert. Sowjetische Staatsbürger, die in Einheiten der Wehrmacht, der »Russischen Befreiungsarmee« – ein Freiwilligenverband, der auf deutscher Seite gekämpft hatte – oder anderen militärischen Gliederungen gedient hatten, waren unverzüglich den Speziallagern des NKWD zur weiteren Untersuchung durch die Organe der Staatssicherheit und Spionageabwehr zu übergeben. Aus den internierten Offizieren formierte man später eigene Sturmbataillone, die während besonders verlustreicher Operationen zum Einsatz kamen. Einfache

Soldaten und Unteroffiziere wurden, sofern nichts gegen sie vorlag, der Industrie als Arbeitskräfte übergeben. Sie kamen auf Baustellen des NKWD-Imperiums zum Einsatz oder wurden zum Wachdienst in Lagern des NKWD herangezogen. Positive Überprüfungsresultate bedeuteten je nach Schwere des Tatbestandes Erschießung oder langjährige Haftstrafen.

Obwohl erst im März 1945 mit Überprüfungspunkten, Repatriierungslagern und Kommandanturen die organisatorischen Strukturen für die Rückführung geschaffen waren, wurden bis zum Kriegsende zwischen Oder und Elbe bereits etwa 200 000 ehemalige sowjetische Militärangehörige und Staatsbürger zusammengefasst und überprüft. Nach der deutschen Kapitulation stieg die Zahl der Repatrianten beträchtlich an, so dass sich das Oberkommando der Roten Armee gezwungen sah, zahlreiche neue Lager zu errichten. Allein auf dem Territorium der SBZ sollten 75 Lager für sowjetische Heimkehrer eingerichtet werden, von denen jedes mindestens 10 000 Personen aufnehmen konnte. Beispielsweise wurde das ehemalige Konzentrationslager Mittelbau-Dora nach der sowjetischen Besetzung zum Repatriierungslager Nr. 244 umfunktioniert, wo bereits im Mai 1945 von den amerikanischen Streitkräften 14 000 ehemalige ausländische Zwangsarbeiter des Kreises Nordhausen, darunter 11 627 sowjetische Staatsbürger, »untergebracht« wurden. Bis Juni 1945 wuchs die Zahl der Internierten auf 20 000 an. Nach der Besetzung Nordhausens durch sowjetische Militäreinheiten Anfang Juli 1945 übergaben die Amerikaner das »Ausländerlager« Dora an die Bevollmächtigten für Repatriierung der Roten Armee. Die dort internierten, hauptsächlich aus der Sowjetunion stammenden Ausländer wurden dann bei der Demontage der unterirdischen Raketenfabrik zur Produktion der V-1 und V-2 eingesetzt und leisteten beim Abbau der Fertigungsanlagen innerhalb eines Monats mehr als 4 100 Arbeitstage. Insgesamt wurden im Sommer 1945 bis zu 55 000 – nach anderen Quellen sogar bis zu 300 000 – Repatrianten in der SBZ zur Demontage deutscher Industrieanlagen verpflichtet.

Am 1. August 1945 existierten auf dem Territorium der sowjetischen Besatzungszone bereits 86 Repatriierungslager, 18 Kommandanturen, zahlreiche Sortier- und Transportpunkte sowie sechs Übergabe- und Übernahmestellen an der Westgrenze der SBZ, in denen sich 615000 sowjetische Staatsbürger und 112000 andere Ausländer befanden. 10000 von ihnen wurden als Zivilangestellte in den Truppenverbänden der Roten Armee beschäftigt. Die Lebensbedingungen in den Repatriierungslagern waren im Allgemeinen schlecht, die Versorgung der Insassen konnte nur unter größten Schwierigkeiten sichergestellt werden. Logistische Probleme führten dazu, dass oft tagelang keine warme Verpflegung ausgegeben wurde, häufig mangelte es selbst an Brot, auch die medizinische Versorgung der Heimkehrer war unzureichend. Da die Bahnverbindungen aus Deutschland in die Sowjetunion durch die Demobilisierungs- und Demontagetransporte überbeansprucht waren und andere Transportmöglichkeiten fehlten, wurden von den über eine Million befreiten sowjetischen Zwangsarbeitern schließlich rund 650000 zu Fuß auf den mehr als 1000 Kilometer langen Weg in die Heimat geschickt.

Dennoch war die Rückführung der sowjetischen Staatsburger aus Deutschland im März 1946 im Wesentlichen abgeschlossen. Von den insgesamt 5,35 Millionen Repatrianten wurden nach den Überprüfungen durch den Geheimdienst NKWD 608000 erneut als Zwangsarbeiter in Arbeitsbataillonen zusammengefasst und zum Wiederaufbau der zerstörten sowjetischen Industrie eingesetzt. Weitere 340000 von ihnen überstellte das NKWD seinem GULag-Imperium. Ein besonders hartes Schicksal traf die ehemaligen Soldaten der Roten Armee, die in deutsche Kriegsgefangenschaft geraten waren, und hier vor allem die 126000 Offiziere, die die Torturen der deutschen Haft überlebt hatten. Sie wurden per Beschluss des Politbüros vom 22. Oktober 1945 degradiert und zu sechs Jahren Zwangsarbeitslager verurteilt. 1952 saßen noch mehr als 57000 von ihnen in den Lagern des MWD und wurden erst durch eine Amnestie des Obersten Sowjets vom 17. September 1955 befreit. Die vollständigen bürgerlichen Ehrenrechte erhielten die ehemaligen sowjetischen Kriegsgefangenen allerdings erst Anfang 1995 mit einem Erlass des russischen Präsidenten Boris N. Jelzin zurück.

Die Frage, ob sie in ihre Heimat zurückkehren wollten, stellte sich nach der deutschen Kriegsniederlage auch für rund 500 000 Deutsche, die während des Dritten Reiches ins Exil gezwungen worden waren. Die meisten von ihnen waren als politisch Verfolgte vor den Nationalsozialisten ins Ausland geflohen. Nur wenige der Emigranten gelangten bereits während des Zweiten Weltkriegs als Soldaten der alliierten Streitkräfte nach Deutschland zurück, um gegen die nationalsozialistische Herrschaft zu kämpfen. So dienten zum Beispiel Klaus und Golo Mann sowie Stefan Heym in den amerikanischen Streitkräften, während Männer wie Konrad Wolf und Leo Stern in den Reihen der Roten Armee gekämpft hatten. Auch nach Kriegsende entschieden sich nur etwa 30 000 der Exilanten, nach Deutschland zurückzukehren. Jüdische Emigranten waren kaum darunter. Zu den heimkehrenden Exilanten gehörten aber nicht zuletzt auch prägende Kräfte des Kulturlebens, wie zum Beispiel der Schriftsteller und Theaterregisseur Bertolt Brecht oder die Schriftstellerin Anna Seghers, die aus dem Exil in die SBZ kamen, um dort maßgeblich am Aufbau einer neuen Kulturlandschaft mitzuwirken.

Die Rückkehr in die alte Heimat gestaltete sich für die Remigranten nicht immer einfach. Viele von ihnen, vor allem Angehörige der jüngeren Generation, die teilweise nie in Deutschland gelebt hatten, sahen die dortige Nachkriegsgesellschaft mit den Augen von Fremden und fühlten sich in dem für sie unbekannten Land lange nicht heimisch. Nicht selten wurde die Heimkehr zusätzlich durch bürokratische Rückkehr- und Einreisebestimmungen erschwert oder gar unmöglich gemacht. Ein faktisches »Recht auf Heimkehr« existierte nicht, und der Prozess der Wiedereingliederung forderte von den Zwangsausgesiedelten zumeist viel Geduld. Dennoch nahmen viele Gegner des

Nationalsozialismus und zahlreiche Intellektuelle diese Schwierigkeiten auf sich, da sie beim Wiederaufbau der alten Heimat und der demokratischen Neuausrichtung des politischen Lebens helfen wollten. So kehrten beispielsweise Politiker wie Willy Brandt, Erich Ollenhauer und Herbert Wehner in die Westzonen zurück, wo sie rasch an politischem Einfluss gewannen. Gleichwohl wurden sie immer wieder von ihren politischen Gegnern für die Zeit, die sie notgedrungen im Exil verbracht hatten, angefeindet.

Eine Sonderrolle spielten die deutschen Kommunisten, die aus dem sowjetischen Exil in die SBZ zurückkehrten. Sie wurden von der Roten Armee Ende April 1945 in drei Gruppen nach Deutschland eingeflogen. Die bekannteste von ihnen war die elfköpfige »Gruppe Ulbricht«, die von Walter Ulbricht, dem bereits damals unangefochtenen KPD-Führer, geleitet wurde. Offiziell mit dem Status eines »Hilfsorgans der politischen Hauptverwaltung der 1. Belorussischen Front« versehen, sollten sie das sowjetische Militär bei der Neuorganisation des öffentlichen Lebens und der Verwaltung Berlins unterstützen und die Gründung von Parteien, Gewerkschaften und anderen Organisationen vorbereiten. Im engsten Führungszirkel der Exil-KPD waren jedoch längst die »Hauptlinien der Propaganda« für den Einsatz festgelegt: »Legende zerschlagen, dass Rote Armee das deutsche Volk vernichten oder zerschlagen will«, notierte Wilhelm Pieck am 25. April 1945 nach einem Gespräch mit dem stellvertretenden Leiter der internationalen ZK-Abteilung der VKP(b), Georgi Dimitrow. Weiter hieß es in seinen Notizen: »Hitlerstaat vernichten, aber nicht deutsches Volk.« Und: »Praktische Aufgabe, dem Volk in seiner Not helfen – Basis für unsere Partei in Zukunft.« Hierfür sollten die drei Gruppen – von denen eine für Mecklenburg und Vorpommern zuständig war, die zweite für Sachsen und die dritte unter Ulbricht für Berlin – vor allem Personen ausfindig machen, die für jene politischen Positionen in Frage kamen, die in der SBZ von Deutschen bekleidet werden sollten. Dabei galt es, die entscheidenden Stellen mit Kommunisten zu besetzen und sie, wie Wilhelm Pieck es später formulierte, »niemals wieder aus der Hand (zu) geben«.[10]

Die »Gruppe Ulbricht« wurde am Abend des 1. Mai 1945 in Bruchmühle bei Strausberg nordöstlich von Berlin einquartiert, wo der KPD-Chef abends seine Direktiven an die Gruppe ausgab. So hatten die Kader zuerst in den zwölf westlichen Stadtbezirken Berlins eine funktionierende Bezirksverwaltung aufzubauen. »Als Bürgermeister sollten wir möglichst einen Bürgerlichen am besten mit Doktortitel suchen«, erinnerte sich später ein Mitglied der Gruppe, Wolfgang Leonhard, an die Situation. Außerdem sollten Sozialdemokraten (»die verstehen was von Kommunalpolitik«) und Liberale sowie Techniker, Ärzte und auch ein Geistlicher eingebunden werden. Nur die Schlüsselpositionen des stellvertretenden Bürgermeisters (»der macht die eigentliche Arbeit«) und der Stadträte für Personal (Kaderfragen) und Bildung sollten mit Kommunisten besetzt werden. Am selben Abend fiel auch der Satz, der Ulbricht berühmt machen sollte und treffend zusammenfasste, wie sich KPD und Moskau den Aufbau der sowjetischen Besatzungszone vorstellten: »[...] es muss demokratisch aussehen, aber wir müssen alles in der Hand haben.«[11]

Am 8. Mai 1945 zog die »Gruppe Ulbricht« in ihr neues Hauptquartier nach Berlin-Lichtenberg um, von wo sie die Gründung von Zeitungen, Rundfunksendern, der Einheitsgewerkschaft und der Einheitsfront von SPD und KPD vorantrieb. »Von Sozialismus oder Kommunismus«, so Leonhard in seinen Erinnerungen, »war in den Besprechungen nie die Rede. Es ging immer – zur Tarnung gegenüber den West-Alliierten – um die Stärkung der antifaschistischen demokratischen Kräfte.« Die Tätigkeit der »Gruppe Ulbricht« endete mit der offiziellen Wiedergründung der KPD am 11. Juni 1945. In diesem kurzen Zeitraum hatte sie die Erwartungen, die man in sie gesetzt hatte, mehr als erfüllt. In Berlin war es ihr dank straffer Organisation gelungen, sich gegen eine Fülle von linken Gruppierungen durchzusetzen und an die Spitze der Antifa-Bewegung zu stellen und zugleich die

Führung der in der Reichshauptstadt verbliebenen »Altkommunisten« zu übernehmen. Außerdem setzte sie – ganz im Sinne ihrer stalinistischen Ausrichtung – durch, dass durch Indoktrination und strenge Überprüfung die von Moskau vorgegebene Parteirichtlinie tatsächlich verwirklicht wurde.

5 Die sowjetische Besatzungsherrschaft in Deutschland

Wer in der sowjetischen Besatzungszone ein Fahrrad besaß, tat gut daran, es nicht zu benutzen.

Kampf des NKWD gegen Agenten, Terroristen und feindliche Elemente

Bereits seit Anfang des Krieges war das NKWD zur politischen Sicherung und Säuberung des Hinterlandes der sowjetischen Hauptkampflinie eingesetzt worden. Unmittelbar nach Kriegsbeginn hatte man bei jeder Front eine Abteilung der Streitkräfte des NKWD zur Sicherung der Etappe eingerichtet, so dass eine sowjetische Heeresgruppe, abhängig von der Länge ihrer Kampflinie, über drei bis fünf NKWD-Regimenter verfügte. Zur verstärkten Fahndung nach Saboteuren und politischen Gegnern hatte das Staatliche Verteidigungskomitee (GKO) bereits am 4. Januar 1942 angeordnet, in den Gebieten, die von der Roten Armee befreit worden waren, NKWD-Stellen einzurichten.

Bis zum Kriegsende wurden durch die Truppen des NKWD 3 715 Spione und Saboteure, 88 859 »Vaterlandsverräter«, 125 956 Deserteure und 251 408 Angehörige der Roten Armee wegen unerlaubter Entfernung von der Truppe verhaftet. Da sich der Geheimdienst bei der Erfüllung der ihm gestellten Aufgaben in den Augen der sowjetischen Partei- und Staatsführung bewährt hatte, wurde ihm auch die Sicherung der von der Roten Armee »befreiten« Gebiete im Ausland übertragen. Jeder Front wurde für die »Säuberung« des Hinterlandes ein Bevollmächtigter des NKWD zugeteilt, dem alle zugehörigen Kräfte des NKWD, NKGB und der Militärabwehr *Smersch* unterstanden. Sie hatten im Wesentlichen zwei Aufträge: Zum einen waren unverzüglich alle »tschekistischen« Maßnahmen zur Aufklärung und Verhaftung von Mitarbeitern der Abwehr und Gestapo, von Terroristen, Saboteuren und Mitgliedern feindlicher Organisationen sowie Banden (ungeachtet ihrer Nationalität und Staatsbürgerschaft) durchzuführen. Außerdem sollten illegale Sender, Waffenlager, Druckereien und alle anderen technischen Mittel für eine eventuelle antisowjetische Tätigkeit aufgespürt werden.

Zum anderen hatte das NKWD sofort alle Leiter der Polizei, von Gefängnissen, Konzentrationslagern und örtlichen Militärkommandanturen zu verhaften. Ebenso waren Staatsanwälte, Richter und die Mitglieder von Kriegsgerichten, Gebiets- und Bezirksleiter, Kreisräte und Kreisleiter, Bürgermeister, Mitglieder faschistischer Organisationen, Direktoren großer Wirtschafts- und Verwaltungsorganisationen, Zeitungsredakteure, Journalisten, Autoren antisowjetischer Bücher, Angehörige der »Russischen Befreiungsarmee« sowie alle verdächtigen Elemente zu inhaftieren.

Den Bevollmächtigten des NKWD standen dafür vor Ort 31 099 Geheimdienstangehörige zur Verfügung. Da deren Zahl allerdings für eine erfolgreiche Verwirklichung der gestellten Aufgaben als nicht ausreichend angesehen wurde, sollten bis zum 20. Januar 1945 weitere vier Divisionen und vier selbständige Regimenter mit insgesamt 27 900 Mann zur Verstärkung der bereits vorhandenen NKWD-Truppen entsandt werden. Für die Organisation der operativen Arbeit und zur Durchführung von Verhören wurden »1 500 erfahrene Tschekisten« hinzugezogen.

In den befreiten Territorien Ostpreußens und des Baltikums sammelte das NKWD erste Erfahrungen, die sich später in der SBZ als wertvoll erweisen sollten. Dazu gehörten die Durchführung von Militäraktionen, Verhaftungen und Überprüfungsaktionen, die Bewachung von Gefängnissen und wichtigen Militär- und Industrieobjekten sowie der Einsatz und die Führung von Informanten und Agenten. Da selbst das rigorose Vorgehen des NKWD bewaffnete Aktionen der Deutschen im Rücken der sowjetischen Front nicht vollständig verhindern konnte, ging dem Oberbefehlshaber der 1. Belorussischen Front im Februar 1945 folgende Direktive des GKO zu: »Gegen Personen, die bei Terrorakten verhaftet werden, sind allerhärteste Strafen zu verhängen.«[1] Der Terminus »allerhärteste Strafen« wurde im entsprechenden NKWD-Befehl Nr. 0061 vom 6. Februar 1945 eindeutig erläutert: »Personen, die nachweislich terroristische und Diversionshandlungen begangen haben, sind noch am Schauplatz ihres Verbrechens zu liquidieren.«[2] Entsprechende Anordnungen erhielten auch die Oberbefehlshaber der anderen sowjetischen Fronten.

Neben dem Kampf gegen Saboteure – sogenannte Diversanten – hatte sich der sowjetische Sicherheitsdienst vor allem um die Säuberung der besetzten Territorien von politischen Gegnern zu kümmern. Auch in diesem Bereich war das NKWD umfassend tätig und nahm vom 1. Januar bis zum 15. April 1945 im Rücken der Front 215 540 Personen fest.[3] Davon waren 138 200 Deutsche, 38 660 Polen, 3 200 Ungarn, 1 130 Slowaken, 390 Italiener sowie 27 880 ehemalige Staatsbürger der UdSSR. Von den Inhaftierten wurden 148 540 in Lager des NKWD eingewiesen. Weitere 62 000 Personen befanden sich Mitte April noch in frontnahen Repatriierungslagern. 5 000 Inhaftierte waren bei der Durchführung der Operationen sowie bei den Verhören »verstorben«. 290 »Diversanten und Terroristen« wurden von Angehörigen des NKWD noch direkt am Verhaftungsort erschossen.[4] Die Meldung des NKWD-Bevollmächtigten der 2. Belorussischen Front über eine derartige Operation vom 12. April 1945 dokumentiert die Ausmaße einer solchen »Säuberungsaktion«. Dabei hatten mehr als 10 000 sowjetische Soldaten und Geheimdienstmitarbeiter 2 000 Siedlungspunkte überprüft und 4 960 Quadratkilometer durchkämmt. 18 408 Personen wurden vorläufig festgenommen, darunter 3 767 Deutsche, die sich der Mobilisierung zur Zwangsarbeit entzogen hatten.

Auch nach Kriegsende wurde die intensive Fahndung des NKWD nach Terroristen und antisowjetischen Staatsfeinden nicht eingestellt. Die Zahl der Verhaftungen ging kaum zurück. Bis zum 13. Juni 1945 wurden weitere 206 909 Personen als »feindliche Elemente« verhaftet. Um Angriffe auf die Truppen der Roten Armee zu verhindern, griff der Geheimdienst, entsprechend dem Befehl Nr. 0061, auch auf die Hinrichtung von Geiseln zurück. Allein im Befehlsbereich des späteren NKWD-Bevollmächtigten für Deutschland, Iwan A. Serow, wurden 1945 im Rahmen solcher Aktionen 567 Volkssturmangehörige und NSDAP-Mitglieder erschossen.

Wie man sich die »Arbeit« der sowjetischen Geheimpolizei vorzustellen hat, dokumentiert ein NKWD-Bericht an Beria über die Besetzung von Königsberg. In der Stadt waren etwa 100 000 Einwohner verblieben, zumeist Frauen, Kinder und Alte. Auf dem Territorium Königsbergs arbeiteten acht Operativgruppen, die von erfahrenen NKWD-Mitarbeitern geleitet wurden. Ihre Aufgabe war die Verhaftung von Spionen, Terroristen und feindlichen Elementen. Um zu verhindern, dass die Bevölkerung aus der Stadt entwich, wurden alle Straßen und Wege durch drei Regimenter des NKWD abgeriegelt. Bis zum 13. April 1945 hatten die Operativgruppen 60 526 Personen vorläufig festgenommen, darunter 32 573 Deutsche, 13 052 Sowjetbürger und 14 901 Ausländer. Die sowjetischen Staatsbürger wurden unverzüglich in Repatriierungslager eingewiesen, die Ausländer übergaben die Operativgruppen an die Militärkommandanturen. Die deutsche Bevölkerung von Königsberg wurde interniert und von den Sicherheitsorganen überprüft. Im Zuge der Untersuchungen wurden 1 621 Deutsche verhaftet, darunter 152 »Agenten, Spione und

Mitarbeiter der Abwehr« und 1 501 Mitglieder nationalsozialistischer Organisationen und ihrer Gliederungen.

Insgesamt verlief die Sicherung des Fronthinterlandes in Deutschland für die NKWD durchaus zufriedenstellend. Anders als in Polen, der Ukraine, dem Baltikum und Weißrussland flammte in den deutschen Gebieten kein Partisanenkrieg auf. Dennoch wurde für die sowjetische Führung deutlich, dass eine derartige Politik in der SBZ ungleich schwerer durchzusetzen war. Allein die Zahl der hier lebenden Deutschen hätte das NKWD vor unlösbare logistische Probleme gestellt. Zudem schien es an der Zeit, die Haltung zur deutschen Nation zu überdenken. Die Moskauer Zentrale stellte sich jetzt die Frage, ob die Geheimdienste bei der Säuberung und Sicherung des Hinterlandes künftig nicht differenzierter vorgehen müssten. Zugleich stand das NKWD vor der Aufgabe, eine mögliche sowjetische Herrschaft in Deutschland oder zumindest in dem Teil, der von den Truppen der Roten Armee besetzt worden war, mit den ihm zur Verfügung stehenden geheimpolizeilichen Mitteln und Methoden sicherzustellen.

Installation des NKWD-Apparats in der SBZ

Nach Kriegsende wurden die NKWD-Organe erneut umgruppiert. Die aus dem Bestand der jeweiligen Fronten herausgelösten NKWD-Truppen operierten jetzt als eigenständige Einheiten. In Deutschland wurde Serow von Stalin zum Bevollmächtigten des NKWD ernannt. Gleichzeitig wurde ihm der Titel eines »Stellvertretenden Kommandeurs der Front für zivile Angelegenheiten« verliehen. Zur Durchführung der gestellten Aufgaben erhielt Serow zehn Regimenter des NKWD.

In Ostpreußen führten die Operativgruppen des NKWD in etwas mehr als zwei Monaten nach Kriegsende 2 718 Verhaftungen durch. Unter den Festgenommenen befanden sich 974 deutsche Agenten der Abwehr, Saboteure und Terroristen, 201 ehemalige Mitglieder des SD und der Gestapo sowie 1 313 NSDAP-Mitglieder. Weitere 103 Personen wurden wegen »Wühlarbeit« im Rücken der Roten Armee verhaftet. Von den Inhaftierten waren 2573 deutscher, 66 polnischer und 47 russischer Nationalität. Insgesamt hielt die Geheimpolizei in ihren Lagern in Ostpreußen mehr als 10600 Personen gefangen. Gleichzeitig gelang es den Operativgruppen, in kurzer Zeit ein dichtes Agentennetz in Ostpreußen aufzubauen. Am 25. Juli 1945 standen bereits 1500 Informanten im Dienst des NKWD. Sie waren in der Mehrzahl auf der Grundlage von kompromittierendem Material angeworben worden.

Im sowjetisch besetzten Teil Deutschlands westlich der Oder ging das NKWD ähnlich vor. Hier wurde allerdings seine besondere Stellung innerhalb der sowjetischen Militärverwaltung durch spezielle Erlasse hervorgehoben. Dies dokumentiert zugleich, welche Bedeutung die sowjetische Parteiführung der »tschekistischen« Sicherung Mitteldeutschlands beimaß. Bereits am 7. Mai 1945 telegrafierte Serow nach Moskau, dass er für die Durchführung der operativ-tschekistischen Maßnahmen in der SBZ nicht weniger als 200 Mitarbeiter des NKWD und des NKGB benötige. Weiterhin forderte er 20 leitende Operativmitarbeiter an, um sie zu NKWD-Bevollmächtigten in ostdeutschen Großstädten zu ernennen.

Bereits unmittelbar nach Kriegsende verfolgte das NKWD aber nicht nur Kriegsverbrecher und politische Gegner der UdSSR, sondern beeinflusste auch entscheidend die Neuorganisation der örtlichen deutschen Selbstverwaltungsorgane. In einer Anweisung vom 13. Mai 1945 hieß es dazu: »Der Stellv. Kommandeur der Front für zivile Angelegenheiten und seine Bevollmächtigten haben

- der Bevölkerung bei der Organisation der Selbstverwaltung auf dem Territorium Deutschlands, das von der Roten Armee besetzt ist, zu helfen sowie vor allem Maßnahmen zur Auswahl und Ernennung von Bürgermeistern, Polizeichefs, Dorfvorstehern sowie der gerichtlichen Strafverfolgungsorgane aus der örtlichen Einwohnerschaft zu treffen;

- die Kontrolle über die Tätigkeit der deutschen Machtorgane auszuüben, hierzu zählt besonders die Einhaltung der öffentlichen Ordnung sowie die Erfüllung aller Anordnungen und Aufgaben der sowjetischen Militärkommandanturen durch besagte Organe.«[5]

Entsprechend der sowjetischen Losung »Die Kader entscheiden alles« wurde viel Sorgfalt auf die Auswahl geeigneter Amtsträger verwendet. Auch hier fiel dem NKWD eine Schlüsselrolle zu. Die Besetzungsvorschläge für Stellen in der Verwaltung waren den Bevollmächtigten des NKWD zur Bestätigung vorzulegen. Zu diesem Zweck sammelte das NKWD umfangreiches Material über Angehörige des Verwaltungsapparats im sowjetisch besetzten Teil Deutschlands. Dadurch war es möglich, die politische Zuverlässigkeit jedes Einzelnen im Sinne der UdSSR zu überprüfen und die Ablösung ungeeigneter Kandidaten zu betreiben. Zweck dieser Personalpolitik war es, dass das NKWD ausschließlich solche Personen zu Bezirkspräsidenten, Landräten, Oberbürgermeistern, Bürgermeistern und Ortsvorstehern ernennen sollte, die eine antifaschistische Gesinnung besaßen, über Autorität und Popularität in der örtlichen Bevölkerung verfügten und sich loyal zur Roten Armee verhielten. So wurde in Dresden der beliebte ehemalige Sozialdemokrat Rudolf Friedrich – nach erfolgter Überprüfung – zum Oberbürgermeister ernannt. Zur Sicherung des sowjetischen Einflusses auf die städtische Verwaltung setzte das NKWD als 1. Stellvertreter Kurt Fischer und als Chef der allgemeinen Verwaltung Hermann Matern ein. Beide waren Kommunisten und kamen aus dem bereits vor 1945 in Moskau aufgebauten KPD-Apparat. In Abstimmung mit dem sowjetischen Sicherheitsapparat bestimmten sie aus einer Zahl von Antifaschisten und Einwohnern weitere Funktionäre.

Mit der Schaffung der Sowjetischen Militäradministration in Deutschland wurde die Sonderrolle des NKWD bei der politischen Sicherung des besetzten Territoriums erneut bestätigt. Es verfügte jetzt über eine eigene Verwaltung, die zwar formell dem Oberkommandierenden der sowjetischen Besatzungstruppen in Deutschland, Marschall Georgi K. Schukow, unterstellt war, in Wirklichkeit jedoch unabhängig von ihm agierte. Zum NKWD-Bevollmächtigten für die SBZ wurde der bereits genannte Kommissar für Staatssicherheit 2. Ranges, Iwan A. Serow, ernannt. Ihm oblagen »die Führung und Kontrolle der Tätigkeit der deutschen Verwaltungsorgane in der sowjetischen Besatzungszone«. Außerdem leitete er »die Arbeit der (sowjetischen, der Autor) Verwaltung für den Kommandanturdienst, der Abteilung für Innere Angelegenheiten, der Nachrichtenabteilung und der für Gesundheitsschutz«.[6] In einer internen Weisung an Serow vom 22. Juni 1945 wurden diese recht global gehaltenen Aufgabenbereiche nochmals spezifiziert: »Der Bevollmächtigte des NKWD der UdSSR ist verantwortlich für: die Leitung und Kontrolle der vom NKWD, NKGB und der *Smersch* des NKO durchgeführten Arbeiten zur Säuberung des von der Roten Armee besetzten Territoriums von Agenten deutscher Spionage- und Abwehrorgane; zur Fahndung und Aushebung vom Gegner zurückgelassener deutsch-faschistischer Untergrundgruppen und so genannter ›Werwolfgruppen‹, sowie zur Ermittlung und Verhaftung von Kriegsverbrechern; die Führung der Streitkräfte des NKWD, die sich auf dem Territorium befinden; die Leitung der Arbeiten der Überprüfungskommission zur Registrierung repatriierter sowjetischer Bürger in den frontnahen Lagern; die Führung der Tätigkeit der Frontabteilungen für Kriegsgefangene und die Sicherstellung ihres Abtransportes in die UdSSR.«[7]

In allen Städten, Kreisen, Bezirken und Provinzen sollten Operativgruppen des NKWD arbeiten und als Organe der Militäradministration maskiert werden. Entsprechend seiner Aufgabenstellung führte das NKWD im Sommer 1945 mehrere Großrazzien durch. Dabei arbeiteten die Angehörigen des sowjetischen Sicherheitsdienstes eng mit der Gruppe der sowjetischen Besatzungsstreitkräfte in Deutschland (GSBT) zusammen. Während einer solchen Operation im August 1945 wurden innerhalb von fünf Tagen 64 417 verdächtige Personen auf dem Territorium der SBZ vorläufig festgenommen und anschließend überprüft. Als Ergebnis dieser Kontrollen verhaftete der Geheimdienst 3157 Personen – darunter zwölf Generale der Wehrmacht, 110 Mitarbeiter der Gestapo und des SD, zwölf Angehörige der Abwehr, zehn Agenten der Spionageabwehr, fünf leitende Verwaltungsangestellte, 46 Führer der Hitlerjugend (HJ), 1558 leitende NSDAP-Mitglieder sowie 38 Untergrundkämpfer nationalsozialistischer Organisationen.

Anfang September 1945 zog die Einsatzleitung der Operativgruppen in Deutschland erneut Bilanz. Demnach waren bis zum 1. September 1945 insgesamt 69624 Personen von Angehörigen des NKWD verhaftet worden. Unter den Inhaftierten befanden sich 2502 »Spione und Agenten des Feindes«, 47322 NSDAP-Funktionäre, 4757 Mitarbeiter des SD und der Gestapo, 2056 Verwaltungsangestellte und Journalisten, 603 HJ-Führer, 2564 Untergrundkämpfer nationalsozialistischer Organisationen sowie 9800 »feindliche Elemente«. Davon waren 53657 Deutsche, 2787 Polen, 4771 Russen, 3143 Ukrainer, 886 Belorussen und 380 Angehörige anderer Nationen. Auch im September 1945 hielten die Verhaftungen weiter an. In diesem Monat wurden weitere 16078 Personen durch die Operativgruppen des NKWD festgenommen. Da die Verhafteten immer wieder bei den Verhören brutalen Misshandlungen ausgesetzt waren oder sogar willkürlich erschossen wurden, sah sich die Führung der Inneren Truppen des NKWD im Herbst 1945 gezwungen, eine besondere Direktive zum »Kampf mit Verletzungen der revolutionären Gesetzlichkeit« zu erlassen. Diese verbot kategorisch jede Gewaltanwendung bei der Durchführung von Befragungen. Ob sich diese Anweisung allerdings in der Geheimdienstpraxis des NKWD durchsetzen ließ, ist fraglich.

Ein weiterer Schwerpunkt der Arbeit der sowjetischen Sicherheitsorgane in der SBZ lag auf der Verfolgung von sogenannten Untergrundgruppen, die angeblich versuchten, Aktionen gegen die Truppen der Roten Armee in Deutschland durchzuführen. Bis zum 1. Oktober 1945 liquidierte das NKWD 359 Werwolfgruppen mit 3336 Angehörten. Zentren dieser Verbände waren die Provinzen Sachsen und Brandenburg. Allein in Sachsen hoben NKWD-Truppen 92 Gruppen mit 1 129 Mitgliedern aus, in Brandenburg waren es 81 Einheiten mit 944 Personen. Daneben wurde eine große Anzahl an Waffen und Munition sichergestellt, so unter anderem acht Granatwerfer, 89 Maschinengewehre, 2 169 Gewehre, 113 Maschinenpistolen, 564 Pistolen, 1 917 Panzerfäuste, 11 328 Granaten, 681 Minen, vier Millionen Patronen und zwei Tonnen Sprengstoff. Besonders erwähnenswert ist an dieser Stelle, dass in diesen »Werwolfgruppen« kaum Deutsche kämpften, sondern zum großen Teil Deserteure der Roten Armee und sowjetische »Landesverräter«. Offenbar gelang es der NKWD-Führung in der SBZ zunächst nicht, das sogenannte »Bandenproblem« in den Griff zu bekommen. Noch im ersten Halbjahr 1946 hoben Angehörige des MWD in Deutschland weitere 213 »Banden« mit 1 350 Mitgliedern aus.

Neben der Jagd nach Gegnern der UdSSR auf dem Territorium der SBZ oblag dem NKWD in Deutschland auch die Informationspflicht über interne politische Vorgänge. So berichtete Serow bereits am 9. Juli 1945 in einem umfangreichen Bericht über die Besetzung der von den Amerikanern Anfang Juli geräumten Gebiete in Thüringen und Sachsen durch die Rote Armee verwundert, dass die Amerikaner, anders als die Sowjets in Berlin, keine Industriedemontagen durchgeführt hätten. Gleichzeitig musste der Geheimdienst jedoch feststellen, dass die ehemaligen Verbündeten zahlreiche Spezialisten aus den verschiedensten Industriezweigen und vor allem den Rüstungsbetrieben beim Rückzug mitgenommen hatten.

Weitaus mehr interessierte Moskau jedoch die parteipolitische Situation in den neu besetzten Gebieten. Die von den Amerikanern bestätigte Landesregierung Thüringens unter dem Sozialdemokraten Dr. Hermann Brill galt den Sowjets als politisch wenig zuverlässig, weil vor allem im mittleren Verwaltungsapparat zahlreiche ehemalige Mitglieder nationalsozialistischer Organisationen tätig waren. Auf Antrag von Walter Ulbricht sollte die Landesregierung jedoch in ihrer bisherigen Zusammensetzung weiterarbeiten, bis die »Auswahl der für uns notwendigen Leute abgeschlossen«[8] sei. Dessen ungeachtet wurde Brill bereits am 16. Juli 1945 als Präsident des Landes Thüringen gegen den ehemaligen Politiker der Deutschen Demokratischen Partei (DDP), Rudolf Paul, ausgewechselt. Da Paul später ebenfalls nicht mehr den Interessen der Sowjets und der ostdeutschen Kommunisten entsprach, musste er sich im Herbst 1947 in den Westen absetzen. Zugleich gelang es der KPD, ihren Einfluss in der Thüringer Landesregierung beträchtlich zu erhöhen, indem der Bezirksleiter der KPD und bisherige Vorstand des Landesarbeitsamtes, Ernst Busse, zum 1. Vizepräsidenten ernannt wurde. Bei der Absetzung von Brill setzten NKWD und KPD wohl intern auch die SMAD unter Druck, denn deren politischer Berater, Wladimir S. Semjonow, hatte Brill ausdrücklich in seinem Amt bestätigt und ihm die uneingeschränkte administrative Zuständigkeit für Thüringen überlassen. Unter dem Einfluss von NKWD und KPD wurde diese Entscheidung wenige Tage später zurückgenommen und Brill durch Paul ersetzt.

Damit zeigt sich, dass zwischen den deutschen Kommunisten aus Moskau und dem NKWD eine enge Verbindung bestand. Mit dessen Hilfe war die KPD in der Lage, politische Gegner jeder Art auszuschalten und die eigene Herrschaft zu sichern. Besonders klar wird diese Tatsache auch auf der Ebene der örtlichen Selbstverwaltungen. Auf den Beistand der neuen sowjetischen Machthaber vertrauend, übernahmen die deutschen Kommunisten Schlüsselpositionen im lokalen Behördenapparat. Die bisherigen Amtsinhaber wurden von ihnen in den Ruhestand oder mit Hilfe des sowjetischen Geheimdiensts in die berüchtigten Speziallager geschickt. In Thüringen und Sachsen konnte sich die KPD zudem auf starke Parteiorganisationen stützen, die den Einmarsch der Roten Armee begeistert begrüßten. So wurden die einrückenden Truppenteile in Leipzig mit der Losung »Es lebe das sowjetische Sachsen, eine zukünftige Sowjetrepublik« empfangen. Teile der Einwohnerschaft Erfurts forderten sogar den Anschluss an die Sowjetunion. Von einem derartigen revolutionären Tempo überrascht, versuchte das NKWD, das forsche Vorgehen der Kommunisten in Thüringen und Sachsen zu bremsen. Ulbricht musste versprechen, seinen Genossen die »richtige Orientierung der Mitglieder der kommunistischen Partei in diesen Fragen zu geben«[9].

Die von den Amerikanern organisierte örtliche Polizei erregte ebenfalls das Misstrauen des NKWD, zumal ihre Angehörigen mit Gewehren und Maschinenpistolen bewaffnet waren. Um den Aufbau »eigener« Ordnungsgruppen zu beschleunigen, erging an die Leiter der Operativgruppen in Sachsen und Thüringen der Befehl, alle Polizisten zu entwaffnen. Gleichzeitig sollten die leitenden Angehörigen der Polizei besonderen Überprüfungen unterzogen werden. Deren Ziel war bereits im Vorfeld klar definiert worden: »Entfernung aller Polizeioffiziere aus dem aktiven Dienst.«[10]

Auch in Berlin griff das ZK der KPD auf die Hilfe des NKWD zurück. So berichtete Ulbricht in einer Unterredung mit Serow, dass die Amerikaner und Engländer in drei Kreisen des Westteils der Stadt Richter ernannt hätten, die Funktionäre der KPD verfolgen und inhaftieren ließen. Dadurch sei es unmöglich, in den betreffenden Stadtteilen eine erfolgreiche Parteiarbeit zu organisieren. Daraufhin versprach Serow seine Hilfe und befahl, die drei in einer geheimen Operation zu verhaften. Nachdem die Westalliierten das Verschwinden ihrer Richter bemerkt hatten, verlangten sie im Kontrollrat Auskunft über deren Verbleib. Im Anschluss an die Sitzung beschwerte sich Schukow telefonisch bei Serow und forderte die sofortige Freilassung der Verhafteten. Dieser hielt ein solches Vorgehen für wenig zweckmäßig und leugnete selbst gegenüber dem Chef der SMAD die Verhaftung der Juristen durch das NKWD. Die weiteren Nachforschungen der Westalliierten verliefen deshalb im Sande, die Untersuchungen wurden eingestellt, und der KPD war es in der Folgezeit möglich, auch in den besagten Stadtteilen ihre Propaganda zu entfalten.

Zur Gewinnung von Informationen bauten alle sowjetischen Sicherheitsdienste in Deutschland eigenständige Agentennetze auf. Diese Netze, die sowohl in der SBZ als auch in den Westzonen agierten, beschäftigten zum 1. Januar 1946 schon 2304 Personen und wurden weiter zügig ausgebaut. Ende 1946 verfügte allein das Netz der Aufklärungsabteilung des Stabes der Inneren Truppen des NKWD in der SBZ über 3083 Agenten. Es waren ausnahmslos Deutsche. Die Mehrzahl der Informanten und Agenten stand jedoch im Sold der fünf Operativsektoren (einer pro Land oder Provinz der SBZ), 17 Bezirks- und 170 Kreisoperativgruppen des NKWD. Bei der Anwerbung von Spionen wurde auch nicht vor Gewalt zurückgeschreckt. Wer die Mitarbeit verweigerte oder nur ungenügende Resultate lieferte, wurde inhaftiert und zu langjährigen Gefängnisstrafen verurteilt. So wurde der jugendliche NKWD-Agent Jürgen S. von seinen Auftraggebern mit zehn Jahren Zwangsarbeit bestraft, da er »nicht die ihm gestellten Aufgaben zur Aufspürung nationalsozialistischer Elemente erfüllte und gegenüber den Organen der Staatssicherheit Desinformation übte und provokatives Material übergab«[11].

Die Operativgruppen waren der Schlüssel für die erfolgreiche Verwirklichung der Sicherheitspolitik und der vielschichtigen Überwachungsaufgaben der sowjetischen Geheimdienste in der SBZ. Um die ihnen gestellten Aufgaben umzusetzen, verfügten sie über eigene Untersuchungsgefängnisse, bedienten sich geheimer Informanten, verwendeten Provokateure, nutzten Zuträger und Denunzianten und pressten Festgenommene aus. Dass dafür jene Gruppen eingesetzt wurden, die zuvor im Baltikum, der Ukraine und Weißrussland zur Herrschaftssicherung gedient hatten, zeigt, dass es zumindest innerhalb des Sicherheitsapparats zur Sowjetisierung der SBZ keine Alternative gab.

Zusätzlich war auch die sowjetische Militärabwehr *Smersch* in die Verfolgung von politischen Gegnern eingebunden, selbst wenn diese nichts mit der Roten Armee zu tun hatten. So nahm die *Smersch*-Abteilung der 79. Gardeschützendivision Anfang 1946 neun ehemalige Abwehrbeauftragte der »Pressen-Werke«

in Unterwellenborn fest und übergab sie dem Militärtribunal der 8. Gardearmee. Dort wurden sie zu langjährigen Haftstrafen verurteilt. Daneben war die *Smersch* für Stalin ein geeignetes Mittel, um den Militärs deutlich zu machen, dass der Sieg über Deutschland für die Armee keine Grundlage für den Ausbau eigener Machtpositionen darstellte. Selbst – oder gerade – der Oberkommandierende der sowjetischen Truppen in Deutschland, Marschall Schukow, war der Bespitzelung durch die Militärabwehr ausgesetzt. Als dieser im September 1945 versuchte, die Übergriffe seiner Soldaten auf die deutsche Zivilbevölkerung durch drakonische Maßnahmen einzudämmen, meldete die *Smersch* dieses eigenmächtige Vorgehen sofort an Stalin. Der Diktator machte Schukow unmissverständlich klar, was er von seinem Verhalten hielt. Er verlangte die sofortige Rücknahme der Anordnungen und verfügte, dass ihm der Oberbefehlshaber künftig alle wichtigen Befehle zur Abzeichnung vorzulegen habe. Bereits hier wurde deutlich, dass die Position des Chefs der Sowjetischen Militäradministration in Deutschland geschwächt war und seine spätere Degradierung – er wurde im Juni 1946 als Kommandeur in den Militärbezirk Odessa versetzt – von langer Hand vorbereitet wurde. Einmal mehr hatten die Geheimdienste nicht nur als Informationslieferant, sondern auch als politische Waffe gegen Personen gedient, die eine Position erreicht hatten, von der Stalin glaubte, sie könne ihm gefährlich werden.

Auch wenn die Verfolgungen des sowjetischen Geheimdienstes in der SBZ später nicht mehr die Ausmaße der Jahre 1945 und 1946 erreichten, so hielten sie dennoch weiter an. Anfang 1948 berichtete Staatssicherheitsminister Wiktor S. Abakumow an den sowjetischen Außenminister und stellvertretenden Vorsitzenden des Ministerrats, Wjatscheslaw M. Molotow, dass das MGB – das im März 1946 aus dem NKGB hervorgegangen war – 1947 in der SBZ 4308 Deutsche als »feindliche Elemente« verhaftet habe. Selbst groß angelegte Säuberungsaktionen fanden weiterhin statt. Vom 27. bis 30. April 1948 führte der sowjetische Geheimdienst auf dem gesamten Territorium der SBZ eine

»Operation zur Festnahme von Spionen und verdächtigen Elementen« durch. Bei der Überprüfung von öffentlichen Einrichtungen, Bahnhöfen, Gaststätten und Hotels nahmen die Mitarbeiter des Geheimdienstes 19 717 Personen vorübergehend fest. Nach der abgeschlossenen sogenannten »Filtrierung« wurden 18 Personen verhaftet, 76 der Verwaltung für Spionageabwehr des MGB übergeben, eine Person an die Staatsanwaltschaft überstellt, drei in die UdSSR verbracht sowie 761 Personen zur weiteren Überprüfung an die deutsche Polizei ausgehändigt. Insgesamt nahm das MGB im Jahr 1948 mit 4463 Verhafteten nicht weniger Menschen fest als 1947.

Da der Apparat des Bevollmächtigten des MGB in Deutschland weiterhin weitgehend unabhängig von der SMAD agieren konnte, weil er dieser nicht unterstellt war, gelang es ihm, wesentlichen Einfluss auf die innere Entwicklung der SBZ zu nehmen. Dabei spielte die geheimpolizeiliche Überwachung der dortigen politischen Parteien eine zentrale Rolle. Die sowjetischen Tschekisten verfolgten auf das Genaueste die innere Organisation in den als »oppositionell« eingeschätzten Parteien. Schienen diese aus den gewünschten Bahnen auszuscheren, wurden vom MGB entsprechende »Justierungen« vorgenommen. So meldete der für das Land Sachsen zuständige MGB-Bereich, dass der Aufbau einer eigenen Jugendorganisation der Liberaldemokraten erfolgreich verhindert worden sei. Doch selbst die SED und ihre politische Führung standen unter der ständigen Kontrolle der sowjetischen Geheimpolizei. Beschwerden der Einheitssozialisten bei der SMAD-Verwaltung für Informationen konnten an diesem Verhalten des MGB und dessen »Einmischung in innerparteiliche Angelegenheiten«[12] wenig ändern. Sogar über die Flügel- und Richtungskämpfe innerhalb der SED-Führungsspitze und die dort herrschenden Intrigen wurde die Moskauer Führung vom Geheimdienst unterrichtet. So erhielt Stalins beispielsweise am 16. April 1949 von Abakumow ein Dossier über »das persönliche Verhalten des SED-Vorsitzenden Grotewohl«[13]. Es dürfte deshalb auch kein Zufall gewesen sein, dass gerade im

Jahr der Bildung der DDR der Apparat des MGB-Bevollmächtigten in Deutschland seinen größten Umfang erreichte. Mehr als 4000 sowjetische Geheimdienstmitarbeiter sicherten zu diesem Zeitpunkt in über 40 Stadt- und 91 Kreisabteilungen den Aufbau eines auf die Sowjetunion und ihren Diktator ausgerichteten deutschen Teilstaates.

Kalter Krieg: Die Spionage des NKWD/NKGB

Das NKWD/NKGB beschränkte sich jedoch nicht auf das Sammeln von Informationen innerhalb der SBZ. Die sowjetische Besatzungszone wurde unter dem Einfluss des beginnenden Kalten Krieges auch zur Ausgangsbasis für zahlreiche sowjetische Spionageoperationen in den westlichen Besatzungszonen. Seit dem 14. April 1943 unterstanden der Auslandsnachrichtendienst und die Spionageabwehr dem Volkskommissariat für Staatssicherheit (NKGB) unter Wsewelod N. Merkulow. Nach dem Ende der Kampfhandlungen in Deutschland mussten die Aufgaben der Spionage und Spionageabwehr neu geregelt und die bisherigen Zuständigkeiten und Befehlsstränge neu organisiert werden. Dabei gelang es dem sowjetischen Geheimdienstchef in der SBZ, Iwan Serow, alle hier operierenden sowjetischen Geheimdienste unter seine unmittelbare Kontrolle zu bringen. Jetzt konnte er daran gehen, die einzelnen Arbeitsfelder neu zuzuweisen.

Für die Spionageabwehr blieb weiterhin die *Smersch* zuständig. Eine Gruppe von Offizieren der Militärabwehr baute in Potsdam das Hauptquartier der Spionageabwehrverwaltung (UKR) auf. Diese war für die politische Überwachung und die Sicherheit der Angehörigen der Gruppe der sowjetischen Streitkräfte in Deutschland verantwortlich. Informanten rekrutierte die *Smersch* aus der Roten Armee und der deutschen Bevölkerung, die in der Umgebung der sowjetischen Standorte lebte. Zudem hatte die UKR westliche Spionage gegen die Rote Armee zu verhindern. Dabei sollten entsprechende Agenten aufgespürt, inhaftiert und nach Möglichkeit umgedreht werden, um sie als Doppelagenten einsetzen zu können. Dank der umfangreichen Erfahrungen der Militärabwehr ließen erste Erfolge nicht lange auf sich warten. Bereits im August 1945 wurde in Erfurt ein englischer Agent verhaftet, der die Stimmung unter der Roten Armee auskundschaften sollte. Außerdem war er von seinen Auftraggebern angewiesen worden, Informationen über die Tätigkeit der Kommunistischen Partei und anderer antifaschistischer Organisationen, über demontierte Betriebe und über das Verhältnis von Russen und Deutschen und deren Reaktionen auf Maßnahmen der sowjetischen Militäradministration zu sammeln.

Kurz zuvor, am 9. Juni 1945, hatte Geheimdienstchef Merkulow in einem Schreiben an den Volkskommissar für Inneres Beria die Spionageaufgaben für die sowjetischen Geheimdienste in Deutschland nochmals formuliert:

»1. Durchführung der Spionageabwehrarbeit in der sowjetischen Besatzungszone: [...].

2. Durchführung eigener Spionagearbeit in der sowjetischen Besatzungszone: [...].

3. Durchführung von Spionage in der Zone der englisch-amerikanisch-französischen Besatzung:

a) Gewinnung von Material über die politische und wirtschaftliche Lage in der Besatzungszone der Verbündeten und die Stimmung der Bevölkerung;

b) Beobachtung der Maßnahmen und Arbeitsmethoden der Engländer, Amerikaner und Franzosen bei der Umsetzung ihrer Politik in den von ihnen besetzten Territorium Deutschlands;

c) Aufdeckung der englischen, amerikanischen und französischen Spionage gegen die Sowjetunion [...].

4. Durchführung von technischer Spionage, in erster Linie zum Problem ›Enormoz‹.«[14]

Bemerkenswert ist, dass schon im Juli 1946 unter der Führung der Spionageabwehr der erste Agentenaustausch des Kalten Krieges stattfand. Am 14. Juni 1946 verhafteten die Amerikaner in Berlin-Wannsee drei Mitarbeiter des sowjetischen Geheimdienstes bei der Durchführung sogenannter »operativer Aufgaben«. Daraufhin forderte der Stabschef der SMAD, Generalleutnant Michail I. Dratwin, in einem Memorandum, das den Amerikanern übergeben wurde, die sofortige Freilassung der Verhafteten. Da die amerikanische Seite dies verweigerte, beschlossen Serow und SMAD-Chef Wassili D. Sokolowski – der im März 1946 Schukow abgelöst hatte –, mehrere Militärangehörige der US-Armee zu inhaftieren, die sich oft ohne entsprechende Genehmigung in der SBZ aufhielten. Einige Tage später nahmen Mitarbeiter der Spionageabwehr 60 Kilometer von Berlin den US-Offizier Samuel Harrison fest. Dieser war zusammen mit seiner Frau in Brandenburg unterwegs und gab an, hier einen Hund kaufen zu wollen. Wenig später wurden die US-Offiziere Captain Cobin und Lieutenant Hait beim Versuch verhaftet, ein Speziallager »zu besichtigen, wobei sich rasch herausstellte, dass die beiden dem *»Intelligence Service«* angehörten. Da nun auch die Amerikaner um die Freilassung ihrer Offiziere baten, stand einem Austausch nichts mehr im Wege. Zunächst wurden Harrison und seine Frau den Amerikanern ausgehändigt, die wiederum zwei Tage später die sowjetischen Offiziere freiließen. Danach übergaben die Russen Cobin und Hait. Eine Befragung der MGB-Angehörigen ergab, dass die Amerikaner sie von Berlin nach Frankfurt am Main gebracht hatten, wo sie zweimal ohne die Führung eines Protokolls vernommen worden waren, um Beweise für ihre Spionagetätigkeit zu sammeln. Allerdings waren diese Verhöre erfolglos verlaufen.

Für die Auslandsspionage war im Wesentlichen das NKGB verantwortlich. Im April 1945 bestätigte Stalin einen Plan, auf dessen Grundlage bei den Fronten, die im Ausland kämpften, Stellen für politische Berater eingerichtet wurden. Unterstützt wurden diese Berater von operativen Gruppen des NKGB, die die politische Führung in Moskau über die Zustände in den befreiten Gebieten, die Stimmung unter der Bevölkerung und die wirtschaftliche Situation informieren sollten. Zunehmend beobachteten die NKGB-Abteilungen aber auch britische und amerikanische Aktivitäten in Deutschland und bereiteten für die Zeit nach dem Kriegsende Geheimdienstoperationen in den Westzonen vor. Im Juni 1945 wurden in der SBZ die NKGB-Gruppen der 1. und 2. Belorussischen sowie der 1. Ukrainischen Front zusammengefasst. Sie dienten als Grundlage für den Aufbau einer Residentur der für Auslandsspionage zuständigen 1. Verwaltung des NKGB in Berlin. Bereits zwei Monate später war die Nachrichtendienstfiliale in Berlin-Karlshorst funktionstüchtig. Hier arbeiteten bis Ende 1945 nur sechs Offiziere. Da sie den Informationsdurst der Moskauer Führung nicht stillen konnten, wurde beschlossen, bei allen Operativsektoren Abteilungen für Auslandsspionage einzurichten.

Die heftigen Kämpfe zwischen NKWD-Truppen und der polnischen Heimatarmee im Sommer 1945 in Polen führten dazu, dass das Interesse des sowjetischen Geheimdienstes zunächst den Lagern von Exilpolen in der britischen Besatzungszone galt. Moskau befürchtete offenbar, dass hier Verstärkungen für die Heimatarmee ausgebildet werden sollten. Bei ihrem Abzug aus Sachsen-Anhalt im Juli 1945 hatten die Briten aus dem Raum Stendal mehr als 6000 Polen mitgenommen, die sich nach Informationen des NKWD jetzt in Lagern bei Hannover aufhielten. Dem NKGB gelang es, hier den Informanten »Kuschinskij« einzuschleusen. Der Pole erregte kein Misstrauen, fand rasch Kontakte und konnte wertvolles Material nach Berlin liefern. Auch über polnische Truppen unter dem Kommando von General Wladyslaw Anders in der amerikanischen Besatzungszone zeigten sich die Russen besorgt. Deshalb wurde ein weiterer Agent nach München geschickt, um die dortigen Stationierungsorte der Polen auszukundschaften.

In der Folge wurden verstärkt ehemalige Staatsbürger der UdSSR ausgeforscht, die sich in den Westzonen aufhielten und aus den verschiedensten Gründen nicht in die Sowjetunion zurückkehren wollten. Für sie existierte unter anderem ein Auffanglager in Berlin-Spandau. Dort schleuste der NKGB den

Agenten »Schura« ein, der später auch Informationen aus einem Lager bei Hannover lieferte, in dem über 2500 sowjetische Bürger lebten, die eine Rückkehr in die UdSSR verweigerten.

1946 wurde der sowjetische Sicherheitsapparat in der SBZ erheblich umstrukturiert. Zunächst setzten sich im Januar 1946 Staatssicherheitsminister Merkulow und Innenminister Sergej N. Kruglow bei Stalin dafür ein, Serow auch zum Bevollmächtigten des NKGB in Deutschland zu ernennen. Damit hätte dieser alle sowjetischen Sicherheitsdienste in der SBZ endgültig unter seine Kontrolle gebracht. Stalin verweigerte jedoch seine Zustimmung, da er fürchtete, Serow könne sich auf diesem Weg zu viele Machtbefugnisse aneignen, während die Konkurrenzsituation zwischen den Geheimdiensten ihre Kontrolle durch Moskau erleichterte. Da zudem die Phase der politischen Machtsicherung abgeschlossen war, wurden die bisherigen Aufgaben des NKWD in Deutschland neu definiert. Erstmals wies die Moskauer Zentrale die Einschleusung von Agenten zu nachrichtendienstlichen Zwecken in die Besatzungszonen der Alliierten als neues Aufgabengebiet an. Im März 1946 wurden außerdem die bisherigen Volkskommissariate der UdSSR in Ministerien umgewandelt. Damit wurde aus dem NKWD das Ministerium für innere Angelegenheiten (MWD) und aus dem NKGB das Ministerium für Staatssicherheit (MGB). Zugleich gingen ehemalige Aufgaben des MWD an das MGB über, was vor allem daran lag, dass Stalin einen mächtigen zentralen Staatssicherheitsdienst schaffen wollte.

Intensiv sammelten die sowjetischen Geheimdienste jetzt Informationen über die alliierten Streitkräfte in den Westzonen. Die sich verschärfenden Beziehungen zwischen den ehemaligen Verbündeten stellten in den Augen der politischen Führung in Moskau eine reale Kriegsgefahr dar. Deshalb war es nach Auffassung Stalins notwendig, so viele Informationen wie möglich über die Stärke und Bewaffnung der Engländer und Amerikaner in Westdeutschland zu gewinnen. Dafür wurden gezielt Agenten eingesetzt und Reisende befragt, die aus den Westzonen zurückkehrten. Bereits am 3. Juli konnte Serow an Kruglow melden: »In der englischen Besatzungszone befinden sich 18 Divisionen und Brigaden der Engländer. Dazu zählen acht Schützendivisionen, drei Panzerdivisionen und eine selbständige Fallschirmjägerbrigade, weiterhin verfügt man über einige Luftstreitkräfte. Es wird festgestellt, dass neben dem normalen Besatzungsdienst umfangreiche Übungen wie z.B. Panzermanöver stattfinden.«[15]

Andere Informanten bestätigten Agentenmaterial, das bereits im Frühjahr 1946 gesammelt worden war. So erklärte der Chef der Thüringer Staatskanzlei, Dr. Hans Staas, im Gespräch mit einer Quelle des MWD, bei einer Westreise im Juni 1946 zwischen Hamburg und Bremen umfangreiche amerikanische und britische Militärkolonnen gesehen zu haben. Verstärkt waren Agenten des MWD auch in der amerikanischen Besatzungszone tätig. Dazu gab die Quelle »Witza« zu Protokoll: »Die Amerikaner konzentrieren an der Demarkationslinie Geschütze, Panzer und Munition, weiterhin bauen sie Flugplätze. In der Gegend von Kassel befinden sich zwei Flugplätze. Auf einem von ihnen gibt es eine große Zahl von Flugzeugen, in den Wäldern des Gebiets sind viele Panzer. Seit März wird die Bewachung der Demarkationslinie verstärkt.«[16] Agent »Maier« berichtete über die Konzentration von Flugzeugen im Raum Frankfurt am Main, wo sich bis zu 1000 Bomber der Amerikaner befinden sollten. In amerikanischen Kriegsgefangenenlagern war der Informant »Stelz« tätig, der seinen Führungsoffizier darüber informierte, dass die *US Army* deutsche Militärspezialisten anwarb.

Bei der eigenen Anwerbung von Informanten setzten die Sowjets auf ihre bewährten Druckmittel. Ein nicht geringer Teil der Agenten wurde in den MWD-Gefängnissen für die Zusammenarbeit »gewonnen« – Informationen an die sowjetischen Geheimdienste zu liefern, war hier oft die Voraussetzung für eine Haftentlassung. Nach einem erfolgreichen Anwerbungsgespräch hatte die neu gewonnene Quelle eine schriftliche Verpflichtungserklärung zu unterschreiben. Danach erhielten die Agenten Geld für erste finanzielle Aufwendungen und eine Einweisung in die ihnen gestellten Aufgaben. Besonders interessierten die sowjetischen Geheimdienste folgende Bereiche: »a. Antirussische (SPD) und nationalsozialistische Aktivitäten. b. Deutsche Ingenieure, besonders Spezialisten für Explosivstoffe und Flugzeugkonstrukteure. c. Berichte und Informationen aus der Amerikanischen und Britischen Besatzungszone. d. Durchreisende. e. Namen und Adressen von deutschen Frauen im Russischen Sektor Berlins, die in Kontakt mit amerikanischen Militärangehörigen stehen. Die Russen wollen diese Frauen als Informanten nutzen.«[17]

Im Oktober 1946 gelang es Abakumow, die Operativgruppen des MWD unter seine Befehlsgewalt zu stellen. Damit verlor Serow sein wichtigstes Mittel zur Verschleierung der ungesetzlichen Aktivitäten des MWD in der SBZ. Denn bisher hatte die unangefochtene Stellung des NKWD/MWD beste Möglichkeiten für Korruption, Amtsmissbrauch und persönliche Bereicherung geboten. Bereits unmittelbar nach Kriegsende hatte das NKWD beispielsweise in der Reichsbank Berlin etwa 80 Millionen Reichsmark erbeutet, die Serow nicht an die Staatsbank der UdSSR überwies, sondern für eigene Zwecke einsetzte. Ein nicht geringer Teil des Geldes floss in seine Taschen und die der engsten Vertrauten, ein weiterer Teil wurde für die Aufwendungen des NKWD/MWD in Deutschland verwendet.

An diesem Unternehmen war auch der Chef des Operativsektors Thüringen, Generalmajor Grigori A. Beschanow, beteiligt. Bei seiner Verhaftung im Dezember 1947 beschlagnahmten die Ermittler in seiner Wohnung »mehr als 3000 Meter verschiedenster Stoffe, 1476 Teile verschiedener Tisch- und Teeservice, 315 antike Stücke, darunter Statuetten und Vasen, 90 Stücke aus Silber, 22 Pelze, 41 Teppiche und Brücken, 359 Stück Damenunterwäsche und Trikotagen, mehr als 150 Paar Schuhe und Ledererzeugnisse, ungefähr 60 Damenkleider, 17 Männeranzüge, 13 Gemälde und andere Wertgegenstände«[18]. Beschanow bereicherte sich jedoch nicht nur persönlich, sondern war auch in zahlreiche andere Verbrechen verstrickt. So wandte er in großem Umfang Methoden der »Provokation« an, um Erfolge bei der Arbeit seines Operativsektors vorweisen zu können. Beispielsweise ließ er eine fiktive Werwolfgruppe mit dem Namen »Bewegung des Widerstands« schaffen. Als sich der Deutsche Betzel weigerte, dieser Gruppe beizutreten, wurde er auf Anweisung Beschanows umgebracht. Um den Hals des Toten hängten die NKWD-Agenten ein Schild mit der Aufschrift: »So ergeht es allen Verrätern des deutschen Volkes.«[19]

Zudem wurden binnen kurzem mehr als 300 Personen ohne jeden Grund und Verdacht in Haft genommen. Eine der Folgen dieser Festnahmen war, dass sich mehr als zehn Personen in den Gefängnissen des MWD in Thüringen das Leben nahmen. Ein Teil der Inhaftierten wurde nach endlosen Verhören, physischen Misshandlungen und der Beschlagnahme ihrer persönlichen Habe und Wertsachen zur Mitarbeit für den sowjetischen Geheimdienst angeworben und zum Agenteneinsatz in die Westzonen geschickt.

Unter diesen Umständen verwundert es kaum, dass von 128 Agenten im »Auslandseinsatz« 38 nicht aus den Westzonen zurückkehrten, um ihren Auftraggebern Bericht zu erstatten, oder als Doppelagenten für die Amerikaner und Engländer arbeiteten. Letztlich führte die Rivalität zwischen MGB und MWD dazu, dass im Herbst 1947 das Informationskomitee (KI) beim Ministerrat der UdSSR gegründet wurde. Damit hatten die bisherigen Staatssicherheitsorgane die Oberhoheit über die so wichtige Auslandsaufklärung an das Außenministerium verloren.

Die Gruppe der sowjetischen Besatzungstruppen

Zum Zeitpunkt der deutschen Kapitulation am 8. Mai 1945 hatten sich auf dem Territorium der späteren SBZ mehr als eine Million Angehörige der sowjetischen Streitkräfte befunden. Die Masse der Soldaten und Offiziere wurde von der 1. und 2. Belorussischen Front gestellt, während die restlichen Kräfte Teilen der 1. Ukrainischen Front, Verbänden des NKWD und anderen sowjetischen Sonderformationen sowie zwei polnischen Armeen angehörten. Bereits am 29. Mai 1945 wies das Oberkommando der sowjetischen Streitkräfte den Kommandierenden der 1. Belorussischen Front, Marschall Schukow, an, seine gesamten Verbände zum 10. Juni 1945 in Gruppe der sowjetischen Besatzungstruppen in Deutschland (GSBT) umzubenennen. Gleichzeitig sollten drei Armeen der 2. Belorussischen Front ebenfalls in die neu zu bildenden Besatzungstruppen eingegliedert werden. Damit setzte sich die GSBT zunächst aus sieben Armeen, zwei Panzerarmeen sowie mehreren selbständigen Korps zusammen. Diese Streitmacht gliederte sich wiederum in 63 Schützendivisionen, 20 Panzerbrigaden, zwölf mechanisierte Brigaden sowie drei Kavallerie- und neun Artilleriedivisionen.

Darüber hinaus befanden sich auf dem Territorium der SBZ noch zehn Regimenter der Inneren Truppen des Sowjetischen Innenministeriums (NKWD/MWD), die über mehr als 15000 Mann verfügten. Ihnen oblag vor allem der Objektschutz wichtiger Gebäude und Einrichtungen des sowjetischen Geheimdienstes in der SBZ. Die Soldaten der Inneren Truppen übernahmen auch die Bewachung der zehn vom NKWD in der SBZ errichteten Speziallager, in denen ehemalige Nationalsozialisten und politische Gegner inhaftiert waren. Für die Luftdeckung dieser Streitkräftegruppierung war die 16. Luftarmee verantwortlich, deren Stab zunächst in Woltersdorf bei Berlin lag. Diese verfügte über neun Jagdflieger-, drei Schlachtflieger-, sechs Bomber- und eine Nachtbomberdivision mit mehr als 2000 Flugzeugen.

Ein ständiges Ärgernis für die sowjetische Truppenführung – besonders aber für die deutsche Bevölkerung – waren die vielen Übergriffe, die von den Besatzungstruppen ausgingen. Die zahllosen Vergewaltigungen des Jahres 1945 hatten sich bereits tief in das Gedächtnis der Menschen eingebrannt. Aber auch eine nicht abreißende Serie von Plünderungen und Raub sorgte dafür, dass sich die deutsche Zivilbevölkerung von der Roten Armee nicht »befreit«, sondern terrorisiert fühlte. Der sowjetischen Führung war durchaus bewusst, welchen politischen Schaden die Gewalttaten anrichteten, und sie versuchte daher, mit Härte gegen die Täter vorzugehen. Nicht selten wurden aber Offiziere, die gegen die Drangsalierungen der Zivilbevölkerung einschritten, von ihren Kameraden verletzt oder sogar – wie im Fall des NKWD-Hauptmanns Isakow – getötet. Seit Herbst 1945 wurden Vergewaltigungen bestraft, wobei das Strafmaß vom entsprechenden Militärkommandanten abhing, der einige Tage Arrest, aber problemlos auch mehrere Jahre Straflager verhängen konnte. Hatte der Vergewaltiger sein Opfer getötet, wurde er in der Regel vor angetretener Mannschaft zur Abschreckung standrechtlich erschossen. Die Masse der sexuellen Übergriffe blieb allerdings ungesühnt, da kaum eine Frau es wagte, den Täter anzuzeigen.

In seinem Befehl Nr. 0022 vom 21. September 1946 sah sich Stalin gezwungen, selbst auf dieses Problem einzugehen, wenn auch die Gründe nicht unbedingt humaner Natur waren. Er beklagte unter anderem, »dass durch Geschlechtskrankheiten der Streitkräfteangehörigen« die Gefechtsbereitschaft der Truppe massiv leiden würde, »da eine hohe Zahl von Offizieren, Unteroffizieren und Soldaten für lange Zeit aus dem Dienst ausscheiden müssten«.[20] Zugleich bemängelte er, dass sich viele Kommandeure und Politoffiziere mit den ständigen Übergriffen abgefunden hätten und Forderungen nach Verbesserung der Disziplin nur unzureichend umgesetzt würden.

Erst ab Mitte 1947, als die sowjetischen Truppen aus den Städten und Dörfern »verschwanden« und in streng abgeriegelten Kasernen isoliert wurden, konnte das Problem eingedämmt werden. Bis zu diesem Zeitpunkt hatten in der GSBT zumeist chaotische Verhältnisse geherrscht. Offiziere beschlagnahmten Villen, Häuser und Wohnungen für sich und plünderten diese nicht selten komplett aus. Soldaten und Unteroffizieren blieb es zumeist vorbehalten, den Deutschen ihre Uhren und Fahrräder als Trophäen abzunehmen. Denn das Verhältnis zwischen den einzelnen Dienstgraden war streng hierarchisch geprägt. Dass

Untergebene von ihren Vorgesetzten misshandelt wurden, stand auf der Tagesordnung. Neben den persönlichen Beutezügen bildete sich rasch ein System von Korruption und Misswirtschaft heraus. Sowjetische Offiziere arbeiteten dabei eng mit Schiebern zusammen und hielten ihnen für eine Beteiligung aus deren Geschäften den Rücken frei.

Um gegen »Verwestlichungsprozesse« bei der Truppe vorzugehen, verbot die Militärführung schließlich mit zahlreichen Befehlen und Erlassen alle außerdienstlichen Kontakte zur deutschen Bevölkerung und stellte diese sogar unter Strafe. Der bisher Offizieren erlaubte Besuch von deutschen Restaurants, Nachtklubs, Bars und Theatern wurde gleichfalls nicht mehr gestattet. Folglich kam es kaum mehr zu näheren Begegnungen zwischen den Besatzungstruppen und der deutschen Bevölkerung. Beide Seiten lebten nun – im Gegensatz zu den Westzonen – weitgehend aneinander vorbei.

Bis zum Sommer 1945 sank die Zahl der in der sowjetischen Besatzungszone stationierten Soldaten auf etwa 700 000 Mann. Gleichzeitig begannen die in der SBZ verbliebenen sowjetischen Verbände am 15. Juni 1945 wieder mit ihrer militärischen Ausbildung. Von der ab Juli 1945 einsetzenden Demobilisierung der sowjetischen Armee, bei der insgesamt 33 Jahrgänge aus dem Militärdienst entlassen wurden, wurden auch die Besatzungstruppen in Deutschland erfasst. Insgesamt verringerte sich innerhalb eines Jahres der ursprüngliche Personalbestand um mehr als 50 Prozent auf rund 500 000 Mann. Im November 1946 befehligte der neue Oberkommandierende der GSBT, Marschall Wassili D. Sokolowski, noch insgesamt fünf Armeen: die im Norden der SBZ stationierte 3. Stoß-Armee, die im Südwesten befindliche 8. Garde-Armee, die im Nordosten stationierte 2. mechanisierte Garde-Armee und die 1. mechanisierte Garde-Armee, deren Hauptquartier sich in Dresden befand. Für die Luftsicherung war weiterhin die 16. Luftarmee zuständig. Ende 1946 verfügte die GSBT damit noch über fünf Schützen-, sieben mechanisierte und sechs Panzerdivisionen.

Durch weitere Truppenverlegungen und Auflösungen sank die Gesamtstärke der GSBT nach Schätzungen des US-Militärgeheimdienstes bis Ende 1947 auf rund 300 000 Mann. Die Kampfkraft der weiterhin in Deutschland befindlichen Einheiten wurde dagegen auf höchstes Niveau gesteigert. Bewaffnung und Ausrüstung der aufgelösten Einheiten gingen zum Großteil in den Besitz der GSBT-Divisionen über, deren Verbände damit vereinheitlicht, komplettiert und modernisiert wurden. Hatten 1945 noch Panjewagen und verschlissene Uniformen das Bild der Roten Armee in Deutschland geprägt, verschwanden diese jetzt aus dem Blickfeld. Ab 1947 waren alle Einheiten der GSBT vollständig motorisiert. Da immer noch mehr als genug Rüstungsmaterial vorhanden war, ging die GSBT gleichzeitig dazu über, mehrere Schützendivisionen in motorisierte Divisionen umzurüsten, um ihre Kampfkraft zu erhöhen.

Infolgedessen nahmen die Gefechtsmöglichkeiten der Schützenkorps im Vergleich zu ihren Fähigkeiten bei Kriegsende erheblich zu. Durch die Eingliederung der mechanisierten Division sowie neuer Artillerieverbände sollten die Schützenkorps nach den Planungen des sowjetischen Generalstabes vor allem dazu befähigt werden, »die taktische Verteidigung selbständig zu durchbrechen und den Angriff mit hohem Tempo in die Tiefe vorzutragen«[21]. Ähnliche Aufgaben waren auch den allgemeinen Armeen zugedacht, die sich bis Anfang der 1950er Jahre zu beweglichen Verbänden entwickelten, die mehr Panzer und Selbstfahrlafetten besaßen als eine sowjetische Panzerarmee am Ende des Zweiten Weltkriegs. Wichtigste Kampfkraft der GSBT blieben indes die beiden mechanisierten Armeen. Ihren Panzerdivisionen wies die sowjetische Militärstrategie nach 1945 deshalb die Aufgabe zu, den taktischen Angriff der allgemeinen Armeen zum operativen oder – bei besonders guten Bedingungen – sogar zum strategischen Erfolg auszuweiten.

Doch für die Gruppe der sowjetischen Besatzungsstreitkräfte in Deutschland standen zunächst Verteidigungsaufgaben im Vordergrund. Der Generalstab der Streitkräfte der UdSSR für die

GSBT wollte im Fall eines bewaffneten Konflikts mit den ehemaligen Verbündeten das Territorium der SBZ zunächst auf keinen Fall direkt an der Grenze verteidigen. Stattdessen würde die Hauptverteidigungslinie der GSBT ostwärts von Elbe und Saale liegen. Dort sollten die allgemeinen Armeen den Vormarsch des Gegners verlangsamen, um den beiden in der SBZ stationierten mechanisierten Armeen Zeit zu geben, zum Gegenangriff anzutreten. Besonderen Wert legte die sowjetische Verteidigungskonzeption damals noch auf die Sicherung Berlins.[22]

Bereits zwei Jahre später deutete sich eine erste Wandlung im Übungsverhalten der GSBT an. Jetzt standen vor allem Offensivhandlungen, wie umfangreiche Marschübungen im Korpsverband, Gegenangriffe im Frontmaßstab und Luftlandungen auf dem Manöverplan. Die im Juni 1948 einsetzende Berlin-Krise sorgte schließlich dafür, dass der Verteidigungsplan der GSBT aus dem Jahre 1946 endgültig zu den Akten gelegt wurde. Die unmittelbar nach dem Ende der Berlin-Blockade 1949 erfolgte Gründung der Bundesrepublik Deutschland und die nachfolgende Errichtung der Deutschen Demokratischen Republik (DDR) blieben für die militärische Mission der GSBT indessen ohne unmittelbare Auswirkung. Dass auf deutschem Boden ein »Arbeiter- und Bauernstaat« gegründet wurde, beeinflusste weder den Status der Besatzungstruppen noch die bisherigen Stationierungsmodalitäten. Die GSBT, die nicht einmal ihren Namen änderte, diente nach wie vor als wichtigstes Machtinstrument der UdSSR zur Sicherung ihrer Position in der DDR und im westlichen Vorfeld der Sowjetunion.

Die sowjetische Militäradministration in Deutschland

Am 6. Juni 1945 beschloss der Rat der Volkskommissare der UdSSR die Bildung der sowjetischen Militäradministration in Deutschland und ernannte Marschall Georgi K. Schukow zu deren Chef. Die SMAD sollte vor allem für die Durchsetzung von drei Zielen sorgen: Zum einen war es ihre Aufgabe, die bedingungslose Kapitulation Deutschlands zu überwachen; zum anderen oblag ihr die Verwaltung der sowjetischen Besatzungszone. Außerdem hatte sie wichtige alliierte Entscheidungen in politischen, wirtschaftlichen und militärischen Fragen umzusetzen. Am 9. Juni wurde die Schaffung der Militärbehörde offiziell bekannt gegeben, und die Führung nahm ihren vorgesehenen Sitz in Berlin-Karlshorst ein. Organisatorisch wurde die SMAD von der gleichfalls gebildeten Gruppe der sowjetischen Besatzungstruppen getrennt – wohl auch, um die Militäradministration vor dem schlechten Ruf der Truppen der Roten Armee zu bewahren. Die SMAD setzte sich, entsprechend den alliierten Vereinbarungen, aus Verwaltungen für Demilitarisierung, Zivilangelegenheiten, Wirtschaft und Politik zusammen. Hinzu kamen weitere Bereiche, beispielsweise für Bildung, Gesundheit und Transport. Insgesamt erwies sich die sowjetische Militäradministration als Sammelsurium von Verwaltungen, Abteilungen und Referaten, die nicht selten den Eindruck eines mehr oder weniger organisierten Chaos erweckten und von Beginn an unter einem bedrückenden Mangel an geeignetem Personal litten. Zudem besaßen die einzelnen Abteilungen häufig keine konkreten Ziele und mussten – beispielsweise in Demontage- oder Reparationsfragen – gleichzeitig mit anderen sowjetischen Institutionen konkurrieren, die unabhängig von Berlin-Karlshorst arbeiteten.

Die sowjetische Militärverwaltung versuchte, jeden Bereich des politischen, sozialen, wirtschaftlichen und kulturellen Lebens in der SBZ zu durchdringen. Wichtigste Schnittstelle, um die entsprechenden Maßnahmen durchzusetzen, waren die örtlichen Militärkommandanturen. Ihre Zahl, die Ende 1945 noch 507 betragen hatte, verringerte sich bereits bis zum Sommer 1946 auf 325 und nach umfangreichen Umstrukturierungen blieben 1947 nur noch 157 übrig. Grund für die Reduzierung war offenbar die Unzufriedenheit der SMAD mit der Arbeit vieler Militärkommandanten, wie auch ein US-Geheimdienstbericht vom Sommer 1945 dokumentiert: »Unter solchen Umständen bleibt ein Großteil der tatsächlichen Verwaltung deutschen Territoriums den deutschen Zivilbeamten überlassen. Die Einwirkung sowjetischer Militärdienststellen beschränkt sich, kurz gesagt, offenbar auf ein Minimum, solange der deutsche Verwaltungsbeamte seine allgemeinen russischen Direktiven (befolgt).«[23]

Parallel zum Zentralapparat der SMAD existierten entsprechende Länderverwaltungen, denen wiederum Bezirks-, Kreis- und Ortskommandanturen unterstanden. Ende 1946 waren bei der SMAD und ihren Gliederungen knapp 50 000 sowjetische Militär- und Zivilangestellte beschäftigt. Bis 1948 ging deren Zahl auf 31 500 zurück, und schon 1949 besaß der SMAD nur noch knapp 15 000 Mitarbeiter. Damit kamen im Gegensatz zu den Westzonen, wo dieses Verhältnis wesentlich geringer war, auf 10 000 SBZ-Bewohner bis zu 30 SMAD-Angehörige. Dies zeigt, dass Moskau offenbar bestrebt war, seine politischen Vorgaben neben dem NKWD vor allem von der SMAD durchsetzen zu lassen. Denn die sowjetische Militäradministration war nicht nur formal für alle wichtigen Entscheidungen verantwortlich, sondern sie bereitete gleichzeitig deren Umsetzung vor und kontrollierte anschließend auch ihre Ausführung. Keine weitreichenden Entscheidungen in Wirtschafts- oder Personalfragen oder gar in politischen Angelegenheiten konnten ohne die Zustimmung der Besatzungsmacht getroffen werden.

Sichtbar wurde dies beispielsweise bei der Bodenreform im Herbst 1945. Hier griff die SMAD zielgerichtet in das Wirtschaftsleben der SBZ ein und setzte ein klares Zeichen für deren Sowjetisierung. Die Gesetze der Bodenreform bestimmten die entschädigungslose Enteignung der landwirtschaftlichen Güter von Kriegsverbrechern und aktiven NS-Funktionären. Gleichzeitig wurde Großgrundbesitz über 100 Hektar samt den dazugehörigen Immobilien beschlagnahmt. Bis zur Bildung der DDR wurden auf diese Art und Weise rund 3,3 Millionen Hektar – etwa 35 Prozent der landwirtschaftlichen Nutzfläche der SBZ – enteignet. 2,2 Millionen Hektar sprachen die Bodenreformkommissionen einzelnen Empfängern zu, von denen rund 1,7 Millionen Hektar an Landarbeiter und landlose Bauern sowie Vertriebene gingen. Jeder Begünstigte erhielt im Durchschnitt 8,1 Hektar. Die Bodenreform verbesserte jedoch weder die angespannte Ernährungssituation in der SBZ, noch löste sie die bestehenden gesellschaftlichen Konflikte. Es gelang lediglich, die Vertriebenen enger an die KPD/SED zu binden. Dass die Reform dennoch durchgeführt wurde, war vor allem den längerfristigen Sowjetisierungsplänen der SMAD zuzuschreiben.

Zwischen demokratischer Umgestaltung und Blockbildung

Am 10. Juni 1945, nur einen Tag nach ihrer Gründung, erließ die SMAD den Befehl Nr. 2, der sowohl die deutsche Öffentlichkeit als auch die Westalliierten überraschte. Ab sofort war in der sowjetischen Besatzungszone die Schaffung und Tätigkeit aller antifaschistischen Parteien erlaubt, »die sich die endgültige Ausrottung der Überreste des Faschismus und die Festigung der Grundlagen der Demokratie und der bürgerlichen Freiheiten in Deutschland und die Entwicklung der Initiative und Selbstbetätigung der breiten Massen der Bevölkerung in dieser Richtung zum Ziel setzen«[24]. Gleichzeitig wurde der Arbeiterschaft die Bildung freier Gewerkschaften zugestanden, um ihre Interessen und Rechte zu wahren. Diesen räumte die SMAD gleichzeitig das Recht ein, Kollektivverträge mit Arbeitgebern zu schließen und Sozialversicherungskassen sowie andere Unterstützungsinstitutionen zu bilden.

Wiederum einen Tag später trat die KPD – unter Führung von Wilhelm Pieck – mit einem noch im Moskauer Exil erarbeiteten Aufruf an die Öffentlichkeit, in dem die Worte »Kommunismus« und »Sozialismus« konsequent vermieden wurden. Zugleich sprach der Arbeiterführer davon, dass es der falsche Weg sei, Deutschland das Sowjetsystem aufzuzwingen. Obwohl sich die KPD damit faktisch den Schafspelz übergezogen hatte, gelang es ihr nicht, das bestehende Misstrauen bei den West-Alliierten und bei weiten Teilen der deutschen Bevölkerung zu zerstreuen.

Damit verlor sie auch ihre Chance, in Deutschland zu einer Massenpartei zu werden. Schon bald galten die Kommunisten, die allerdings intern teilweise heftig gegen Beschlüsse der SMAD protestierten, als »Russenpartei«. Gleichwohl schaffte es die KPD mit aktiver Unterstützung der sowjetischen Stellen, zumindest in der SBZ die führenden Positionen in Verwaltung, Wirtschaft und Justiz mit den eigenen Gefolgsleuten zu besetzen.

Am 15. Juni 1945 lebte in Berlin unter der Leitung von Otto Grotewohl auch der Zentralausschuss der SPD wieder auf. Die Sozialdemokraten forderten in ihrem Gründungsaufruf, im Staat und in den Gemeinden eine demokratische Ordnung herzustellen, in Wirtschaft und Gesellschaft auf dem Boden der organisatorischen Einheit der Arbeiterklasse den Sozialismus zu verwirklichen und zugleich »in moralischer Wiedergutmachung politischer Fehler der Vergangenheit«[25] die beiden Arbeiterparteien, also SPD und KPD, miteinander zu vereinigen. Allerdings gelang es der Ost-SPD unter Grotewohl nicht, sich mit der SPD-Organisation im Westen unter Kurt Schumacher zu einigen, weil diese den gesamtdeutschen Führungsanspruch des Berliner Zentralausschusses sowie dessen Forderung nach Vereinigung mit der KPD ablehnte. Daher verständigte sich die »Reichskonferenz« der SPD in Wennigsen bei Hannover Anfang Oktober 1945 darauf, dass der Zentralausschuss für die SBZ zuständig sein sollte, während Schumacher die Parteileitung in den Westzonen übernahm. Letztlich ließ sich die gesamtdeutsche Spaltung der SPD dadurch aber nicht mehr verhindern, die in der Vereinigung von KPD und SPD zur SED in der SBZ im April 1946 ihren Abschluss fand.

Am 26. Juni 1945 trat die Christlich Demokratische Union (CDU) unter Führung von Jakob Kaiser, Ernst Lemmer, Heinrich Krone, Otto Nuschke und anderen Persönlichkeiten in Berlin an die Öffentlichkeit. Die neue bürgerliche Partei war als Sammelbecken der beiden großen Konfessionen entstanden, die eine überkonfessionelle christliche Partei anstrebten. In der CDU fanden sich ehemalige Zentrumspolitiker, christliche Gewerkschaftler sowie Politiker der Deutschen Demokratischen Partei (DDP), der Deutschen Volkspartei (DVP) und der Deutschnationalen Volkspartei (DNVP) zusammen, die sich zu einer christlichen, demokratischen und sozialen Politik bekannten. Zudem gründete sich am 5. Juli unter Wilhelm Külz die Liberal-Demokratische Partei Deutschlands (LDPD), die sich ausdrücklich für den Erhalt des Privateigentums und der freien Wirtschaft einsetzte.

Als wenige Tage später, am 14. Juli 1945, die »Einheitsfront der antifaschistisch-demokratischen Parteien« gebildet wurde, der sich die vier genannten Parteien anschlossen, begann bereits das Ende der demokratischen politischen Entwicklung in der SBZ. Obgleich der Zusammenschluss formal unter gegenseitiger Anerkennung der Selbständigkeit erfolgte, »um mit vereinter Kraft die großen Aufgaben zu lösen«[26], gerieten die demokratischen Parteien sogleich in die vollständige Abhängigkeit von KPD und SMAD. Denn der gebildete gemeinsame Ausschuss, der aus je fünf Vertretern der vier Parteien bestand und eine gemeinsame Politik koordinieren sollte, konnte seine Beschlüsse nur einstimmig auf dem Weg der Vereinbarung – und nicht durch Abstimmung – fassen und schränkte damit die Aktionsfreiheit von SPD, CDU und LDPD entscheidend ein. Damit konnte die KPD (und später die SED) Maßnahmen durchsetzen, die in freier parlamentarischer Abstimmung keine Mehrheit gefunden hätten. Zugleich waren Koalitionen einzelner Blockpartner nicht erlaubt, so dass es unmöglich war, gegen oder ohne die KPD politische Beschlüsse zu fassen. Umgekehrt gelang es den Kommunisten und der sowjetischen Militäradministration, entsprechenden Druck auf CDU, SPD und LDPD auszuüben, um ihre politischen Ziele zu erreichen. Auch wenn so parlamentarisch-demokratische Formen beibehalten wurden, entwickelte sich der Block damit faktisch zu einem Einparteiensystem, da er die Funktion einer einzigen Partei übernahm.

Die in der SBZ gegründeten Einzelgewerkschaften mussten sich im Februar 1946 in der unter kommunistischer Führung stehenden Einheitsorganisation der Arbeitnehmer, dem Freien

Deutschen Gewerkschaftsbund (FDGB), zusammenschließen. Diese erste neue Massenorganisation, die bei ihrer Errichtung rund zwei Millionen Mitglieder zählte, bildete eine wichtige Voraussetzung für den Zusammenschluss von KPD und SPD, da die Sozialdemokraten ihren traditionellen Rückhalt in den freien Gewerkschaften verloren. Gleichzeitig wurden im FDGB die Vertreter von christlichen und Hirsch-Dunckerschen Gewerkschaften – wie Jakob Kaiser oder Ernst Lemmer – von vornherein in eine aussichtslose Minderheitenposition gedrängt. Ähnlich verlief diese Entwicklung auch bei einer anderen großen Massenorganisation, der Freien Deutschen Jugend (FDJ).

Nachdem die KPD im Herbst 1945 erkennen musste, dass sie einen viel geringeren Zulauf an neuen Mitgliedern hatte als die sozialdemokratischen und bürgerlichen Parteien, drängten die Kommunisten nun – entgegen früheren Erklärungen – auf eine Vereinigung mit der SPD. Während der Berliner Zentralausschuss der Partei unter Otto Grotewohl anfangs glaubte, der KPD Vorbedingungen für eine Vereinigung stellen zu können, gerieten die Sozialdemokraten jetzt unter den gezielten massiven Druck der sowjetischen Besatzungsmacht und wurden schließlich durch Drohungen und Versprechungen gefügig gemacht. Eine beabsichtigte Urabstimmung unter den Parteimitgliedern der SPD über den Zusammenschluss der beiden Parteien wurde von der SMAD unterbunden. Nur in West-Berlin gelang es der Partei, am 31. März 1946 eine entsprechende Mitgliederbefragung durchzuführen, deren Ergebnis deutlich ausfiel: Nicht weniger als 82 Prozent der West-Berliner Sozialdemokraten sprachen sich gegen eine Vereinigung mit der KPD aus.

Doch der Zentralausschuss konnte dem Druck von KPD und SMAD nicht standhalten. Am 19./20. April 1946 stimmte der SPD-Parteitag der SBZ dem Zusammenschluss der beiden Parteien zu. Einen Tag später wurde auf dem 1. Parteitag der SED die Vereinigung von KPD und SPD vollzogen. Den Vorsitz übernahmen gemeinsam der Kommunist Wilhelm Pieck und der Sozialdemokrat Otto Grotewohl. Auch die anderen Posten und Positionen waren vorläufig paritätisch mit ehemaligen SPD- und KPD-Funktionären besetzt. Damit war die SED zunächst noch keine Kaderpartei sowjetischen Typs, sondern eine Massenpartei, deren einzelne Gruppierungen aus unterschiedlichen ideologischen Strömungen bestanden: Während einige sich eng an das sowjetische Vorbild anlehnten, betonten andere einen eigenen nationalen Weg zum Sozialismus. Erst allmählich gelang es dem moskautreuen Flügel unter Ulbricht, sich mit Hilfe der SMAD durchzusetzen.

Nach dem Bruch der Sowjetunion mit Jugoslawien, das unter der Führung von Josef Broz Tito eine eigenständige Politik verfolgte, wurde die SED Mitte 1948 endgültig zu einer »Partei neuen Typs« umgewandelt. Die gleichberechtigt besetzten Vorstände wurden von der Parteiführung aufgelöst; Mitglieder, die sich nicht an die neue Linie hielten, wurden entfernt. An der Spitze stand jetzt ein Politbüro nach sowjetischem Vorbild. Dieser kleine Zirkel von ausgewählten Politikern war das eigentliche Zentrum der Macht. Alle wichtigen Entscheidungsprozesse verliefen von oben nach unten – nicht, wie es der Theorie entsprochen hätte, von der Basis der Parteimitglieder nach oben. Damit war die ostdeutsche SPD, wie Kurt Schumacher befürchtet hatte, zum »Blutspender« für eine Partei geworden, die in Deutschland eine kommunistische Herrschaft anstrebte. An den Schalthebeln der Macht saßen jetzt fast ausschließlich kommunistische Berufsrevolutionäre, die entsprechend der aus Moskau vorgegebenen ideologischen Generallinie die Vergesellschaftung der Produktionsmittel und die Errichtung eines sozialistischen Staatswesens in der SBZ einleiteten.

Von der lokalen Administration zur Zentralverwaltung

Die sowjetische Politik in der SBZ war in vielerlei Hinsicht ambivalent. Herrschaftssichernd sollten die Etablierung der KPD/SED, die Enteignungen in der Landwirtschaft und in der Industrie sowie die Entnazifizierung von Verwaltung, Schule und Justiz wirken. Zugleich war das administrative Handeln der Sowjets aber auch pragmatisch darauf bedacht, die Eintracht unter den Alliierten nicht zu gefährden. Dadurch blieb durchaus Raum für demokratische und reformatorische Ansätze. So wurden zum Beispiel im Bereich der Justiz nicht selten unmittelbar nach dem Einmarsch der sowjetischen Truppen die deutschen Gerichte wieder tätig, wobei man allerdings streng darauf achtete, keine NS-Juristen einzustellen. Insgesamt war es das anfängliche Ziel der sowjetischen Besatzungsmacht, die traditionellen rechtsstaatlichen Strukturen für das Justizwesen wieder in Gang setzten, wofür sie vor allem an Gerichtsstrukturen aus der Zeit der Weimarer Republik anknüpfte. Von Vorteil war dabei, dass die allmählich einsetzenden politisch motivierten Gerichtsverfahren ausschließlich durch die sowjetischen Militärtribunale durchgeführt wurden. Dadurch war vorerst eine relative Unabhängigkeit der deutschen Gerichte und die Beibehaltung rechtsstaatlicher Verfahren sichergestellt, auch wenn die sowjetischen Organe und die mit ihr eng verbundene KPD/SED schon bald versuchten, in Urteile deutscher Gerichte einzugreifen. Doch erst ab 1947 gelang es der SED, dominierenden Einfluss auch auf die Justiz zu nehmen.

Der Spielraum, den der Bereich der Rechtssprechung bis dahin genoss, zeigt allerdings nur, dass SMAD und SED dem Bereich des Inneren wesentlich mehr Bedeutung beimaßen als der Justiz. Da das Innenressort als Schlüsselinstrument zur Machtgewinnung und Machterhaltung angesehen wurde, gehörten hier nicht weniger als 87,1 Prozent aller Mitarbeiter der SED an. Über die Entnazifizierung versuchten SMAD und SED dann, die noch vorhandenen alten Machteliten des Dritten Reiches aus ihren Bastionen in Verwaltung, Justiz und Schule zu entfernen. Streng genommen stellte der Ersatz durch neu rekrutierte Personengruppen jedoch keinen Elitenwechsel dar, denn »an die Stelle der traditionalen und nationalsozialistischen Eliten traten auf lange Sicht große, hierarchisch geordnete Apparate, die von einer relativ kleinen politischen Führungsgruppe angeleitet wurden«[27]. In der staatlichen Bürokratie gelang es indessen rasch – wenn auch mit Abstrichen bei der fachlichen Qualifikation –, aus Arbeitern und Bauern loyale Angestellte zu formen, um den angestrebten Personalwechsel zu erreichen. Bei Schule und Justiz vergingen allerdings mehrere Jahre, bis die entstandenen Personallücken durch systemtreue Kader aufgefüllt waren.

In den Anfängen der Verwaltungsrekonstruktion zeigten sich damit in der SBZ zunächst ähnliche Erscheinungen wie in den Westzonen, da vor allem auf die tradierten Verwaltungsstrukturen zurückgegriffen wurde. Diese wurden jedoch von der KPD/SED unter dem Einfluss der SMAD personell gezielt ausgefüllt, um, so Walter Ulbricht, »die entscheidenden Posten in die Hand zu bekommen«[28]. Nach diesem Grundsatz verfuhr man in der SBZ auch bei der Bildung der Länder- und Zentralverwaltungen. Indem die SMAD die fünf Länder- und Provinzregierungen gründete, schuf sie gleichzeitig die Voraussetzung, die in Mecklenburg, Sachsen-Anhalt, Sachsen, Thüringen und Brandenburg zentralistisch wieder aufgebaute Verwaltung politisch zu kontrollieren. Noch während der Potsdamer Konferenz richtete die sowjetische Militäradministration zudem oberhalb der Länderebene elf deutsche Zentralverwaltungen ein, die als Hilfsorgane der Besatzungsmacht und gleichzeitig als Keimzelle künftiger deutscher zentraler Regierungsbehörden fungieren sollten. Von den Präsidenten dieser Zentralverwaltungen gehörten fünf der KPD, drei der SPD sowie je einer der CDU und LDPD an, einer war parteilos. Das Schwergewicht der Verwaltungsbefugnisse verlagerte sich damit allmählich von der föderalen Ebene auf die Zentralbehörden, auch wenn die Länder dieser Entwicklung zunächst erbitterten Widerstand entgegensetzten.

Generelles Problem beim Verwaltungsaufbau in der SBZ war, dass die SMAD-Offiziere nicht gewillt waren, den Deutschen selbst in den geringfügigsten Fällen Entscheidungsfreiheit einzuräumen. Ständig mischten sich die sowjetischen Offiziere in deutsche Verwaltungsangelegenheiten ein und machten wieder rückgängig, was nicht selten in mühevoller Kleinarbeit entstanden war. Doch auch die Bereitstellung hinreichend qualifizierter, politisch zuverlässiger Kader bereitete Schwierigkeiten. Zunächst sahen SED und SMAD deshalb den Einsatz sogenannter bürgerlicher Spezialisten in Bürokratie und Wirtschaft noch als unverzichtbar an. Ende 1948 machte allerdings Stalin persönlich seinen deutschen Genossen klar, dass man sich ab sofort mehr um Politik als um Kompetenz kümmern müsse. Der sächsische Innenminister Wilhelm Zaisser brachte die Anforderungen an die neuen Kader auf den Punkt: Sie müssten »wirklich fortschrittliche demokratische Menschen« sein. Zudem sollte bei jedem gefragt werden, wie er zur Errichtung und Weiterentwicklung »unserer demokratischen Ordnung« stehe, wie er über die Einheit Deutschlands auf demokratischer Grundlage denke, und wie seine Einstellung »zu dem einzigen Freund (der UdSSR), den das deutsche Volk hat in seinem Kampf um die Einheit«, sei.[29]

Dem gleichen Ziel diente auch die Reorganisation der Deutschen Wirtschaftskommission (DWK) im Jahre 1948. Mit Hilfe der DWK, die im Juni 1947 gegründet worden war, um die wirtschaftlich relevanten Zentralverwaltungen zu koordinieren, sollten der Wiederaufbau in der SBZ nach dem sowjetischen Sozial- und Wirtschaftsmodell gestaltet und – schwerpunktmäßig – die bestehenden Wirtschaftsstrukturen umgeformt werden. Dafür wollte man die zentral geleitete Planwirtschaft einführen, was einer Abschaffung des freien Marktes gleichkam,und die »volkseigenen«, also staatlichen Betrieben ausbauen. Durch die Reorganisation der DWK wurde es möglich, allen Verwaltungsorganen der SBZ verbindliche, zentral gesteuerte Anweisungen zu erteilen. Mit diesem Schritt war eine wesentliche Vorstufe für den Aufbau einer späteren Zentralregierung erreicht. Als Walter Ulbricht auf einer staatspolitischen Konferenz am 23./24. Juli 1948 in Werder bei Potsdam die Planwirtschaft zum Gesetz erklärte, den DWK-Verordnungen Vorrang vor den Landesgesetzen einräumte und die Führungsrolle der SED in Staat und Gesellschaft beanspruchte, war dies ein erklärter Abschied von allen

Vorstellungen über eine föderal-parlamentarische Ordnung in der SBZ. Damit war der Weg endgültig frei für die Schaffung eines Arbeiter- und Bauernstaates nach stalinistischem Vorbild.

Das Schlüsselinstrument der sowjetischen Herrschaftssicherung in der SBZ war das NKWD/NKGB, dessen Einheiten in den letzten Kriegsmonaten zu »Säuberungsaktionen« im Rücken der Fronten eingesetzt wurden. Ihre Aufgaben waren dabei nicht nur auf die Festnahme von Kriegsverbrechern und die Bekämpfung von eventuellem Widerstand beschränkt, vielmehr hatten sie alle politischen Gegner des stalinistischen Systems aufzuspüren und unschädlich zu machen. Insgesamt landeten zwischen 1945 und 1949 nach neuesten Forschungsergebnissen rund 154 000 Deutsche in den Speziallagern des NKWD/MWD. 43 000 von ihnen starben während der Inhaftierung. Weitere knapp 40 000 Personen wurden von der sowjetischen Militärstaatsanwaltschaft auf der Grundlage der »Ermittlungen« des sowjetischen Geheimdienstes und nach den während des Krieges herrschenden Gesetzen zu hohen Haftstrafen verurteilt. 20–25 000 Lagerinsassen wurden zum Arbeitseinsatz in die Sowjetunion deportiert. Ferner sprachen sowjetische Militärtribunale zwischen 1945 und 1947 insgesamt 1 786 Todesurteile gegen deutsche Zivilisten aus, von denen 645 sicher und weitere 587 wahrscheinlich vollstreckt wurden. Besonders erwähnenswert ist, dass nur knapp ein Drittel der Hingerichteten wegen Kriegsverbrechen verurteilt worden war, weit mehr als die Hälfte der Erschossenen hingegen wegen sogenannter »konterrevolutionärer Verbrechen«, wie Terror, bewaffnetem Aufstand, Spionage oder Sabotage. Dies legt den Verdacht nahe, dass die Todesstrafe in der SBZ vom sowjetischen Geheimdienst grundsätzlich für politische Kampagnen und Zwecke instrumentalisiert wurde. Denn neben wirklichen oder vermeintlichen Kriegsverbrechern, NS-Funktionären und jugendlichen Werwölfen, die vom sowjetischen Geheimdienst auch gerne als »Edelweißpiraten« bezeichnet wurden, trafen die Verhaftungen und Verurteilungen immer öfter Sozialdemokraten, die gegen die Vereinigung von KPD und SPD zur SED protestierten, oder bürgerliche Politiker, die sich nicht der Einheitsfrontpolitik beugen wollten, sowie Unternehmer, die mit dem Verstaatlichungskurs der SMAD in Konflikt gerieten. Im Zuge des beginnenden und sich allmählich verschärfenden Kalten Krieges erhielten die Verfolgungen des sowjetischen Geheimdienstes in der SBZ immer stärker eine anti-imperialistische Stoßrichtung. Damit zeigt sich, dass hinter der sowjetischen Befreiung kein demokratisches Konzept stand, sondern das Programm eines stalinistischen Sozialismus, dem es um eine Strategie kommunistischer Machteroberung und -sicherung ging.

Nicht die SMAD, sondern das NKWD/NKGB bestimmte über die wesentlichen Belange des politischen, wirtschaftlichen und kulturellen Lebens in der SBZ. Dabei arbeiteten die sowjetischen Geheimdienste von Anfang an auf das Engste mit den Kommunisten um Walter Ulbricht zusammen. Dadurch gelang es der KPD, politische und gesellschaftliche Schlüsselpositionen zu besetzen, vermeintliche Gegner durch die sowjetischen Sicherheitsorgane entfernen zu lassen und schließlich die SED als Statthalter Stalins in der sowjetischen Besatzungszone zu installieren. Insgesamt schätzten MWD und MGB im Frühjahr 1947, »dass die Arbeit der Organe günstige Bedingungen geschaffen habe für die Konsolidierung der demokratischen deutschen Selbstverwaltungsorgane, für die Säuberung der Verwaltungen und Einrichtungen von faschistischen Elementen und für die Stärkung des Einflusses der SED, die in den Provinzen ernst zunehmende Erfolge bei den Kommunalwahlen erlangte und den Block der antifaschistischen Parteien stärkte«[30]. Wenn auch die Wahlen in der SBZ und insbesondere in Berlin nicht so ausfielen, wie sich die SED und Moskau dies erhofft hatten, so waren doch die Weichen für eine kommunistische Diktatur gestellt.

6 Von der Bizone zur Trizone – Die westliche Besatzungsherrschaft

Die Zonengrenzen verliefen – wie hier zwischen Thüringen und Bayern – mitunter quer durch den Ort. Eine Trennung, deren Dauerhaftigkeit sich bald nach Kriegsende abzeichnete.

Bildung der Bizone und Verwaltungsreformen

Die bedingungslose Kapitulation des Deutschen Reiches am 8. Mai 1945 befreite das deutsche Volk nicht nur vom Nationalsozialismus, sondern brachte in der Folge auch die Spaltung Deutschlands mit sich. Die alliierten Siegermächte – die USA, die Sowjetunion, Großbritannien und Frankreich – übten nun die oberste Staatsgewalt auf deutschem Boden aus. Es zeigte sich allerdings bald, dass die Besatzungsmächte sich nicht auf eine gemeinsame Politik gegenüber dem zerschlagenen Deutschland einigen konnten. Sie waren weder gewillt noch in der Lage, das besetzte Land wie beabsichtigt durch den Kontrollrat gemeinsam zu verwalten oder zumindest seine wirtschaftliche Einheit sicherzustellen.

Zugleich verschlechterte sich in den einzelnen Zonen die ökonomische Lage rapide, da die Aufteilung die gewohnten wirtschaftlichen Kreisläufe durchbrach und einen Güter- und Produktionsaustausch zwischen den getrennten Gebieten unmöglich machte.

In dieser Situation kam es vor allem den Amerikanern darauf an, schnell wieder große Wirtschaftsräume in Deutschland zu schaffen, um die innerdeutsche Wirtschaftskraft zu stärken. Außenminister James F. Byrnes machte deshalb auf der zweiten Pariser Außenministerkonferenz am 12. Juli 1946 den Vorschlag, die amerikanische Zone mit der Zone jeder anderen Besatzungsmacht zu verschmelzen, die dazu bereit sei. Diesem Vorschlag waren zähe Verhandlungen der Alliierten über die Nachkriegsgestaltung Deutschlands vorausgegangen, bei denen die Sowjetunion vor allem die Sicherung ihrer Reparationslieferungen aus den Westzonen (und damit indirekt die Aufrechterhaltung ihres Einflusses im Ruhrgebiet) gefordert hatte. Diese Ansprüche wurden von den USA jedoch zurückgewiesen, nachdem der stellvertretende amerikanische Militärgouverneur, General Lucius D. Clay, bereits am 4. Mai 1946 die Reparationslieferungen aus der US-Zone an die Sowjetunion einstellen ließ und dies mit der schwierigen Wirtschafts- und Versorgungslage des ihm unterstehenden Territoriums begründete.

Wenige Tage später wiederholte der Militärgouverneur der amerikanischen Zone, General Joseph T. McNarney, im Alliierten Kontrollrat den Vorschlag seines Außenministers. Wie zu erwarten war, lehnten Frankreich und die Sowjetunion das Angebot ab, das sie als schwerwiegenden Verstoß gegen das Potsdamer Abkommen werteten. Nur die britische Seite zeigte sich interessiert. Am 5. September 1946 unterzeichneten die Militärgouverneure der amerikanischen und britischen Zonen ein Abkommen über die Zusammenlegung und wirtschaftliche Integration ihrer Verwaltungsgebiete, das die Außenminister der USA und Großbritanniens am 2. Dezember bekräftigten.

Die Briten griffen den amerikanischen Vorschlag auf, weil sie lange vor den Vereinigten Staaten beschlossen hatten, in Deutschland für klare Verhältnisse zu sorgen. Nach Ansicht von

Außenminister Ernest Bevin war es unbedingt notwendig, die Sowjetunion vom Ruhrgebiet fernzuhalten und den Vormarsch des Kommunismus nach Westen zu stoppen. Klar war den Experten im *Foreign Office* zudem, dass unter den Vier Mächten in der Deutschland-Frage kein Kompromiss mehr gefunden werden konnte. Deshalb taten die Engländer alles, um weitere Gespräche über ein koordiniertes Vorgehen der Alliierten in Deutschland zu blockieren – von denen sie sich nichts mehr versprachen – und hofften stattdessen, dass sich die USA irgendwann ihrer Position anschließen würden.

Am 6. September 1946 verkündete US-Außenminister Byrnes in Stuttgart den entscheidenden Wandel in der amerikanischen Deutschlandpolitik. Obwohl die USA noch nicht bereit waren, in der Öffentlichkeit die Zusammenarbeit mit der Sowjetunion aufzukündigen, machte Byrnes deutlich, dass man den Westdeutschen wirtschaftlich helfen wolle, damit Deutschland nicht »zum Satelliten einer Macht oder mehrerer Mächte wird oder unter einer Diktatur lebt – sei sie ausländisch oder inländisch«. Zugleich trat er für die Bildung einer vorläufigen deutschen Regierung ein, die »nicht von anderen Regierungen ausgesucht werden soll«.[1] Damit zeigten die USA den Deutschen erstmals eine politische Perspektive auf, die einen Weg aus dem Nachkriegselend bedeutete. Allerdings galt diese Perspektive nicht für das ganze deutsche Volk. Die Bevölkerung der SBZ wurde von den Briten und Amerikanern im Interesse des Aufbaus ihrer eigenen Zonen zunächst abgeschrieben.

Mit dem Abkommen über die Zusammenlegung der amerikanischen und britischen Zone, das am 1. Januar 1947 in Kraft trat, wurde ein einheitliches Wirtschaftsgebiet geschaffen, das von deutschen Organen unter alliierter Aufsicht verwaltet werden sollte. Diese deutschen Bizonen-Verwaltungen kamen durch Verträge zwischen den Ländern der beiden Besatzungsgebiete zustande. Insgesamt wurden fünf gemeinsame deutsche Verwaltungsräte mit angegliederten Verwaltungsämtern gebildet. Der Verwaltungsrat für Wirtschaft saß in Minden, der für Ernährungs- und Landwirtschaft in Stuttgart, der für Finanzen in Bad Homburg, der für Verkehr in Bielefeld und der für Post- und Fernmeldewesen in Frankfurt am Main. Die Verwaltungsräte konstituierten sich als Gremien, in die jedes Land der Bizone je einen Vertreter entsandte. Die von ihnen gefassten Beschlüsse erhielten allerdings erst dann Gesetzeskraft, wenn sie in den Landtagen ratifiziert waren. Somit existierten zum ersten Mal, wenn auch nur eingeschränkt, für bestimmte Sachgebiete neue deutsche Institutionen, die über die einzelnen Landeshoheiten und Zonenzuständigkeiten hinausgingen.

Dieses »System von Provisorien« bewies allerdings schon bald seine mangelhafte Leistungsfähigkeit. Allein die weit auseinander gezogene Verteilung der Verwaltungsräte war mehr als unpraktisch. Zudem waren diese nicht in der Lage, sich gegenüber den Interessen der Länder durchzusetzen. So gelang es zum Beispiel nicht, die Versorgung der Bevölkerung merklich zu verbessern, da die agrarischen Überschussgebiete nicht bereit waren, ihre Produkte freiwillig an die Industriegebiete abzugeben. Daher wurde, nachdem die Moskauer Außenministerkonferenz im Frühjahr 1947 wiederum keine positiven Ansätze für eine gemeinsame Deutschlandpolitik der Alliierten hatte erkennen lassen, am 29. Mai 1947 durch Brian Robertson, den Militärgouverneur der britischen Zone, und Clay die dringend notwendige Verwaltungsreform der Bizone eingeleitet. Mit der Bildung des »Wirtschaftsrats für das Vereinigte Wirtschaftsgebiet«, der sich aus drei Organen – dem Rat selbst, dem Exekutivausschuss und den Direktoren der Verwaltungen – zusammensetzte, begann die zweite Phase des wirtschaftlichen und politischen Verschmelzungsprozesses der Bizone.

In Gestalt des Wirtschaftsrats, der seinen Sitz in Frankfurt am Main nahm, erhielt die Bizone jetzt eine parlamentarische Basis. Er wurde nach Parteienproporz von 54 Delegierten aus den Länderparlamenten gebildet. 21 Abgeordnete gehörten der CDU an, 20 der SPD, je drei der KPD und der Freien Demokratischen Partei (FDP), je zwei dem Zentrum und der Niedersächsischen Landespartei (NLP) sowie je einer der hessischen Liberaldemokratischen Partei (LDP), der bayerischen Wirtschaftlichen Aufbau-Vereinigung (WAV) und der Demokratischen Volkspartei (DVP) Württemberg-Badens. Zum Präsidenten wurde gegen die Stimmen der drei KPD-Abgeordneten Dr. Friedrich Köhler (CDU) gewählt. Der Rat hatte gesetzgeberische Befugnisse auf den Gebieten der Wirtschaft, des Verkehrs, der Ernährung, der Post und des Finanzwesens. Die beiden Militärgouverneure behielten sich allerdings eine Prüfung und Genehmigung der Beschlüsse vor und konnten dem Gremium auch weiterhin Weisungen erteilen.

Neben den Wirtschaftsrat trat als föderatives Organ der Länderregierungen der Exekutivausschuss. Er sollte zwischen den Verwaltungen und den Ländern vermitteln, um das schwierige Geschäft des Interessensausgleichs zu erleichtern. Die fünf Wirtschaftsverwaltungen, denen die eigentliche Exekutive oblag, behielten ihre frühere Gliederung bei. Die Leiter der Ressorts wurden zu Direktoren ernannt, durften jedoch keine gemeinsamen Beschlüsse fassen und sich auch nicht in einem Kabinett zusammenfinden. Um die Besetzung der Direktorenstellen entbrannte im Wirtschaftsrat und im Exekutivausschuss ein heftiger Streit. Vor allem der Posten des Direktors für Wirtschaft war umkämpft, den die Sozialdemokraten mit ihrem Kandidaten Alfred Kubel besetzen wollten. Als die bürgerliche Mehrheit im Wirtschaftsrat diesen Vorschlag ablehnte, zog sich die SPD zurück und überließ alle Direktorensitze den bürgerlichen Parteien. Wirtschaftsdirektor wurde nun der parteilose Ludwig Erhard – später Wirtschaftsminister und zweiter Bundeskanzler der Bundesrepublik –, der für einen marktwirtschaftlichen Liberalismus beim Aufbau der Bizone stand.

In den vier Wochen zwischen der Proklamation und dem Zusammentritt des Wirtschaftsrats unternahmen die Ministerpräsidenten der Länder im Juni 1947 noch einmal einen Versuch, die Zonentrennung zu überwinden. Bereits im März hatte der Vorsitzende der CDU in der SBZ, Jakob Kaiser, in der interzonalen Arbeitsgemeinschaft der CDU und der Christlich-Sozialen Union (CSU) durchgesetzt, dass sich die Führungsgremien der Parteien aus allen Zonen treffen sollten, um in Form einer Ständigen Konferenz die Vorstufe zu einer gesamtdeutschen parlamentarischen Vertretung zu schaffen. Die Initiative scheiterte allerdings am Widerstand des SPD-Vorsitzenden Kurt Schumacher, der eine Zusammenarbeit mit der SED ablehnte, solange seine Partei in der SBZ nicht zugelassen war. Wenig später nahmen die Ministerpräsidenten der Länder den Gedanken einer gesamtdeutschen Volksvertretung erneut auf, als der bayerische Ministerpräsident Hans Ehard seine Amtskollegen für Anfang Juni 1947 zu einer gemeinsamen Konferenz nach München einlud.

Doch die Münchner Ministerpräsidentenkonferenz scheiterte, noch ehe sie richtig begonnen hatte. In der Diskussion über die Tagesordnung verlangten die ostdeutschen Regierungschefs, dass als erster Punkt die Bildung einer deutschen Zentralverwaltung durch Verständigung der demokratischen Parteien und Gewerkschaften zur Schaffung eines Einheitsstaates diskutiert werden sollte. Als sie sich damit nicht durchsetzen konnten, formulierten sie nurmehr den Wunsch, wenigstens eine entsprechende Erklärung verlesen zu dürfen. Als ihnen auch dies verweigert wurde, verließen die Ministerpräsidenten der Länder Brandenburg, Mecklenburg, Thüringen, Sachsen-Anhalt sowie der Provinz Sachsen am Abend des 5. Juni 1947 unter Protest den Tagungsraum. Ehard kommentierte diesen Vorgang ahnungsvoll mit den Worten, dass »dieser Vorfall die Spaltung Deutschlands bedeute«[2].

Die Konferenz ging nun ohne die Ostdeutschen weiter und verabschiedete die vorbereiteten Resolutionen, in denen die Westalliierten ersucht wurden, ihr Verhältnis zu den Deutschen und zu den deutschen Behörden in formulierten Rechtssätzen niederzulegen, die Besteuerung zu vermindern, eine Geld- und Währungsreform vorzubereiten, die Freizügigkeit zwischen den Zonen zu gewähren und die Kriegsgefangenen zu entlassen.

Doch auf diese inhaltlichen Punkte kam es jetzt kaum noch an. Denn die Konferenz hatte vor allem gezeigt, dass sich die Konflikte nicht nur zwischen den Alliierten, sondern auch zwischen den Deutschen selbst mittlerweile so weit zugespitzt hatten, dass eine Verständigung kaum noch gelingen konnte. Gegenseitiges Misstrauen und sich zunehmend verhärtende Fronten bestimmten daher von nun an alle weiteren Diskussionen um die deutsche Einheit.

Der Verwaltungsaufbau der Bizone war indessen trotz aller Reformen immer noch mit erheblichen Konstruktionsschwächen behaftet. Der Exekutivausschuss war zu schwach, um die Länderinteressen effektiv zu vertreten, und der Wirtschaftsrat war nicht in der Lage, mit seinen wenigen Abgeordneten die ihm übertragene Gesetzgebungsarbeit zu bewältigen. Deshalb scheiterte die neu konzipierte Verwaltung der Bizone schon an der Aufgabe, die Industrieproduktion zu steigern und die Lebensmittelversorgung sicherzustellen. Im Laufe des Jahres 1947 erreichte die Versorgungskrise vielmehr einen neuen Höhepunkt, und im Winter 1947/1948 drohte sogar eine Hungerkatastrophe. Auch die Industrieproduktion sank weiter stark ab. Im Januar 1948 kam es zu Hungerdemonstrationen und ersten Streiks, die sich knapp einen Monat später zum Generalstreik ausweiteten. Die extreme wirtschaftliche und soziale Not war nur dann zu überwinden, wenn es endlich gelang, auch in den Westzonen eigene deutsche Organe zu schaffen, die über ausreichende Kompetenzen und politische Eigenverantwortung verfügten.

Die Londoner Konferenz der Außenminister der Vier Mächte vom 25. November bis zum 15. Dezember 1947 belegte das endgültige Scheitern der alliierten Zusammenarbeit in der Deutschlandfrage. Während die Sowjetunion von den Amerikanern und Briten erneut die Viermächte-Kontrolle über die Ruhr, die Auflösung der Bizone und Reparationen in Höhe von zehn Milliarden Dollar forderte und dafür entsprechende Konzessionen in Aussicht stellte, waren die westlichen Außenminister überzeugt, dass weitere Verhandlungen mit Moskau nicht mehr sinnvoll seien. Ihnen war es jetzt wichtiger, die eigenen Zonen in Deutschland abzusichern. Das Treffen endete, ohne dass ein Termin für eine weitere Konferenz festgelegt wurde. Danach machten sich die USA und Großbritannien daran, einen westdeutschen Staat zu gründen, wobei es ihnen Ende 1947 auch gelang, die Franzosen zur Mitarbeit bei der Verschmelzung der drei Zonen zu einem eigenen Staat zu bewegen. Frankreich blieb letztlich keine Wahl, da es wirtschaftlich und politisch zu schwach war, um sich der Entwicklung in den Weg zu stellen. Zudem war die wirtschaftliche und finanzielle Hilfe des Marshallplans verlockend.

Noch in London verhandelten amerikanische und britische Regierungsvertreter über die Bildung einer provisorischen Regierung für die Bizone, die bei französischer Beteiligung zur Trizone erweitert werden sollte. Am 9. Februar 1948 bildeten die Militärgouverneure der amerikanischen und britischen Zone den Bizonen-Wirtschaftsraum und änderten die bisherige Organisationsform erneut. Die Mitgliederzahl des Wirtschaftsrats wurde verdoppelt. Von den 104 Abgeordneten gehörten je 40 der CDU/CSU und SPD, acht der LDP/FDP/DVP, sechs der KPD, vier der Deutschen Partei (DP), vier dem Zentrum und zwei der WAV an. Der Wirtschaftsrat durfte jetzt auf zahlreichen Gebieten des öffentlichen Lebens selbständig Gesetze erlassen, die für alle Bewohner des Vereinigten Wirtschaftsgebietes unmittelbar galten. Die Länder waren zur Ausführung dieser Gesetze verpflichtet. Um die föderalen Strukturen jedoch zu erhalten, trat an die Stelle des Exekutivausschusses eine Länderkammer – der Länderrat –, der als zweite gesetzgebende Körperschaft ins Leben gerufen wurde. Er setzte sich aus je zwei Vertretern der acht Länderregierungen zusammen. In diesem Gremium verfügte die SPD über die Mehrheit. Zugleich wurde ein Verwaltungsrat gebildet, der als verantwortliches Kabinett die ressortmäßig aufgeteilten Einzelverwaltungen zu koordinieren hatte. An seiner Spitze stand ein Oberdirektor. Der CDU gelang es dabei, die sechs Verwaltungsdirektoren und auch den Oberdirektor zu stellen und damit wesentlich die politische Ausrichtung des Verwaltungsrats zu bestimmen. Fast zeitgleich wurden in Köln ein Deutsches Obergericht und in Frankfurt am Main die Bank Deutscher Länder gegründet. Damit war im Kern bereits die politische Struktur der zukünftigen Bundesrepublik mit Bundestag, Bundesrat, Bundesregierung, Bundesverfassungsgericht und Bundesbank geschaffen.

Obgleich sich die Militärregierung immer noch die Genehmigung der Gesetze und die Kontrolle der Verwaltungsdirektoren vorbehielt, entstanden somit in der Bizone jetzt wirksame westdeutsche Staatsorgane, die durch weitere gesamtstaatliche Institutionen wie Rechnungshof und Statistisches Amt ergänzt wurden. Die Westdeutschen hatten nun zum ersten Mal die Möglichkeit, in größerem Rahmen wirtschaftliche, finanzielle, infrastrukturelle und soziale Probleme gesetzgeberisch zu regeln und verwaltungstechnisch umzusetzen. Frankreich schloss sich dieser Entwicklung allerdings zunächst nicht an, obwohl es generell einem westdeutschen Staat bereits zugestimmt hatte, und protestierte öffentlich gegen die Neuorganisation der Bizone. Noch bestand Paris offiziell auf der strengen Isolation seiner Zone. Erst verstärkter politischer Druck der Amerikaner und Briten sowie der sich immer mehr abzeichnende Kalte Krieg bewirkten, dass Frankreich ab März 1948 die westliche Deutschlandpolitik akzeptierte und der Integration aller westdeutschen Besatzungszonen zustimmte. Den Beitritt seines Besatzungsgebiets zum Vereinigten Wirtschaftsgebiet (und damit die Entwicklung zur »Trizone«) vollzog Frankreich jedoch trotz des Drängens der deutschen Repräsentanten in der französischen Zone erst am 8. April 1949 – kurz vor Abschluss der Beratungen über das Grundgesetz, als sich die Gründung der Bundesrepublik längst konkret abzeichnete.

Die Notwendigkeit, sich mit Frankreich über eine längerfristige Deutschlandpolitik zu einigen, war bereits in London unübersehbar geworden. Den Gesprächen der drei westlichen Außenminister folgte daher Anfang 1948 eine Sechs-Mächte-Konferenz, die unter Beteiligung der westlichen Nachbarn Deutschlands erneut in der britischen Hauptstadt stattfand. Nachdem Frankreich Konzessionen bei der Kontrolle des Ruhrgebiets und in der Saarfrage gemacht worden waren, einigten sich die Verhandlungspartner hierbei zunächst auf eine föderale Regierungsform des künftigen westdeutschen Staates. Ferner wurden in der ersten Verhandlungsrunde, die am 6. März 1948 endete, die Einbeziehung der drei westlichen Besatzungszonen in das europäische Wiederaufbauprogramm sowie die sofortige Gewährung der Freizügigkeit von Gütern und Personen vereinbart. Nach einer zweiten Verhandlungsrunde verständigte man sich im Juni 1948 schließlich darauf, den Deutschen in den drei Westzonen regierungsähnliche Verantwortung zu gewähren und ihnen die Möglichkeit einzuräumen, eine Verfassung auf föderativer Grundlage auszuarbeiten.

Einen Monat später, am 1. Juli 1948, wurden den elf Ministerpräsidenten der Westzonen die »Londoner Empfehlungen« der Sechs-Mächte-Konferenz präsentiert. Aus der Hand der drei Militärgouverneure empfingen sie in Frankfurt am Main die drei »Frankfurter Dokumente«, die den Auftrag zur Staatsgründung enthielten. Das erste Dokument ermächtigte die Ministerpräsidenten, bis zum 1. September 1948 einen verfassunggebenden Parlamentarischen Rat aus Mitgliedern der westdeutschen Landtage einzuberufen. Das zweite Dokument schlug vor, die Grenzen der nach 1945 mehr oder minder willkürlich entstandenen Länder zu überprüfen und gegebenenfalls Änderungen vorzuschlagen. Das dritte Dokument skizzierte die Grundzüge eines künftigen Besatzungsstatuts. Damit war das Fundament für die Gründung der Bundesrepublik gelegt.

Demokratisierung: Entnazifizierung und Reeducation

Die Ausrottung des Nationalsozialismus gehörte zum erklärten Kriegsziel der Alliierten. Die Aufhebung von NS-Gesetzen und die Auflösung nationalsozialistischer Organisationen konnte von den alliierten Militärverwaltungen per Dekret und ohne größere Schwierigkeiten angeordnet werden. Wesentlich komplizierter gestaltete sich die Frage, wie mit der personellen Hinterlassenschaft der NS-Herrschaft umgegangen werden sollte. Einig waren sich die Siegermächte aber darin, dass die Schuldigen und Verantwortlichen für die begangenen Verbrechen streng zu bestrafen seien. Dies erklärt auch die Entstehung der zahlreichen Internierungslager in Deutschland, in denen die mutmaßlichen Kriegsverbrecher und NS-Funktionäre festgesetzt werden sollten, um die Voraussetzungen für eine juristische Strafverfolgung zu schaffen. Zugleich wollte man durch die rasche Verhaftung und Internierung von mehr als 300 000 nationalsozialistischen Funktionsträgern aller Verwaltungsebenen und Angehörigen der SS, des SD und der Gestapo mehr Sicherheit erreichen und die Bildung einer von den Alliierten gefürchteten Untergrundbewegung verhindern.

Außerdem ging es den Siegermächten und besonders der Sowjetunion aber auch darum, mit der Entnazifizierung eine politische Säuberung im engeren Sinne durchzuführen. Diese diente somit als machtpolitisches Mittel, um eine neue Führungsschicht zu etablieren, wobei gleichzeitig die Repräsentanten des alten Regimes ausgeschaltet und Schlüsselpositionen mit politisch zuverlässigen Personen besetzt werden sollten. Die Entscheidung darüber, welchem Personenkreis durch Internierung oder Entnazifizierung die Mitgestaltung am Neuaufbau von Staat und Gesellschaft in Deutschland versagt werden sollte, wurde durch die sich wandelnden ideologisch-politischen Zielvorstellungen der jeweiligen Besatzungsmacht bestimmt.

Während des Vormarsches der alliierten Kampftruppen wurde die Entnazifizierung zunächst unterschiedlich gehandhabt. Um wichtige Ämter neu zu besetzen, konnten die Besatzungsoffiziere nur auf sehr allgemein gehaltene Anweisungen zurückgreifen. Bürgermeister, Landräte und die entsprechenden Verwaltungen hatten sich streng an die Anweisungen der Militärregierungen zu halten, die belastete Personen, zumindest in der amerikanischen und in der sowjetischen Zone, meist aus ihren Ämtern entließen. Im amerikanischen Besatzungsgebiet führte der harte Säuberungskurs sogar zum Zusammenbruch zahlreicher Verwaltungen, da kaum unbelastetes Personal zur Verfügung stand, das die entlassenen Funktionsträger hätte ersetzen können.

Um die Entnazifizierung möglichst rasch durchzuführen, setzten die westlichen Alliierten anfangs auf den automatischen Arrest von ehemaligen NS-Funktionären. Unter diese Gruppe fielen vor allem Angehörige der NSDAP ab dem Rang eines Amtsleiters sowie alle Beamte, die den Titel eines Rats führten. Hinzu kamen Angehörige der SS, der Gestapo und des SD sowie Führer von NS-Organisationen wie der HJ, SA usw. Weitere Gruppen bildeten die *Security Suspects* – also Personen, die den Besatzungsmächten als gefährlich galten – sowie die mutmaßlichen Kriegsverbrecher. In der amerikanischen Zone wurden auf der Grundlage des *Automatic Arrest* bis Ende 1945 etwa 117 500 zumeist kleine NS-Funktionäre der Orts- und Kreisebene sowie Angehörige des öffentlichen Dienstes und der SS und Waffen-SS in die Internierungslager eingewiesen. Ab Ende 1945 wurden die Verhaftungsrichtlinien revidiert, und es kam zu ersten Entlassungen aus den Lagern, so dass sich bis zum Spätsommer 1946 die Zahl der Inhaftierten halbierte. Zwischen 1947 und 1948 wurden auch die meisten anderen Internierten entlassen, so dass die Zahl der noch in den Lagern befindlichen Personen auf 3 500 sank, von denen sich 1949 dann nur noch wenige Hundert in Haft befanden.

In der britischen Besatzungszone wurden insgesamt rund 90 000 Personen interniert, die man in elf Lagern unterbrachte und bis Ende 1948 fast alle wieder auf freien Fuß setzte. In den zwölf französischen Internierungslagern saßen Ende 1945 rund 12 500 Personen, von denen allerdings nur wenige wirklich prominente Posten innegehabt hatten. Im Januar 1946 übernahmen die Franzosen zwar im Wesentlichen die anglo-amerikanischen Internierungsregeln, glichen ihre Vorschriften aber nur bedingt an die strengeren amerikanischen Bestimmungen an. So wurden beispielsweise in der US-Zone alle Angehörigen der Waffen-SS ab dem Rang eines Scharführers interniert, während die Franzosen nur Offiziere festsetzten. Da Entlassungen in der französischen Zone jeweils mit einer ordnungsgemäßen Entnazifizierung verbunden waren, sank die Zahl der Internierten nur langsam. Ende 1947 befanden sich immer noch rund 7600 Personen in den Lagern. Durch den Fortgang der Entnazifizierung, die Amnestiemaßnahmen der Militärregierung sowie die Abschlussgesetze der deutschen Landesregierungen reduzierte sich die Gesamtzahl der Inhaftierten im Oktober 1948 auf 1075. Der letzte französische Gefangene verließ das Lager in Trier am 29. Dezember 1949.

In der sowjetischen Besatzungszone existierten neun sogenannte »Speziallager«, die unter der Führung der berüchtigten NKWD-Geheimpolizei standen. Hier waren vor allem Personengruppen interniert, die von der sowjetischen Besatzungsmacht als gefährlich eingestuft wurden. Neben »Saboteuren« betraf dies in erster Linie – wie in den Westzonen – nationalsozialistische Funktionsträger, die in ihrer großen Mehrzahl aus den unteren Hierarchieebenen der NSDAP stammten. Vielfach handelte es sich auch einfach um »aktive« Parteimitglieder, die zudem nicht selten älteren Jahrgängen angehörten. Bis Ende Oktober 1945 befanden sich in den sowjetischen Speziallagern bereits 82000 Häftlinge.

Während in den Internierungslagern der Westalliierten die Todesrate nicht höher war als im Bevölkerungsdurchschnitt, so dass sich Ernährung und Unterbringung trotz der zahlreichen wirtschaftlichen Probleme offenbar in relativ geordneten und menschenwürdigen Bahnen bewegten, starb in den sowjetischen Lagern jeder dritte Gefangene – insgesamt also mehr als 42800 Personen. Ursache hierfür war neben den kaum beschreibbaren Lagerverhältnissen die chronische Unterernährung der Festgehaltenen. Obwohl Moskau die Internierten weder ausreichend versorgen noch aburteilen konnte, blieben sie sogar noch in

Haft, als die SMAD im Herbst 1946 für die Entlassung von 35 000 geringfügig Belasteten eintrat. Auch nach dem SMAD-Befehl Nr. 201, der die sowjetischen Säuberungsmaßnahmen beendete, die Entnazifizierung einleitete und »Minderbelastete« wieder in das öffentliche Leben integrierte, änderte sich für die Insassen der Speziallager nichts. Lediglich auf mehrmaliges Drängen der SMAD begann ab Sommer 1948 eine Überprüfung der Fälle, die endlich auch zu ersten Entlassungen führte. Doch erst im Frühjahr 1950 löste die sowjetische Besatzungsmacht die Lager endgültig auf und übergab die noch verbliebenen 3 432 Insassen an die Justiz der kurz zuvor gegründeten DDR. Hier wurden in den berüchtigten Waldheimer Prozessen mittels Schnellverfahren 3 100 zum Teil langjährige Haftstrafen verhängt und 33 Todesurteile ausgesprochen, von denen man 24 vollstreckte.

Obgleich die Beseitigung des Nationalsozialismus zu den wichtigsten Kriegszielen aller alliierten Siegermächte zählte, bestanden bereits unmittelbar nach Kriegsende heftige Differenzen darüber, wie dies in der Besatzungspolitik umgesetzt werden sollte.

Auf amerikanischer Seite erklärte die Direktive der Vereinigten amerikanischen Stabschefs an den Oberbefehlshaber der Besatzungstruppen in Deutschland (JCS 1067) vom 10. Mai 1945 die Entnazifizierung zur Voraussetzung für eine demokratische Neugestaltung Deutschlands. Hinzu kam großer Druck der amerikanischen Öffentlichkeit, der zunächst dafür sorgte, dass die geltenden Bestimmungen der amerikanischen Militärregierung zur Entnazifizierung in rascher Folge drastisch verschärft wurden. Das bedeutete, dass nach dem Militärgesetz Nr. 8 vom 26. September 1945 alle ehemaligen NSDAP-Mitglieder nicht nur aus dem öffentlichen Dienst, sondern auch aus dem gesamten Wirtschaftsleben entlassen wurden, sofern sie nicht einer Tätigkeit als einfacher Arbeiter nachgingen. So verloren beispielsweise 25 000 Bankangestellte – rund die Hälfte des gesamten Personals – ihre Arbeit. Zu den Entlassenen gehörten aber auch 23 643 Mitarbeiter der Reichsbahn sowie 20 075 Angehörige der Reichspost. In manchen Orten der amerikanischen Zone ging die Entnazifizierung so weit, dass kein einziger Lehrer oder Polizist mehr zum Dienst antreten durfte und keine Lebensmittelhändler oder Tierärzte mehr arbeiteten.

Die britischen und französischen Entnazifizierungsdirektiven zielten hingegen im Wesentlichen auf eine Säuberung der staatlichen und kommunalen Verwaltung ab. Außerdem wurden sie in der Praxis bei Weitem nicht so rigoros angewandt wie in der amerikanischen Zone. So legte die französische Entnazifizierungspolitik ihren Schwerpunkt auf ein individuelles Überprüfungsverfahren, das zwei Instanzen einschloss und von den antifaschistischen deutschen Kräften durchgeführt wurde. Diese konnten im Rahmen der Untersuchungen die NS-Belasteten zu Strafen von der »Entlassung ohne Pension« bis »zur Beibehaltung im Dienst bei gekürzten Bezügen« verurteilen oder aber freisprechen. Lediglich Personen, die hohe Parteiämter oder Verwaltungsfunktionen innehatten, wurden automatisch aus ihrer bisherigen Stellung entlassen oder interniert. Die französischen Behörden verstanden die Entnazifizierung als Teil ihrer Sicherheitspolitik gegenüber Deutschland, deren Ziel es war, das Sicherheitsrisiko, das Deutschland für Frankreich darstellte, langfristig auszuschalten. Daher umfassten die Säuberungsmaßnahmen nicht, wie in der US-Zone, die gesamte erwachsene Bevölkerung, sondern nur Bereiche, die den Franzosen als wichtig galten: den öffentlichen Dienst, die Führungsebene der Wirtschaft sowie Kirchen, Kunst und Kultur.

Obwohl sich die Siegermächte während der Potsdamer Konferenz auf allgemeine Grundsätze zur politischen Säuberung Deutschlands geeinigt hatten, dauerte es bis zum 16. Januar 1946, bis der Alliierte Kontrollrat mit seiner Direktive Nr. 24 zur »Entfernung von Nationalsozialisten und Personen, die den Bestrebungen der Alliierten feindlich gegenüberstehen, aus Ämtern und verantwortlichen Stellungen« erstmals eine konkrete Entnazifizierungsanweisung verabschiedete. Sie basierte nahezu unverändert auf der Direktive der amerikanischen Streitkräfte vom 7. Juli 1945 und umfasste einen umfangreichen Katalog formaler Entlassungskriterien, die den Schematismus der amerikanischen Säuberungspolitik widerspiegelten. Die meiste Unterstützung fanden die amerikanischen Bemühungen noch bei den linken Parteien und den Gewerkschaften, die besonders auf eine rasche Entnazifizierung der großen Industriebetriebe drängten. Die Wirtschaft hielt dieser Forderung die Notwendigkeit des schnellen Wiederaufbaus entgegen und wurde dabei von der britischen und französischen Militärregierung bestärkt, die von einer breiten Säuberung der deutschen Industrie absahen. In der US-Zone hingegen mussten bis Ende März 1946 mehr als 140 000 Mitarbeiter des öffentlichen Dienstes ihre Posten räumen. In Handel, Gewerbe und Industrie entließen die amerikanischen Militärbehörden 68 800 Beschäftigte. Insgesamt waren in der amerikanischen Besatzungszone 336 900 Personen von Entnazifizierungsmaßnahmen betroffen.

Obgleich damit nur eine Minderheit der mehr als sechs Millionen NSDAP-Mitglieder ihre bisherigen Posten verlor, lösten die Entnazifizierungen in der deutschen Bevölkerung Unruhe und Empörung aus, da diese sich insbesondere in der amerikanischen Zone einer schematischen Massensäuberung ausgesetzt sah. Doch als politisches Konzept konnte die Entnazifizierung nur Erfolg haben, wenn sie auf einen definierbaren Kreis von Funktionsträgern beschränkt blieb. Die Überdehnung der Entnazifizierungsbestimmungen und die nahezu unterschiedslose Überprüfung aller Belasteten ließ den alliierten Versuch scheitern, eine »künstliche Revolution« mit dem Ziel einer Demokratisierung der deutschen Gesellschaft durchzuführen, da es an einer effektiven und dauerhaften Umsetzung mangelte. Deshalb sahen sich die Amerikaner im Frühjahr 1946 gezwungen, die Entnazifizierung den Deutschen selbst zu übertragen, nachdem die Militärregierungen die Säuberungsmaßnahmen bis zu diesem Zeitpunkt ohne oder nur mit geringer deutscher Beteiligung betrieben hatten.

Am 5. März 1946 wurde das »Gesetz zur Befreiung von Nationalsozialismus und Militarismus« verkündet. Das sogenannte Befreiungsgesetz galt zunächst im amerikanischen Besatzungsgebiet, wurde aber Mitte 1947 auch in der französischen Zone in Kraft gesetzt und war Vorbild für eine entsprechende rechtliche Regelung in der britischen Zone Ende des Jahres. Die neue Richtlinie sah die individuelle Prüfung jedes Einzelfalls vor und eröffnete damit auch denjenigen, die bereits aus ihren Funktionen entlassen worden waren, die Möglichkeit, gesellschaftlich und beruflich rehabilitiert zu werden. Grundlage des nunmehr eingeführten Spruchkammerverfahrens bildete die Registrierung der gesamten erwachsenen Bevölkerung, die den Entnazifizierungsfragebogen auszufüllen hatte. Im Gegensatz zur amerikanischen Zone bestand jedoch in der britischen und französischen Zone keine Registrierungspflicht. Die Spruchkammern stuften dann die formal Belasteten als Hauptschuldige, Belastete, Minderbelastete, Mitläufer und Entlastete ein. Die verhängten Strafen sollten als Sühnemaßnahmen verstanden werden. Sie reichten von Geldstrafen zugunsten von NS-Opfern über den Ausschluss von öffentlichen Ämtern, Entzug des Wahlrechts, Berufsverbot und Eigentumsverlust bis zu zehn Jahren Gefängnis.

Das Personal für die Spruchkammern wurde überwiegend von den Parteien gestellt. In dem justizförmigen Verfahren verschmolzen Entnazifizierung und Rehabilitierung zu einem Vorgang. Anfangs bemühten sich die Kammern vorrangig um die Entlastung der Mitläufer, fällten in den ersten Monaten aber auch nicht selten noch harte Urteile. Dann erstickte die Masse der Bagatellfälle und die Flut der ausgestellten »Persilscheine« – ein schriftliches Entlastungszeugnis, das sich der Angeklagte durch Aussagen von Opfern und ehemaligen Gegnern des NS-Regimes verschaffte, um sich vor der Spruchkammer »reinzuwaschen« – den politischen Säuberungswillen. Recht bald ging es nur mehr darum, die Masse der Betroffenen möglichst schnell zu rehabilitieren und wieder zurück in ihre alten Positionen zu bringen. Damit verpuffte die von den Spruchkammern durchgeführte Entnazifizierung weitgehend wirkungslos.

In den Westzonen waren von insgesamt 13,41 Millionen mit Hilfe der Fragebögen registrierten Personen 3,66 Millionen – davon allein 3,62 Millionen in der US-Zone – vom Befreiungsgesetz betroffen. Zur öffentlichen Verhandlung gelangten allerdings nur 950 000 Fälle, die übrigen wurden ohne Klageerhebung eingestellt, 2 540 686 Personen wurden amnestiert. Unter den 3,66 Millionen Überprüften fanden sich 1 667 Hauptschuldige, 23 060 Belastete, 150 425 Minderbelastete und 1 005 854 Mitläufer. Dies zeigt, dass die Entnazifizierung, als sie in die Hände der Deutschen gelangte, – wohl auch mit Billigung der westlichen Besatzungsmächte – zur Produktion von Mitläufern geriet und längst zur Farce geworden war, als General Clay sie Anfang 1948 offiziell für beendet erklärte.

Die einst massenhaft entlassenen ehemaligen Nationalsozialisten konnten jetzt wieder in Amt und Würden zurückkehren. Bereits 1948/49 beschäftigten einige Behörden in der US-Zone mehr NSDAP-Mitglieder als während des Dritten Reiches. Die Rückflutung der entlassenen Parteiangehörigen stellte allerdings keine Renazifizierung dar. Denn die wieder eingestellten Beamten und Angestellten entfalteten keine oder kaum neofaschistische Aktivitäten, sondern passten sich wiederum als »Mitläufer« der neuen politischen Ordnung an. So blieb die Entnazifizierung in den Westzonen nicht folgenlos, da sie die ehemaligen NS-Funktionäre zumindest vorübergehend sozial und gesellschaftlich deklassiert hatte und diese somit zur Vorsicht veranlasste. Ihr Ziel, alle NSDAP-Mitglieder aus dem öffentlichen Leben zu entfernen, erreichte sie dagegen nicht.

Allerdings wurden mit dem Projekt der Entnazifizierung unter den Bedingungen des sich entwickelnden Kalten Krieges wesentliche soziale Grundlagen für die vergleichsweise reibungslos verlaufende Integration der amerikanischen, britischen und französischen Besatzungszone in die westliche Staatengemeinschaft gelegt.

In der SBZ verfolgten die Sowjets mit der Entnazifizierung von Anfang an zwei Ziele: Einerseits sollte der Nationalsozialismus beseitigt werden. Andererseits waren aber auch die Voraussetzungen zu schaffen, um den kommunistischen Führungsanspruch im Zuge einer antifaschistisch-demokratischen Umwälzung der Gesellschaft durchzusetzen. Zwar hatte die SMAD bereits 1945 verfügt, dass alle NS-Funktionäre sich zu registrieren hatten, doch folgten dieser Verordnung keine eigentlichen Entnazifizierungsrichtlinien, die für die gesamte SBZ gegolten hätten. Damit wurde die politische Säuberung der Verwaltung und der Wirtschaft bis zum Dezember 1946 im Wesentlichen den Landesbehörden überlassen. Daraus ergab sich ein deutliches Säuberungsgefälle zwischen den einzelnen Ländern. So waren in Sachsen Ende 1946 nur noch sieben Prozent der Angestellten im öffentlichen Dienst ehemalige Parteimitglieder, während der Anteil in Thüringen noch bei zehn Prozent, in den nachgeordneten Dienststellen sogar bei fast 25 Prozent lag. Hier gab es allerdings auch die größten Widerstände gegen die Personalpolitik der KPD/SED. Während die Kommunisten in Sachsen bereits mehr als die Hälfte aller Posten in der öffentlichen Verwaltung unter ihre Kontrolle gebracht hatten, waren es in Thüringen nur 40 Prozent.

Insgesamt wurden in der SBZ bis Ende 1946 rund 390 000 ehemalige NSDAP-Angehörige entlassen oder nicht wieder eingestellt. Weitere 12 500 frühere NS-Funktionäre wurden mit einer Ausnahmegenehmigung weiter beschäftigt. Der entscheidende Unterschied zwischen der Entnazifizierung in der SBZ und den Westzonen lag damit nicht in der Zahl der Entlassenen, sondern in der Neubesetzung der Stellen, die durch die politische Säuberung freigeworden waren. In der SBZ drangen die Kommunisten mit Hilfe der SMAD zielgerichtet in alle Verwaltungsebenen ein und schalteten die Politiker anderer Parteien sowie bürgerlich-liberale und konservative Kräfte systematisch aus. Dieser Prozess war im Dezember 1946 weitgehend beendet, so dass die SMAD nun beschloss, die Entnazifizierung zu reorganisieren, nachdem die SED bereits im Sommer 1946 gefordert hatte, die einfachen NSDAP-Mitglieder und Mitläufer wieder in den demokratischen Aufbau einzugliedern. Für eine neue Überprüfung der Beschäftigten wurden insgesamt 262 Entnazifizierungskommissionen unter Kontrolle der SED eingerichtet, die mit ihren Aufgaben allerdings hoffnungslos überfordert waren. Die daraufhin einsetzende Entlassungswelle kostete Zehntausende Fachleute, die bis dahin trotz ihrer politischen Vergangenheit im Dienst belassen worden waren, ihre Anstellung und hinterließ vor allem in der Wirtschaft große Lücken.

Im August 1947 erfolgte mit dem SMAD-Befehl Nr. 201 endgültig ein Wandel der bisher doch recht rigiden Entnazifizierungspolitik. Ab sofort wurde den einfachen NSDAP-Mitgliedern der Weg für eine erfolgreiche Rehabilitierung geebnet. Sie erhielten ihre bürgerlichen und politischen Rechte zurück, darunter auch das aktive und passive Wahlrecht. Gleichzeitig ging die Aburteilung von Nazi- und Kriegsverbrechern von den sowjetischen Militärtribunalen auf die deutschen Gerichte über. Die Ermittlungsverfahren hierfür übertrug die SMAD einer Spezialabteilung der Kriminalpolizei – der K-5, die als Vorläufer des Ministeriums für Staatssicherheit traurige Berühmtheit erlangen sollte. Bereits wenige Monate später, am 26. Februar 1948, verkündete die SMAD durch ihren Befehl Nr. 35 das offizielle Ende der Entnazifizierung in der SBZ. Danach hatten die Entnazifizierungskommissionen innerhalb von zwei Wochen ihre Tätigkeit zu beenden. Bislang nicht erledigte Verfahren waren einzustellen, sofern keine ausreichenden Gründe für eine gerichtliche Anklageerhebung vorlagen. In der Praxis bedeutete dieser Schritt auch für frühere aktive Mitglieder der NSDAP eine Amnestie. Zugleich wurde den ehemaligen Parteigenossen die Rückkehr in ihre alten Positionen in Aussicht gestellt, die durch ehrliche und loyale Arbeit im Laufe der Zeit zu erreichen sei. Nach der offiziellen Sprachregelung in der SBZ waren damit die wirklich »Schuldigen« am Nationalsozialismus bestraft, und mit der Durchführung der Bodenreform und der Verstaatlichung der wichtigsten Industriezweige war auch die wirtschaftliche Basis für eine Rückkehr des Faschismus zerstört worden.

Die Beendigung der Entnazifizierung erlaubte es der SED, die längst die Schaltstellen der Macht besetzt hatte, auch ehemalige NSDAP-Mitglieder in ihre Reihen aufzunehmen. So zählte die Parteistatistik 1953 in der SED 8,7 Prozent frühere Parteimitglieder der NSDAP, während weitere sechs Prozent einer NS-Organisation angehört hatten. Damit stellten die ehemaligen NS-Mitläufer innerhalb der SED eine größere Gruppe dar als frühere Sozialdemokraten, deren Anteil nur bei 6,5 Prozent lag. Um die einstigen Nationalsozialisten leichter zu integrieren, wurde im Mai 1948 zudem die National-Demokratische Partei Deutschlands (NDPD) geschaffen.

Nichtsdestotrotz blieb der Masse der NS-Funktionäre, sofern sie nicht SED-Mitglieder wurden, die Rückkehr in die öffentliche Verwaltung sowie den Polizei- und Justizapparat verwehrt. Da die frei gewordenen Stellen mit KPD/SED-Mitgliedern besetzt wurden, vollzog sich eine radikale politische Umwälzung, die im Gegensatz zum Westen den Staatsapparat tiefgreifend umgestaltete. 1948 stellte die SED in den Ländern und auf allen Verwaltungsebenen bereits 43 Prozent der Mitarbeiter. Damit war bei Abschluss der Entnazifizierungen die politische Macht der kommunistischen Partei fest zementiert.

Das Beispiel der sowjetische Besatzungszone sollte gleichwohl davor warnen, Erfolg oder Misserfolg der politischen Säuberungen in Deutschland nach dem Zweiten Weltkrieg daran zu messen, wie rigoros Belastete entlassen wurden, auch wenn hier durch gezielte personelle Säuberung und frühzeitige Integration der ehemaligen Mitläufer das konsequenteste und effektivste Entnazifizierungssystem aller Besatzungszonen existierte. Da der Nationalsozialismus alle Gesellschaftsschichten korrumpiert hatte, musste jede Säuberung den Charakter einer »Revolution auf dem Papier« annehmen, die sich vor allem aus der Entscheidungshoheit der Siegermächte ableitete. Entnazifizierung und Demokratisierung stellten also im Nachkriegsdeutschland nicht zwangsweise parallele Prozesse dar. Nicht nur die Masse der Mitläufer, sondern auch die zahlreichen NS-Eliten wieder in die Gesellschaft zu integrieren, war in Anbetracht ihres Umfangs und des nicht selten gleitenden Übergangs von Funktionselite und NS-Prominenz wohl nicht nur ein Gebot der politischen Vernunft. Es war vielmehr der Preis, den auch die offene Gesellschaft des westdeutschen Nachkriegsstaates mit einer nur unzureichend gefestigten Demokratie für die politische Stabilisierung zu zahlen hatte.

Die Deutschen sollten indessen nicht nur entnazifiziert, sondern von den westlichen Besatzungsmächten auch zu wirklichen Demokraten umerzogen werden. Die *Reeducation* war damit als positives Gegenstück zu den politischen Säuberungen gedacht. Ziel war es, möglichst alle Bereiche des Lebens zu erfassen, darunter Kindergärten, Schulen und Universitäten, aber auch Presse, Rundfunk und Film. Wie bei der Entnazifizierung, blieb allerdings auch das Ergebnis der *Reeducation* weit hinter den Erwartungen der Alliierten zurück. Dies lag zum Teil daran, dass die westlichen Besatzungsmächte keine wirklich radikalen Maßnahmen durchzuführen gedachten. Zudem standen sie vor dem Dilemma, ein Volk, das sich bis vor kurzem noch weitgehend freiwillig einer Diktatur unterworfen hatte, mit undemokratischen Mitteln zur Demokratie erziehen zu wollen.

Zentraler Ansatzpunkt für die *Reeducation*-Politik, insbesondere der Amerikaner, war die Jugend. Das besondere Augenmerk der Besatzungsoffiziere galt deshalb den Schulen, Hochschulen und Universitäten. Unmittelbar nach Kriegsende wurden zunächst alle Bildungseinrichtungen geschlossen und das entsprechende Lehrpersonal entlassen, da eine hohe Entnazifizierungsquote unter der Lehrerschaft und die Ausschaltung Belasteter wichtige Voraussetzungen für den demokratischen Neuanfang darstellten. In manchen Gegenden wurden bis zu 90 Prozent des Lehrkörpers freigestellt. In Hessen galten 55 bis 75 Prozent der

Pädagogen als nicht weiter verwendungsfähig. Erst nach umfangreichen Überprüfungen konnten die als *»White Teacher«* – also unbelastet – eingestuften Lehrer zumindest vorübergehend wieder mit ihrer Tätigkeit beginnen. Um den einsetzenden Lehrermangel zu kompensieren, griff die Besatzungsmacht aber auch auf Pensionäre und von den Nationalsozialisten Entlassene zurück, woraus sich eine deutliche Überalterung des Lehrkörpers ergab. 1947 war in der amerikanischen Zone fast jeder zweite Lehrer älter als 60 Jahre. Trotz dieser Maßnahmen mangelte es beständig an geeignetem Personal, weshalb man mit der Umschulung von Personen begann, denen ein Einsatz an den Schulen zugetraut wurde. Zudem wurden seit Juli 1945 für die Lehrer zweiwöchige Reorientierungsseminare durchgeführt. Diese sollten eine Erziehungsreform vermitteln, »die den deutschen Schüler davon überzeugen wird, dass die demokratische die bessere Lebensweise ist«[3]. Da neue Schulbücher fast immer fehlten, wurden zunächst die noch aus der Weimarer Republik vorhandenen Bestände verwendet. Auch das Schulsystem der 1920er und 1930er Jahre galt den Amerikanern als bewährtes Vorbild, so dass man bei den weiteren Reformbemühungen darauf zurückgriff.[4]

Die große Schwäche der *Reeducation*-Maßnahmen war, dass sie auf die Mitarbeit der Betroffenen angewiesen waren, wenn sie das Ende der Besatzungszeit überdauern sollten. Doch die Deutschen sträubten sich gegen die Reformvorstellungen, wo immer es möglich war, und verfestigten dadurch die tradierten Strukturen des Bildungswesens im Geist der deutschen Vorkriegstradition. So konnten die Amerikaner beispielsweise ihre Überlegungen zur Reform des Schulwesens nur im Ansatz verwirklichen. Dazu gehörten aber immerhin die Differenzierung der Schulformen erst nach dem 6. Schuljahr, die Abschaffung des Schulgeldes, kostenlose Lehrbücher, Schülermitverwaltung und die Beteiligung der Lehrer und Eltern an der Schulpolitik.

Nahezu vollkommen versagte die *Reeducation* bei den Hochschulen und Universitäten, die – neben der Justiz – die Entnazifizierung und Umerziehung fast »unbeschadet« überstanden.

Die Restauration der alten deutschen Universität gelang in der amerikanischen und britischen Besatzungszone geradezu perfekt und mit der Konsequenz, dass eine Auseinandersetzung mit der eigenen Vergangenheit bis weit in die 1960er Jahre nicht stattfand. Die Situation vor allem an den bayerischen Hochschulen schilderte Walter L. Dorn, Berater General Clays in Bildungsfragen, eindrucksvoll in einer Denkschrift vom Mai 1946: »Nach meiner unmaßgeblichen Meinung hat die Militärregierung einen nahezu nicht wiedergutzumachenden Fehler begangen, indem sie die alte Universität München und andere Hochschulen wiederbelebte. Anstatt eine Gruppe politisch verlässlicher und energischer Professoren mit dem Aufbau einer wirklich demokratischen Universität zu beauftragen, hat die Militärregierung versucht, die alte Universität München wiederherzustellen, ohne Nazis natürlich. Was war das Ergebnis? Es werden keine Lehrstühle besetzt, solange auch nur die geringste Möglichkeit besteht, dass dieser oder jener Nazi-Professor doch noch entlastet werden könnte. Das hat sich bisher als unübersteigbare Hürde für die Schaffung einer demokratischen und antimilitaristischen Universität erwiesen.«[5]

Besser gelang die Hochschulpolitik der französischen Besatzungsmacht, die viel Beifall fand. Bereits im Herbst 1945 wurden die Universitäten in Freiburg und Tübingen wieder eröffnet. 1946 wurden mit Mainz und Saarbrücken zwei neue Universitäten geschaffen, 1947 kam die Verwaltungshochschule in Speyer hinzu. Obwohl diesen Neugründungen zunächst der Verdacht anhaftete, dass sie nur mit Rückendeckung und im Interesse der Besatzungsmacht agierten, konnte die liberale französische Hochschulpolitik diesen Eindruck schnell widerlegen. So gingen von den Universitäten in der französischen Besatzungszone bald wichtige Impulse zur »Europäisierung« sowie zum Abbau der deutsch-französischen Spannungen aus.

An einer schnellen Wiedereröffnung der Universitäten in der SBZ war auch die SMAD interessiert. Während die Entnazifizierung wesentlich gründlicher als in den Westzonen betrieben wurde, verlief der Universitätsbetrieb zunächst noch in den Bahnen der Weimarer Republik. Gleichzeitig ergriffen SED und SMAD gezielte Maßnahmen, um neue gesellschaftliche Schichten für das Studium zu gewinnen. 1949 wurden an allen Universitäten in der SBZ »Arbeiter- und Bauernfakultäten« gegründet, die aus 1946 geschaffenen Vorbereitungskursen und Vorstudienanstalten hervorgingen. Damit konnte langfristig die Zusammensetzung der Studentenschaft verändert werden. Zugleich wurde so eine den neuen Machthabern ergebene und loyale Gruppe gebildet, die nach Stalins Parole die »Festung Wissenschaft« stürmte und die Strukturen der alten Universität von innen her aufbrach.

Am wirkungsvollsten gelang die *Reeducation* auf dem Gebiet der Massenmedien. Da Presse und Rundfunk als wichtigste Mittel der Demokratisierung galten, behielten sich die Besatzungsmächte ihre Kontrolle vor. 1945 bis 1949 war die Zeit der Lizenzpresse. Indem man Lizenzen an Zeitungen vergab, wollte man die Voraussetzungen für einen demokratischen Journalismus schaffen, der durch politische Pluralität und die Trennung von Nachricht und Meinung gekennzeichnet war. Allerdings verfolgte auch bei der Pressepolitik jede Besatzungsmacht ihre eigenen Vorstellungen. Während die Amerikaner einer unabhängigen und überparteilichen Presse den Vorrang gaben, bevorzugten die Briten parteipolitisch engagierte, wenn auch nicht parteiabhängige Blätter. Pressefreiheit existierte zwar offiziell nicht, doch solange die Journalisten die Maßnahmen der Besatzungsmacht nicht übermäßig kritisierten, besaßen sie einen großen Freiraum. Ähnlich war die Situation beim Rundfunk, der von jeglichem Einfluss der Regierungsstellen oder politischen Parteien unabhängig sein sollte. Die Errichtung eines Systems öffentlichrechtlicher, staatsunabhängiger Rundfunkanstalten folgte dabei dem britischen Vorbild. In der SBZ war die SMAD-Verwaltung für Propaganda und Zensur für die Kontrolle der Presseerzeugnisse zuständig. In der Regel mussten die Redaktionen vor Beginn des Drucks die Seitenabzüge dem örtlichen Presseoffizier der Militärkommandatur zur Freigabe vorlegen.

Insgesamt bleibt festzuhalten, dass das von den westlichen Alliierten angestrebte Ziel, Demokratie in öffentlicher politischer Auseinandersetzung zu praktizieren, die Möglichkeit der freien Meinungsäußerung voraussetzte. Diese wurde den Deutschen zwar im Prinzip gewährt, doch durch zahlreiche Maßnahmen zugleich erheblich eingeschränkt. Wer die Besatzungspolitik der Alliierten zu sehr kritisierte, riskierte nicht selten Verbote oder – im Bereich der Presse – Kürzungen der Papierzuteilung, was praktisch einem Publikationsverbot gleichkam. Das Maß der demokratischen Freiheiten blieb damit im Nachkriegsdeutschland zunächst bewusst dosiert. Denn noch trauten die westlichen Besatzungsmächte den neuen demokratischen Fähigkeiten des deutschen Volkes nicht über den Weg.

Marshallplan und beginnende Westintegration

Der Marshallplan vom 5. Juni 1947 zum Wiederaufbau Europas war eines der wichtigsten außenpolitischen Programme der Nachkriegszeit. Auch wenn er sich formal an alle europäischen Staaten – einschließlich der Sowjetunion – richtete, bedeutete er faktisch doch das Ende der amerikanischen Bemühungen, zusammen mit Moskau eine gemeinsame Europa- und Deutschlandpolitik zu gestalten. Hintergrund des Plans war die Einsicht von Diplomaten und Sachverständigen in den USA, dass die fortwährende Schwäche der deutschen Wirtschaft schwerwiegende Auswirkungen auf die gesamte Ökonomie Westeuropas haben musste und damit den Wiederaufbau des zerstörten Kontinents behindern würde. Die Lage erinnerte fatal an die Entwicklung nach dem Ersten Weltkrieg, vor deren Wiederholung man sich in den USA seit langem fürchtete. Im März 1947 schrieb der Sondergesandte der *President's Economic Mission to Germany and Austria,* Herbert C. Hoover, dazu an Präsident Harry S. Truman: »Die gesamte Wirtschaft Europas ist durch den

Austausch von Rohstoffen und Fabrikaten mit der deutschen Wirtschaft verflochten. Die Produktivität Europas kann nicht wiederhergestellt werden ohne die Wiederherstellung Deutschlands als Beitragender zu dieser Produktivität.«[6]

Während der Moskauer Außenministerkonferenz vom 10. März bis zum 24. April 1947 versuchten die USA ein letztes Mal vergeblich, die Sowjetunion für eine gemeinsame Politik in den vier Besatzungszonen Deutschlands zu gewinnen. Zugleich gab Truman am 12. März in einer Rede vor beiden Häusern des Kongresses ein wirtschaftliches und militärisches Hilfsprogramm für Griechenland und die Türkei bekannt, das notwendig geworden war, weil Großbritannien sich aufgrund seiner ökonomischen Schwäche nicht mehr in der Lage sah, die zur britischen Einflusszone gehörenden Länder ausreichend zu unterstützen. Zur Begründung führte Truman aus, dass es Aufgabe der USA sein müsse, »die freien Völker zu unterstützen, die sich der Unterwerfung von Minderheiten oder durch Druck von außen widersetzen«[7]. Stalin, der sich zu diesem Zeitpunkt lieber mit der Korrektur einer ihm zu westlich geratenen Philosophiegeschichte als mit der konkreten Politik beschäftigte, maß dieser Ankündigung des US-Präsidenten wenig Bedeutung bei. Hätte er die Berichte seines Nachrichtendienstes über die Moskauer Außenministerkonferenz genauso interessiert gelesen wie jene über die amerikanische Atombombenentwicklung, so hätten ihn der Marshallplan und seine Wirkungen für Europa nicht überrascht.

Denn der amerikanische Außenminister George C. Marshall, der persönlich an der Konferenz in Moskau teilnahm, dachte in diesen Tagen über eine umfassende Strategie für den Kalten Krieg nach, die über die Unterstützung Griechenlands und der Türkei hinausging, um ein weiteres Vordringen des Kommunismus in Richtung Westen zu verhindern. Am 5. Juni 1947 verkündete Marshall dann in einer zwölfminütigen Rede vor einer Absolventenklasse der Harvard-Universität das im Wesentlichen von George F. Kennan ausgearbeitete *European Recovery Program*

(ERP), das bereits kurz danach gemeinhin als »Marshallplan« bezeichnet wurde. Die Grundannahme des Programms bestand darin, dass die größte Gefahr für die Stabilität der westlichen Demokratien in Europa nicht von einem offenen sowjetischen Angriff, sondern von Hunger, Armut, wirtschaftlicher Not und sozialem Elend der Bevölkerung ausging, wodurch die Länder Mittel- und Westeuropas in die Arme Moskaus getrieben würden. Durch umfangreiche materielle Hilfe beim Wiederaufbau Europas wollten die USA jetzt den kommunistischen Einfluss zurückdrängen. Tatsächlich stabilisierten die Vereinigten Staaten mit dem Marshallplan nicht nur ihre eigene Rolle in Westeuropa, sondern auch die ihrer Verbündeten, während die Position linker Bewegungen und Parteien geschwächt wurde. So verloren die Kommunisten nach 1947 schnell an Wählerstimmen und gerieten bald an den Rand der politischen Entwicklung.

Gleichzeitig nahm man in Washington zu Recht an, dass die Sowjetunion durch die aufgestellten Hürden diese Hilfe selbst nicht in Anspruch nehmen und auch ihren Satellitenstaaten keinen Zugang zum ERP gewähren würde. Das Verhältnis zwischen Moskau und den Volksdemokratien würde dadurch starken Belastungen ausgesetzt sein. Damit konnten die USA im beginnenden Kalten Krieg sowohl geostrategisch wie auch moralisch die Initiative ergreifen. Und die UdSSR ging in die Falle. Zwar sandte Stalin im Juli 1947 zunächst eine Verhandlungsdelegation nach Paris, wo die Fragen der Umsetzung des Marshallplans besprochen werden sollten. Doch bereits nach kurzer Zeit reiste die sowjetische Gesandtschaft unverrichteter Dinge wieder ab, weil ihre Forderungen nicht erfüllt wurden. Ihr Leiter, der sowjetische Außenminister Wjatscheslaw M. Molotow, betrachtete die USA nur als Finanzier, der auf die Verwendung der Gelder keinen Einfluss haben und auch keinen Einblick in die Wirtschaften der begünstigten Länder erhalten sollte. Außerdem wandte sich Molotow energisch gegen eine Beteiligung Deutschlands am amerikanischen Wiederaufbauprogramm, da die Sowjetunion befürchtete, dass dann die dringend benötigten Reparationsleistungen ausbleiben würden. Die USA stellten hingegen von Anfang an klar, dass man nicht gewillt war, die Kontrolle der zur Verfügung gestellten Mittel aus der Hand zu geben. Voraussetzung am Marshallplan teilzunehmen sei die Bereitschaft, den Vereinigten Staaten Einblick in die internen Wirtschaftsdaten zu gewähren und ihre Einflussnahme auf die Verteilung der Mittel zuzulassen. Gleichzeitig traten die USA dafür ein, dass die Wiederbelebung Westeuropas Priorität genießen und Osteuropa vor allem die Rolle eines Rohstofflieferanten spielen sollte. Eine starke Integration der beteiligten Volkswirtschaften galt ebenfalls als unverzichtbar, was eine enge wirtschaftliche Anbindung Osteuropas ausschloss.

Diese wohldosierten amerikanischen »Provokationen« gegenüber der Sowjetunion sorgten dafür, dass Moskau das Handtuch warf und seine in Aussicht gestellte Beteiligung am Marshallplan zurückzog. Dem Interesse Bulgariens, der Tschechoslowakei, Polens und Ungarns, vom Europäischen Wiederaufbauprogramm zu profitieren, wurde durch den Molotow-Plan, aus dem später der Rat für gegenseitige Wirtschaftshilfe (RGW) hervorging, ein Riegel vorgeschoben. Zugleich verstärkte Moskau mit der Bildung des Kommunistischen Informationsbüros (Kominform) – einer Nachfolgeorganisation der Kommunistischen Internationale (Komintern), die die Zusammenarbeit der kommunistischen Staaten organisieren sollte – im September 1947 und der kommunistischen Machtübernahme in Prag im Februar 1948 den inneren Druck im sowjetischen Einflussbereich. All dies verhärtete gleichzeitig die Haltung der UdSSR gegenüber den Westmächten zusehends. Im Ergebnis wurden die Welt, Europa und Deutschland nun in zwei feindliche Lager gespalten. So kommentierte der britische Außenminister Ernest Bevin den Rückzug seines sowjetischen Amtskollegen von den Pariser Verhandlungen am 2. Juli 1947 mit den Worten: »Dies ist die Geburtsstunde des Westblocks.«[8]

Vom 12. Juli bis zum 22. September 1947 verhandelten dann in Paris insgesamt 16 europäische Staaten – Belgien, Dänemark,

Frankreich, Griechenland, Großbritannien, Irland, Island, Italien, Luxemburg, die Niederlande, Norwegen, Österreich, Portugal, Schweden, die Schweiz und die Türkei – im *Comittee of European Economic Cooperation* (CEEC) über die Details der Umsetzung des Marshallplans. Für die drei Westzonen in Deutschland standen etwa 1,3 Milliarden Dollar zur Verfügung, was in etwa zehn Prozent der ausgeschütteten Gesamtsumme entsprach. Wichtiger als die US-Gelder war für die dort lebenden Deutschen aber die Tatsache, dass der Marshallplan ihnen jetzt die Möglichkeit gab, die eigene Zukunft selbst zu gestalten und in den Kreis der Völkergemeinschaft zurückzukehren. Mit der Beteiligung am ERP wurde Westdeutschland bereits zu einem Zeitpunkt fest in das westliche Lager eingebunden, als die Gründung der Bundesrepublik noch ein gutes Jahr entfernt war. Die Sowjetunion hingegen schloss sich mit ihrer Ablehnung des Marshallplans nicht nur selbst vom Prozess der europäischen Einigung aus, sondern hielt automatisch auch ihre Besatzungszone in Deutschland davon ab daran teilzunehmen. Die Teilung Deutschlands und Europas wurde damit weiter vertieft. Umgekehrt wurde das ERP mit seiner enormen propagandistischen Begleitung »zur psychologisch wichtigsten Station auf dem Weg zur politischen Bindung Westeuropas – und nicht zuletzt eben Westdeutschlands – an die USA«[9].

Auch der wirtschaftliche Erfolg des Marshallplans ist nicht gering zu veranschlagen. Sein wichtigster Beitrag zum ökonomischen Wiederaufbau Westdeutschlands bestand in der Stabilisierung der Zahlungsbilanz. Dank der amerikanischen Auslandshilfe konnten dringend benötigte Rohstoffe importiert und zusätzliche Lebensmittel für die hungernde Bevölkerung beschafft werden. Vor allem in der schwierigen Anfangsphase der sozialen Marktwirtschaft trug der Marshallplan damit erheblich dazu bei, die Westzonen und später die Bundesrepublik außenwirtschaftlich zu stabilisieren. Insgesamt wurden zwischen 1948 und 1952 bis zu 22 Prozent der westdeutschen Importe durch Auslandshilfen finanziert, wovon allein 14 Prozent durch den Marshallplan getragen wurden. Gleichwohl bleibt festzustellen, dass die ERP-Mittel nur zur Überwindung von Engpässen taugten. Einfluss auf die Gesamtversorgung mit Waren und Dienstleistungen besaß der Marshallplan nur sehr begrenzt, da die Auslandshilfe zwischen 1948 und 1952 im Durchschnitt lediglich 2,3 Prozent des westdeutschen Nettosozialproduktes betrug. Politikern und Experten war dies durchaus klar. Doch in der Öffentlichkeit wurde die wirtschaftliche Bedeutung des ERP zumeist überschätzt, auch wenn die psychologischen Auswirkungen kaum hoch genug zu veranschlagen sind.

Tatsächlich trug der Marshallplan in Deutschland dazu bei, dass der Wiederaufbau der späten 1940er Jahre ohne Unterbrechung in eine lange Wachstumsphase übergehen konnte, die entscheidend für den politischen, gesellschaftlichen und wirtschaftlichen Erfolg der Bundesrepublik wurde. Gleichzeitig sorgte er dafür, dass in den Westzonen trotz erheblicher politischer Kontroversen die Planwirtschaft der unmittelbaren Nachkriegszeit zusammen mit der Wirtschafts- und Währungsreform ab Sommer 1948 von einer Wirtschaftspolitik abgelöst wurde, die seit 1949 unter der Bezeichnung »soziale Marktwirtschaft« firmierte. Zudem schufen die Vorgaben des ERP die Grundlagen für die Ergänzung der Marktwirtschaft durch eine liberale Außenhandelspolitik. Diese ermöglichte es der westdeutschen Wirtschaft nach Überwindung der Zahlungsbilanzkrise von 1950/51, regelmäßige Exportüberschüsse zu erzielen. Insgesamt legte der Marshallplan zusammen mit dem amerikanischen Technologietransfer nach Westeuropa und dessen erfolgreicher Integration in den Weltmarkt die Grundlage für eine historisch seltene Konstellation von wirtschaftlichem Wachstum, Vollbeschäftigung, Preisstabilität und außenwirtschaftlichem Gleichgewicht. Damit war der Grundstein für den Aufstieg eines politisch wie wirtschaftlich neu geordneten Westeuropas gelegt, zu dessen integralem Bestandteil auch die Westzonen und die spätere Bundesrepublik gehörten.

7 Das geteilte Deutschland und die erste Schlacht des Kalten Krieges

Während der Berlin-Blockade landete zweitweise alle zwei Minuten ein Flugzeug auf einem der West-Berliner Flughäfen.

Währungsreformen 1948

Im Sommer 1948 führte Stalins Versuch, »die Alliierten aus Berlin zu drängen«[1] und die Gründung eines westdeutschen Teilstaates zu verhindern, zur ersten »Berlin-Krise«. Mit der Blockade der Zufahrtswege nach Berlin wählte die Sowjetunion bewusst eine aggressive politische Handlungsoption und balancierte hart an der Grenze zum militärischen Konflikt mit den ehemaligen Verbündeten.

Der Beginn der Krise hing eng mit den Notwendigkeiten zusammen, die sich aus dem Marshallplan ergaben. Eine Voraussetzung für dessen Erfolg in Westeuropa waren geordnete wirtschaftliche Verhältnisse, für die die Alliierten eine Währungsreform brauchten. Amerikanische Finanzexperten hatten bereits 1946 einen Plan für eine gesamtdeutsche Währungsreform erarbeitet, der von der Sowjetunion allerdings abgelehnt wurde. Der sowjetischen Führung um Stalin war die Finanzhoheit in ihrer Zone wichtiger als eine Mitsprache in den gesamtdeutschen Währungsangelegenheiten. Im Herbst 1947 scheiterten die Verhandlungen im Alliierten Kontrollrat zur Währungsfrage endgültig. Die USA zeigten sich indessen entschlossen, die dringend notwendige radikale Reform des Geldwesens auch ohne den ehemaligen Verbündeten durchzuführen. Der Druck des neuen Geldes für die Westzonen begann im Winter 1947 in Washington und New York. Im April 1948 kamen die Scheine im Rahmen der *»Operation Bird Dog«* – in 23 000 Kisten verpackt – in Bremerhaven an und wurden von dort aus nach Frankfurt am Main geschafft. Kurz vor dem vorgesehenen Tag der Währungsumstellung wurden sie unter strenger militärischer Bewachung an die Zweigstellen der elf westdeutschen Landesbanken verteilt.

Die Währungsumstellung war ein amerikanisches Vorhaben, doch Briten und Franzosen gaben dem Unternehmen ihre Zustimmung, da sie nicht nur finanziell von den USA abhängig, sondern auch von der Furcht vor sowjetischer Expansion erfasst waren. In Deutschland wurde nur ein kleiner Kreis von Fachleuten hinzugezogen, die sich zumeist um technische und organisatorische Details kümmerten. Wirklichen Einfluss auf die radikalen Vorstellungen der Amerikaner für eine wirksame Währungsreform konnten sie nicht ausüben. Dies galt nicht zuletzt für die amerikanische Absicht, mit Einführung des neuen Geldes die Schulden des Deutschen Reiches zu streichen, wodurch die Westdeutschen zugleich 80 Prozent ihres privaten Geldvermögens verloren.

Schließlich schafften die Militärregierungen mit dem Ersten Gesetz zur Neuordnung des Geldwesens vom 18. Juni 1948 die Reichsmark in den Westzonen ab. Zwei Tage später, am Sonntag, den 20. Juni 1948, wurde die Deutsche Mark eingeführt. Der noch aus der nationalsozialistischen Wirtschaftspolitik und der Kriegsfinanzierung resultierende Geldüberhang wurde damit beseitigt und die Grundlage für eine Gesundung des Wirtschaftslebens gebildet. Mit dieser Währungsreform waren mehr als 300 Milliarden Reichsmark weitgehend wertlos geworden. Die Bevölkerung konnte gegen Vorlage ihrer Kenn- und Lebensmittelkarte lediglich 40 Reichsmark zum Kurs 1:1 in die neue D-Mark umtauschen. Im August war es möglich, nochmals 20 Reichsmark in die neue Währung zu wechseln. Ebenfalls zum Kurs 1:1 wurden regelmäßige Leistungen wie Löhne, Gehälter, Renten, Pensionen und Mieten umgestellt. Gleichzeitig mussten Bargeld sowie Guthaben und Schulden den Behörden gemeldet werden. Nicht abgelieferte oder deklarierte Reichsmark verfielen am 26. Juni 1948. Bargeld, Guthaben, Kredite und Hypotheken wurden zunächst im Verhältnis 100:10 umgestellt. Schuldner zogen daraus einen größeren Gewinn, den sie jedoch später an die Bundesrepublik zurückzahlen mussten, die diese Gelder dem Lastenausgleich zuführte. Als am 4. Oktober 1948 die Sparguthaben erneut zum Kurs 100:6,5 abgewertet wurden, hatte sich die Währungsreform zu einer der größten Enteignungsaktionen der deutschen Geschichte entwickelt.

Gleichzeitig füllten sich jedoch praktisch über Nacht die Schaufenster der Läden mit einer lange nicht gesehenen Warenvielfalt. Da jetzt alle Produkte wieder gekauft werden konnten, verschwand der bislang als unverzichtbar geltende Schwarzmarkt binnen weniger Tage. Obgleich durch die Geldreform die Lebenshaltungskosten bis November 1948 um 17 Prozent stiegen und sich die Arbeitslosenzahl auf fast eine Millionen Menschen verdoppelte, war sie ein wirtschaftlicher Erfolg. Bereits vom Juni bis zum Dezember 1948 stieg die Industrieproduktion um mehr als 50 Prozent und erreichte damit wieder den Vorkriegsstand.

Die Sowjetunion erhielt über ihren Agenten bei der britischen Botschaft in den USA, Donald MacLean, bereits sehr früh Kenntnis von dem streng geheimen Unternehmen der Währungsumstellung, obwohl die Westalliierten um strikte Abschottung bemüht gewesen waren. Damit konnte sie ebenfalls frühzeitig Gegenmaßnahmen auf finanzpolitischem Gebiet vorbereiten, um vor allem eine drohende Überschwemmung der SBZ mit wertloser Reichsmark zu verhindern. Noch im Dezember 1947 ordnete Moskau – gleichfalls unter strengster Geheimhaltung – den Druck neuer Geldscheine für die SBZ an. Obwohl damit intern die Entscheidung für eine Währungsumstellung auch in der sowjetischen Besatzungszone getroffen war, wartete die sowjetische Führung mit der Durchführung der Aktion, bis die Amerikaner ihre Währungsreform für die Westzonen öffentlich ankündigten. Um der Entwertung der geltenden Währung durch die neue D-Mark vorzubeugen, verbot die SMAD jedoch bereits am 19. Juni 1948 den Umlauf des neuen Geldes in der SBZ und Groß-Berlin. Mit dem Befehl Nr. 111 ordnete die sowjetische Militäradministration am Morgen des 23. Juni zudem eine eigene Währungsreform an. Hierfür klebte man entsprechende Coupons auf die alten Reichsmarkscheine. Jede Person konnte sofort 70 Reichsmark zum Kurs 1:1 umtauschen. Sparguthaben wertete die sowjetische Militärregierung gestaffelt ab. Bis zu 100 Reichsmark konnten zum Kurs 2:1 gewechselt werden, bis 1 000 Reichsmark 5:1 und bis 5 000 Reichsmark 10:1. Sparguthaben aus der Zeit vor Kriegsende wurden generell zum Kurs 10:1 umgestellt, wobei die Beträge allerdings nicht ausgezahlt, sondern in Zwangsanleihen umgewandelt wurden. Zugleich diente die Währungsreform in der SBZ der politischen Bevorzugung Volkseigener Betriebe, sowjetischer Aktiengesellschaften, Parteien und Massenorganisationen, da deren Guthaben zum Vorzugskurs von 1:1 umgetauscht wurden, während man die Konten von Privatpersonen und -unternehmen mit der Umstellung von 10:1 drastisch abwertete.

Laut Befehl Nr. 111 war die neue Währung nicht nur für die SBZ und Ost-Berlin gültig, sondern auch für West-Berlin. Zugleich verbot die SMAD dort die Verwendung anderer Währungen. Die drei westalliierten Stadtkommandanten erklärten die sowjetische Anordnung jedoch für nichtig und führten am 24. Juni 1948 die D-Mark auch in West-Berlin ein. Um den besonderen Status der geteilten Stadt zu unterstreichen, wurden die für West-Berlin geltenden D-Mark-Scheine allerdings mit dem Aufdruck »B« versehen. Während in Ost-Berlin ausschließlich mit der Ostmark gehandelt werden konnte, galten in West-Berlin zunächst beide Währungen. Erst im März 1949 wurde die Phase der Doppelwährung beendet. Ab diesem Zeitpunkt konnte in West-Berlin nur noch mit D-Mark bezahlt werden.

Berlin-Blockade und Luftbrücke

Die Sowjetunion ordnete als Antwort auf die Währungsreform in den Westzonen und die Einführung der D-Mark in West-Berlin eine vollständige Sperrung der Westsektoren Berlins an, die den Interzonenverkehr mit der geteilten Stadt unterbinden sollte. Als in der Nacht vom 23. zum 24. Juni 1948 mit der Einstellung des gesamten Schienen- und Straßenverkehrs zwischen Berlin und Helmstedt die heiße Phase der Blockade begann, stand die Gruppe der sowjetischen Besatzungskräfte in Deutschland vor der Aufgabe, den Plänen Stalins zur Einverleibung West-Berlins militärisch Nachdruck zu verleihen.

Die notwendigen Grundlagen für diesen Militäreinsatz waren bereits im Frühjahr 1948 gelegt worden. Unmittelbar nach dem Ende der Londoner Sechs-Mächte-Konferenz, die sich auf eine föderale Regierungsform eines zu bildenden westdeutschen Staates und dessen Einbeziehung in das Europäische Wiederaufbauprogramm geeinigt hatte, wies Stalin den sowjetischen Generalstab an, einen Plan für »Kontroll-Begrenzungsmaßnahmen der Verbindungen Berlins und der sowjetischen Zone mit den westlichen Besatzungszonen Deutschlands« zu erarbeiten. Dieser sah vor, die westlichen Alliierten durch die Blockade der land- und seeseitigen Transportrouten zu ihren Berliner Besatzungszonen unter Druck zu setzen. Mit der Umsetzung des Operationsplans wurde der Oberbefehlshaber der GSBT und Chef der SMAD, Marschall Sokolowski, beauftragt. Daraufhin erließ dieser am 25. beziehungsweise am 27. März 1948 die streng geheimen Befehle Nr. 002 und 003, die besagten, dass nicht nur der Passagierverkehr und die Gütertransporte für die westlichen

Besatzungstruppen von und nach Berlin auf ein Minimum beschränkt, sondern auch die westlichen Zonengrenze der SBZ erheblich stärker bewacht werden sollten. Zu diesem Zweck hatten die 3. Stoß-Armee und die 8. Garde-Armee insgesamt drei Schützenregimenter und sechs Schützenbataillone – mithin fast das Äquivalent einer Division – an die Demarkationslinie nördlich und südlich der Elbe zu verlegen. Auch den Ring um Berlin zogen die Sowjets enger. Entsprechend dem Befehl Nr. 003, der die »Verstärkung der Bewachung und Kontrolle an den Außengrenzen Groß-Berlins«[2] vorsah, gingen an den Randbezirken der Stadt vier motorisierte Schützenbataillone der 1. und der 18. mechanisierten Division in Stellung.

Unterdessen forderte die seit Anfang April 1948 verschärfte sowjetische Blockadepolitik ihre ersten Opfer. Nachdem bereits am 31. März Jagdflugzeuge der 16. Luftarmee Scheinangriffe auf amerikanische Maschinen geflogen hatten, die West-Berlin ansteuerten, kollidierte am 5. April 1948 unweit des Flugplatzes Gatow innerhalb des Luftkorridors eine Transportmaschine der *British European Airlines* mit einem sowjetischen Jäger von Typ Jak-9, der versucht hatte, das britische Flugzeug von seinem Kurs abzudrängen. Die fünf englischen Besatzungsmitglieder, ihre neun Passagiere und der sowjetische Pilot fanden dabei den Tod. Während der Militär-Gouverneur der amerikanischen Besatzungszone, General Lucius D. Clay, nach dem Zwischenfall eine vollständige Schließung der Luftkorridore befürchtete und für diesen Fall Jagdschutz für die amerikanischen Transportflüge von und nach Berlin erwog, reagierten sein französischer und britischer Amtskollege wesentlich verhaltener, da sie von ihren Regierungen angewiesen worden waren, »die Beziehungen zu den Russen nicht zu verschlechtern«[3].

Stalin hingegen setzte seine Politik der kleinen Schritte – Druck ausüben, Reaktion abwarten – bis zum 24. Juni 1948 fort. Dann nahm die UdSSR die an diesem Tag durchgeführte westliche Währungsreform in Berlin zum Anlass, eine völlige Verkehrsblockade gegen alle Land- und Wasserwege zwischen den drei Westzonen und Berlin zu verhängen. Die Stromversorgung und selbst die Abwasserentsorgung wurden gekappt. Diese völlige Abschnürung verschärfte für West-Berlin die ohnehin bereits angespannten Lage dramatisch. Durch die ständigen Gas- und Stromsperren war das Kochen zumeist nur in wenigen Nachtstunden möglich. Heizmaterial war besonders knapp – pro Person konnten die Westalliierten für den gesamten Winter 1948/49 nur 12,5 Kilogramm Holz oder Kohle ausgeben. Obwohl zahlreiche Bäume, die die schweren Kämpfe um die Reichshauptstadt überlebt hatten, in die Öfen der frierenden West-Berliner wanderten, verhinderte nur der überaus milde Winter eine Katastrophe. Die Nahrungsmittel mussten größtenteils über den Luftweg eingeflogen werden. Die Tagesration der meisten Bewohner West-Berlins bestand offiziell aus 400 Gramm Brot, 50 Gramm Nährmitteln, 40 Gramm Fleisch, 30 Gramm Fett, 40 Gramm Zucker, 400 Gramm Trockenkartoffeln und 5 Gramm Käse. Unter diesen Umständen war es erklärlich, dass damals das geflügelte Wort umging: »Wir Blockierten hungern nicht, aber wir sind ständig hungrig.«[4] Zudem war es oft nicht möglich, die Rationen vollständig auszugeben; und den ständigen Mangel an frischem Obst, Gemüse und Fleisch konnte die alliierte Luftbrücke erst recht nicht beseitigen. Schwer wurde auch die West-Berliner Industrie von der Blockade getroffen. Die Wirtschaftsleistung, die nach Kriegsende ohnehin nur noch halb so groß war wie 1936, sank durch die Absperrung nochmals um 50 Prozent. Infolge der vor allem durch den Strommangel bedingten Produktionseinschränkungen und Stilllegungen stieg die Arbeitslosigkeit im Westteil der Stadt von Juni 1948 bis Mai 1949 um 250 Prozent. Hinzu kamen etwa 70 000 Beschäftigte, die zu Kurzarbeit gezwungen waren.

Gleichzeitig mit der Verhängung der Blockade verstärkte die GSBT ihr militärisches Muskelspiel und versetzte ihre in der SBZ stationierten Truppen in Alarmbereitschaft. Aufgrund dieser starken Präsenz sowjetischer Truppen um Berlin und an den Verbindungsrouten der Stadt nach Westen war für die USA und ihre Verbündeten die Option eines gewaltsamen Durchbruchs ausgeschlossen. Während Clay diese Variante bei Krisenbeginn noch für aussichtsreich hielt, machte Washington dem Oberbefehlshaber der amerikanischen Streitkräfte in Europa rasch klar, dass die US-Regierung »im Hinblick auf das mögliche Krisenrisiko und die mangelnde Vorbereitung der Vereinigten Staaten auf einen globalen Konflikt«[5] es strikt ablehnte, bewaffnete Konvois nach West-Berlin zu entsenden.

Vielmehr setzten die westlichen Alliierten auf die Versorgung der Stadt durch eine Luftbrücke. Diese sollte nicht nur das Überleben der alliierten Truppen in den abgeschnittenen westlichen Stadtteilen, sondern auch die Existenz der zwei Millionen West-Berliner sichern. Fast ein Jahr lang transportierten amerikanische und britische Piloten nahezu alles, was die West-Berliner und die dort stationierten alliierten Streitkräfte zum Überleben brauchten, per Flugzeug in die Stadt. In Spitzenzeiten landete alle zwei bis drei Minuten auf einem der drei West-Berliner Flughäfen Tempelhof, Tegel und Gatow eine der Maschinen, die von den Berlinern liebevoll »Rosinenbomber« genannt wurden. In annähernd 277 000 Flügen brachten die Flugzeuge rund 2,1 Millionen Tonnen Güter, darunter 950 000 Tonnen Kohle und 438 000 Tonnen Lebensmittel, in die blockierte Stadt. Durch diese Transportleistung, die eine bis dahin einzigartige logistische Leistung darstellte – aber immense finanzielle Mittel verschlang und 39 britischen sowie 31 amerikanischen Piloten und acht Deutschen das Leben kostete –, gelang den West-Alliierten das Kunststück, die blockierte Stadt ohne den Einsatz militärischer Gewalt zu halten. Denn die UdSSR respektierte die 1945 geschlossene Vereinbarung der Alliierten über die Benutzung der Luftkorridore von und nach Berlin, weil sie ihrerseits keinen Krieg riskieren wollte.

Die immer tiefer gehende Spaltung der Stadt – und damit symbolisch auch Deutschlands – konnte damit aber nicht verhindert werden. Sie setzte sich dadurch im Gegenteil noch rascher fort. Unter dem Druck Moskaus und der SED flüchtete im

Herbst 1948 der frei gewählte Berliner Magistrat in den Westen der Stadt. Dort demonstrierte er unter der Führung des SPD-Politikers Ernst Reuter ebenso eindrucksvoll wie wirksam den Widerstandswillen der West-Berliner. Nur wenige gingen auf das Lockangebot der SMAD und SED ein, sich im östlichen Sektor der Stadt registrieren zu lassen, um dort Lebensmittel zu erhalten.

Hatte die UdSSR in der SBZ bis Mitte 1948 rund 300 000 Mann ihrer Streitkräfte stationiert, so erhöhte sie im Verlauf der Berlin-Blockade ihre Truppenpräsenz auf ostdeutschem Territorium beträchtlich. Auf dem Höhepunkt der ersten Berlin-Krise standen der Gruppe der sowjetischen Besatzungsstreitkräfte in Deutschland zusätzlich vier Panzerdivisionen und vier mechanisierte Divisionen einschließlich entsprechender Armeeeinheiten zur Verfügung. Die Verbände der GSBT waren durch umfangreiche Verlegungen aus Österreich und der Sowjetunion um knapp 95 000 Mann sowie mindestens 2 450 Panzer, 1 400 Schützenpanzerwagen und 884 Geschütze und Granatwerfer verstärkt worden. Dies allein entsprach in etwa der Gesamtzahl der zu diesem Zeitpunkt in Europa befindlichen US-Streitkräfte. Mit der zusätzlichen Stationierung von zwei Armeen im Großraum Berlin verschob die sowjetische Militärführung das bestehende Kräfteverhältnis erheblich zu ihren Gunsten und baute eine beträchtliche Drohkulisse auf.

Da Stalin jedoch davor zurückschreckte, die Luftbrücke mittels militärischer Gewalt zu unterbinden und offensichtlich nicht die Absicht hatte, wegen Berlin einen Krieg zu beginnen, musste seine Erpressungspolitik gegenüber den Westalliierten fehlschlagen. Am 12. Mai 1949 hob er die Blockade West-Berlins auf und gab damit die »erste große Schlacht« des Kalten Krieges verloren. Wenig später bekräftigten ein in New York zwischen den USA und der Sowjetunion geschlossenes Abkommen sowie das Schlusskommuniqué eines Treffens der Außenminister der Vier Mächte in Paris die westalliierte Präsenz in Berlin und damit den Status, der vor der Blockade bestanden hatte.

Das Luftbrücken-Unternehmen kostete die West-Alliierten zwar gewaltige Mengen an Geld, aber politisch-psychologisch hatte es sich als unbezahlbar erwiesen. Die Westmächte hatten eindrucksvoll gezeigt, dass sie bereit waren, für den Verbleib eines scheinbar fremden Territoriums im eigenen Lager, das bis vor kurzem noch feindliches Gebiet gewesen war, einen Krieg zu wagen. Wenn es die sowjetische Intention gewesen war, Verhandlungen über die Bildung eines westdeutschen Staates und dessen Integration in das westliche Bündnis zu erzwingen oder gar zu verhindern, so hatte sich die Blockade als kompletter Fehlschlag erwiesen. Denn unter dem Druck der sowjetischen Abschnürung West-Berlins wurde das Tempo der Beratungen über die Verfassung des zu gründenden westdeutschen Staates erhöht. Überdies verspielte Moskau durch die Geiselnahme von rund 2,1 Millionen Menschen zumindest im Westen letzte politische Sympathien für ein sozialistisches Deutschland. Diese sowjetischen Deutschlandpläne ließen sich danach nur noch in der SBZ umsetzen. West-Berlin wurde damit zu einem weithin sichtbaren politischen Symbol, das der Welt klar machte, wo künftig die Fronten des Kalten Krieges verliefen.

Rolle der Geheimdienste in der Berlin-Blockade

Während der ersten Berlin-Krise spielten die Informationen der jeweiligen Nachrichtendienste für die politischen Entscheidungen der beteiligten Konfliktparteien eine wichtige Rolle. Am Beispiel der amerikanischen *Central Intelligence Agency* (CIA), der unter US-Kontrolle stehenden westdeutschen Organisation Gehlen und dem sowjetischen Komitee für Information (KI) lässt sich erkennen, wie treffsicher die genannten Dienste ihre Auftraggeber über die jeweiligen Intentionen der Gegenseite informierten und damit möglicherweise die Lösung der ersten großen Krise des Kalten Krieges beeinflussten.

Bereits am 22. Dezember 1947 hatte ein Memorandum der CIA Präsident Truman davon in Kenntnis gesetzt, dass mit sowjetischen Bemühungen zu rechnen sei, die West-Alliierten aus Berlin zu vertreiben. Nachdem es in der sogenannten März-Krise 1948 zu ersten Blockaden der Zufahrtswege nach West-Berlin gekommen war, wies der Vorsitzende der Vereinten Stabschefs in Washington, General Omar N. Bradley, die CIA an, einen Bericht zu erarbeiten, der vor allem Antwort auf folgende drei Fragen geben sollte: »1. Will the Soviets deliberately provoke war in the next 30 days? 2. In the next 60 days? 3. In 1948?«[6]

In dem am 2. April 1948 vorgelegten Dossier billigten die beteiligten Nachrichtendienste den sowjetischen Streitkräften zwar die Möglichkeit zu, ganz Westeuropa und den Nahen Osten bis nach Kairo zu überrennen. Doch äußerten sich die Analysten zuversichtlich, dass die Sowjetunion innerhalb der nächsten sechs Monate keinen Krieg riskieren werde. Zugleich wurde jedoch auf die Gefahr hingewiesen, dass die UdSSR jederzeit die Spannungen vor allem in Europa erhöhen könne. Die Sowjetunion, so ein weiteres Geheimdienstpapier vom 28. April 1948, setzte offensichtlich ein bereits anlaufendes Programm zur Vertreibung der Westmächte aus Berlin um.

Von hohem Nutzen für die US-Nachrichtendienste während der Berlin-Blockade erwiesen sich Überläufer aus der GSBT. Allein von August 1947 bis zum Sommer 1948 flohen 20 sowjetische Offiziere und 45 Unteroffiziere und Soldaten in die britische Besatzungszone. Aus den von ihnen gelieferten Informationen wurde für die Analysten des Nachrichtendienstes deutlich, dass die sowjetischen Einheiten in der SBZ weder im zweiten Halbjahr 1948 noch im Frühjahr 1949 voll einsatzfähig waren. Im März 1949 hatte »keine der 22 in der SBZ stationierten Divisionen der GSBT volle Kriegsstärke«. Nach Einschätzung des britischen Militärgeheimdienstes waren lediglich »vierzehn von ihnen sofort einsatzfähig«.[7] Dies wurde als sicheres Zeichen dafür gewertet, dass Stalin trotz der Blockade mit den Westmächten keinen Krieg um Berlin riskieren wollte.

Noch wichtiger für die CIA waren allerdings Innenquellen, die kontinuierlich Informationen über das sowjetische Militär in der SBZ lieferten. Hierzu gehörte beispielsweise ein Politoffizier im Rang eines Majors mit dem Decknamen Vasilij N. Ryabov aus dem Stab der 1. Garde-Panzer-Armee in Dresden. Der Offizier war im Oktober 1947 von den Amerikanern über eine deutsche Krankenschwester angeworben worden, in die er sich 1945 verliebt hatte, als sie seine Verwundungen während der Schlacht um Berlin versorgte. Die Geliebte fungierte auch als Kurier zwischen dem Agenten und seinen CIA-Führungsoffizieren in Berlin. Die Informationen des Majors zu den sowjetischen Truppen in der SBZ und deren Maßnahmen während der ersten Berlin-Krise wurden von der CIA als »außerordentlich wertvoll eingeschätzt«[8]. Die Berichte der sowjetischen CIA-Quellen wurden zudem von den ostdeutschen Agenten bestätigt, über die der amerikanische Nachrichtendienst in der SBZ verfügte. So lieferten Informanten innerhalb der Volkspolizei Angaben darüber, dass sich trotz der Krise das sowjetische Militär in der SBZ weitgehend inaktiv verhalte. Quellen im SED-Apparat wiesen Anfang 1949 darauf hin, dass die Sowjets eingesehen hätten, dass ihre Blockade gescheitert sei und sie diese bald aufheben würden.

Während der gesamten Berlin-Blockade war die CIA somit in der Lage, die sowjetischen Intentionen rechtzeitig zu erkennen und mit hoher Genauigkeit Stärken und Schwächen in den sowjetischen Planungen an die politischen und militärischen Entscheidungsinstanzen in Washington zu melden. Durch diesen ständigen Nachrichten- und Analysefluss der CIA über die Absichten und Maßnahmen der UdSSR war es der politischen und militärischen Führung der USA möglich, eine maßvolle Politik zu betreiben, die es erlaubte, diese erste schwere Krise des Kalten Krieges ohne den Einsatz von Gewalt zu beenden.

Ein wertvoller Partner für die US-Nachrichtendienste während dieser Krise war die allgemein als Org. bezeichnete Spionageorganisation des ehemaligen Chefs der Abteilung Fremde Heeres Ost im Generalstab des Heeres, Generalmajor Reinhard Gehlen.

Ihre mehr als 4000 Mitarbeiter führten allein in der SBZ rund 600 Agenten. Während die US-Dienste vor allem strategische Aufklärung betrieben, lagen die Stärken der Org. im Bereich des taktischen militärischen Nachrichtendienstes. Als Operationsgebiet genoss die SBZ absolute Priorität. Zumindest die Quantität der Nachrichtengewinnung war außerordentlich hoch. Im Oktober 1948 lieferten die Agenten der Org. rund 5000 Berichte zur taktischen Aufklärung sowie 600 Dossiers zur strategischen Nachrichtengewinnung. Auf der Grundlage dieser Berichte übermittelte die Org. monatlich rund 600–650 zusammengefasste Lageanalysen als sogenannte *»finish intelligence«* an das US-Militär.

Im Zuge der Berlin-Blockade wurde vor allem die Org.-Abteilung in West-Berlin ein wichtiger Stützpunkt für die Arbeit der Organisation Gehlen. Sie sollte hauptsächlich die sowjetischen Geheimdiensteinrichtungen in der Stadt sowie das SMAD-Personal überwachen und in Organisationen eindringen, die – wie die SED – weitgehend unter sowjetischer Regie geführt wurden. Ende 1948 hatte die Berliner Abteilung unter anderem eine Frau in der MGB-Vertretung in Karlshorst anwerben können. Als Spitzenquelle erwies sich auch der Leiter der Zentralen Polizeischule, der Informationen zum Aufbau der Kasernierten Volkspolizei lieferte.

Von zentraler Bedeutung, vor allem während der Luftbrücke, waren allerdings die Informationen, die die Org. aus der Überwachung des sowjetischen Funkverkehrs, maßgeblich der 16. Luftarmee, gewann. Diese lieferte der *US Air Force* (USAF) »a timely and accurate picture of the activities of the Soviet Air Forces« und war »the only timely source of intelligence on tactical movement of Soviet Air in Central Europe«.[9] Den Gehlen-Leuten kam dabei zu Hilfe, dass sich das sowjetische Funknetz als extrem unsicher erwies und die Kryptoanalytiker die Funksprüche binnen weniger Minuten entschlüsseln konnten. Außerdem versorgte die Org. durch die gezielte Massenbefragung von ehemaligen deutschen Kriegsgefangenen, die aus der UdSSR zurückgekehrt waren, vor allem das *Strategic Air Command* der USAF mit Schlüsselinformationen zu möglichen Atombombenzielen in der Sowjetunion. Im Endergebnis arbeitete die Org. während der Berlin-Blockade so erfolgreich, dass sie am 1. Juli 1949 von der noch jungen CIA übernommen wurde.

In der Sowjetunion wurden die Nachrichtendienststrukturen im Mai 1947 radikal umgeformt. Die bisher eigenständig arbeitenden Spionagedienste von Staatssicherheit, Armee, Außenministerium, Außenwirtschaftsministerium und Partei wurden direkt dem Ministerrat unterstellt. Ein hier angesiedeltes Komitee für Information (KI) sollte unter der Leitung von Außenminister Wjatscheslaw M. Molotow künftig die Einsätze der zahlreichen Auslandsnachrichtendienste koordinieren und für eine integrierte und kompetente Analyse der aus den verschiedenen Quellen beschafften Informationen sorgen.

Nach 1945 lag der Schwerpunkt der geheimdienstlichen Nachrichtenbeschaffung zunächst vor allem in den USA. Hier wurden von rund 100 sowjetischen Nachrichtendienstoffizieren und 590 US-Quellen vor allem Informationen über künftige strategische Planungen und militärtechnische Entwicklungen sowie zur Außen- und Innenpolitik gesammelt. Nicht wenige strategische Studien der US-Militärs landeten dadurch direkt auf dem Schreibtisch Stalins, der daraufhin seine Aufrüstungsprogramme noch mehr beschleunigte. Gleichzeitig ließen die Dokumente jedoch auch die militärische Schwäche der USA erkennen, die nach Kriegsende ihre Streitkräfte von 11,8 Millionen Soldaten im Jahre 1945 auf 1,7 Millionen 1947 verringert hatten. Zugleich waren die amerikanischen Militärausgaben im selben Zeitraum von 75,9 Milliarden auf 11,4 Milliarden Dollar gesunken. 1948 verfügten die USA lediglich über 59 Kernwaffen; erst ab 1950 stieg deren Zahl massiv an. Auch die Anzahl der in Europa stationierten US-Truppen sank drastisch. Am 8. Mai 1945 befanden sich auf dem europäischen Kontinent drei Millionen US-Soldaten, am 1. Juli 1947 waren es nur noch 135 000. Ein aktives militärisches Engagement der USA zur Lösung außenpolitischer Krisen schien also in den Augen der sowjetischen Führung ein wenig realistisches Szenario zu sein. Gerade derartige Geheimdienstinformationen dürften den Kreml in seiner Entscheidung bestärkt haben, die erste Berlin-Krise vom Zaun zu brechen.

Hinsichtlich der Berlin-Blockade selbst waren die Meldungen der sowjetischen Nachrichtendienste an die Staatsführung allerdings weniger eindeutig. Zwar teilte das KI Stalin bereits Anfang 1948 die Besorgnis Washingtons mit, dass der Sowjetunion »das wirkliche Potential der amerikanischen Streitkräfte und der amerikanischen Industrie entgehen könnte« und dass dies möglicherweise zu »unvorhergesehenen und schlecht durchdachten Aktionen« führen würde.[10] Doch die Führung des Nachrichtendienstes distanzierte sich von der Agentenmeldung, um bei Stalin kein Missfallen zu erregen. Nach dem Rückzug der Sowjetunion aus dem Alliierten Kontrollrat am 20. März 1948 unterrichtete das KI Molotow auf der Grundlage französischer Dokumente, dass der Politische Berater der französischen Kontrollratsgruppe in einem Telegramm an das französische Außenministerium darauf verwiesen habe, dass das Verlassen des gemeinsamen Gremiums offensichtlich Bestandteil eines lang gehegten sowjetischen Plans sei, »dessen Hauptziel es ist, die Eiterbeule in der russischen Zone zu beseitigen, als die sich Berlin«[11] erweist. Für Moskau musste also klar sein, dass die geplante Abriegelung Berlins die Alliierten nicht unvorbereitet treffen würde und dass man mit entsprechenden Gegenmaßnahmen des Westens rechnen musste.

Bislang gingen die Experten davon aus, dass die Geheimdienstberichte des KI eher darauf bedacht waren, Stalin Interpretationen vorzulegen, die beim Diktator »gute Laune« erzeugen sollten. Neu zugängliche Quellen zeigen allerdings, dass der sowjetische Staatschef schon früh davon in Kenntnis gesetzt war, dass die Alliierten Berlin nicht verlassen würden. Bereits Ende Juli 1948 wurde ihm vom KI ein Rundschreiben des britischen Außenministeriums an 22 Botschaften vorgelegt, in dem es unter anderem hieß, »dass es unsere Absicht ist, an einer harten Position in Berlin festzuhalten«. Gleichzeitig hätten die Westmächte in letzter Zeit so große Fortschritte gemacht, dass man es sich gegenüber der UdSSR »gönnen könnte, gemäßigt im Ton aufzutreten«.[12]

Mitte September 1948 erhielt das KI erneut aus französischen Quellen in Paris einen Bericht über die Lage in der blockierten Stadt. Demnach stand die überwiegende Mehrzahl der Berliner auf der Seite der Westalliierten. Der sowjetische Druck habe bewirkt, »dass Letztere gegenwärtig bereits nicht mehr als Feinde, sondern als wirkliche Verbündete angesehen werden, deren Hilfe die Berliner nutzen wollen«. Die noch vor zwei Monaten vorhandene Furcht bei der West-Berliner Bevölkerung habe sich gelegt. »In der Reihe von tröstenden Erklärungen Clays und der Entsendung von Flugzeugen mit Lebensmitteln, die ständig am Himmel zu sehen sind, sowie der Wiederherstellung der Viermächte-Tätigkeit in den Gebäuden des Alliierten Kontrollrats sieht die Berliner Bevölkerung die Anzeichen für eine Kapitulation der Russen und den Beweis dafür, dass die Angloamerikaner und die Franzosen auf jeden Fall Berlin nicht verlassen werden.«[13] Dass Stalin sich trotz Kenntnis dieser Geheimdienstinformationen von seinem Kurs nicht abbringen ließ, liegt auf der Hand. In seine eigene Lagebeurteilung ließ er die KI-Berichte offensichtlich kaum einfließen, da er sich doch selbst als uneingeschränkte Autorität auf dem Gebiet der Spionage betrachtete.

Dies ist auch der Grund, weshalb der Einfluss der Geheimdienste auf die sowjetische Partei- und Staatsführung unter Stalin nicht überschätzt werden darf. Personell gering ausgestattet, hatten die Dienste nur selten einen direkten und ständigen Zugang zum unmittelbaren Machtzentrum der Sowjetunion. Stalin nahm während der ersten Berlin-Krise die Dossiers seiner Nachrichtendienste zweifellos zur Kenntnis. Doch seine Politik beeinflussten diese Berichte – wie sich auch bereits vor dem deutschen Angriff auf die Sowjetunion im Sommer 1941 gezeigt hatte – kaum oder gar nicht.

Allerdings war Stalin im Frühjahr 1949 gezwungen sich einzugestehen, dass er die Blockade aufgeben musste, ohne sein Hauptziel, die Gründung eines deutschen Teilstaates in den Westzonen zu verhindern, erreicht zu haben. Die westdeutsche Staatsbildung wurde trotz des sowjetischen Widerstandes zügig vorangetrieben, neue Gespräche mit den ehemaligen Alliierten über Reparationen oder gar über ein neutrales Gesamtdeutschland fanden nicht statt. Die gescheiterte Blockade Berlins beschleunigte im Gegenteil eher die Gründung der Bundesrepublik Deutschland, anstatt sie zu verlangsamen. Zugleich lieferte die Absperrung Berlins ein wichtiges Argument für die Integration des neuen Staates, dessen Grundgesetz am 23. Mai 1949 in Kraft trat, in die westliche Staatengemeinschaft. Doch auch die Sowjetunion blieb in dem langen Blockadejahr nicht untätig. Neben der Konsolidierung ihrer Positionen in Ost- und Mittelosteuropa trieb sie in dieser Zeit die Vorbereitungen für einen eigenen Teilstaat in der sowjetischen Besatzungszone voran.

8 Der Vollzug der staatlichen Teilung Deutschlands

Am 7. Oktober 1949 – fünf Monate nach der Entstehung der Bundesrepublik Deutschland – gaben die SED-Oberen die Gründung der DDR bekannt.

Der Parlamentarische Rat und die Bildung der Bundesrepublik

Noch während der Berlin-Blockade nahmen die Planungen der Westalliierten, einen eigenen deutschen Teilstaat zu gründen, konkrete Gestalt an. Kurze Zeit nach der Übergabe der »Frankfurter Dokumente« tagten vom 8. bis 10. Juli 1948 in Koblenz die elf Ministerpräsidenten der Westzonen. In ihrer Stellungnahme zu den »Dokumenten« hoben die Regierungschefs hervor, dass die Spaltung zwischen dem Westen Deutschlands und der SBZ nicht weiter vertieft werden dürfe. Ihre grundsätzlichen Bedenken, einen westdeutschen Teilstaat zu gründen, zogen die Ministerpräsidenten aber zurück, als der amerikanischen Militärgouverneur Lucius D. Clay mit erheblichen Konsequenzen für das blockierte Berlin drohte. Zugleich merkte Oberbürgermeister Ernst Reuter an, dass die Spaltung Deutschlands längst Wirklichkeit geworden sei.

In ihrer Antwortnote an die Militärgouverneure wiesen die Ministerpräsidenten gleichwohl darauf hin, dass »alles vermieden werden« müsse, »was dem zu schaffenden Gebilde den Charakter eines Staates verleihen würde«.[1] Sie plädierten daher für ein organisatorisches Provisorium und schlugen auf Initiative des Hamburger Bürgermeisters Max Brauer statt einer Verfassung ein »Grundgesetz« vor, das die bestehenden Länderparlamente nach seiner Erarbeitung ratifizieren sollten. Mit der Ausarbeitung des Grundgesetzes beauftragten die Ministerpräsidenten auch keine Verfassunggebende Versammlung, sondern einen sogenannten »Parlamentarischen Rat«, dem 65 ausgewählte Mitglieder der Länderparlamente sowie fünf nicht stimmberechtigte Abgeordnete aus West-Berlin angehörten. Die stärksten Fraktionen stellten mit je 27 Abgeordneten CDU/CSU und SPD, gefolgt von fünf Abgeordneten der FDP. Die KPD, die Deutsche Partei und das Zentrum verfügten über je zwei Parlamentarier. Lediglich vier der Abgeordneten waren Frauen. Als Präsident des Parlamentarischen Rats fungierte der CDU-Vorsitzende in der britischen Zone, Konrad Adenauer. Den als politisch einflussreich geltenden Vorsitz des Hauptausschusses übernahm der SPD-Politiker Carlo Schmid. Tatsächlich spielte sich die Tätigkeit des Hauptausschussvorsitzenden jedoch weitgehend im Verborgenen ab, während Adenauer in der Öffentlichkeit bereits als eine Art Präsident des deutschen Volkes auftreten konnte und entsprechend mit den Alliierten verhandelte. Damit wurde der ehemalige Kölner Oberbürgermeister Adenauer »erster Mann des zu schaffenden Staates, noch ehe es ihn gab«[2], so Carlo Schmid.

Bevor der Parlamentarische Rat zu seiner konstituierenden Sitzung zusammentrat, erarbeitete zwischen dem 10. und 23. August 1948 in Herrenchiemsee ein Verfassungskonvent den Entwurf des Grundgesetzes, der ab dem 1. September 1948 vom Parlamentarischen Rat debattiert wurde. Genau vier Jahre nach Kriegsende, am 8. Mai 1949, nahm der Parlamentarische Rat nach langen, nicht selten kontrovers geführten Beratungen – vor allem über die Vorschläge der Militärgouverneure sowie die

Kompetenzverteilung zwischen Bund und Ländern – das Grundgesetz für die Bundesrepublik Deutschland an. Von den insgesamt 65 Abgeordneten stimmten 53 für und zwölf gegen das Grundgesetz. Abgelehnt wurde es von KPD, DP und Zentrum. Auch sechs der acht bayerischen CSU-Abgeordneten stimmten mit »Nein«. Am 12. Mai 1949 gaben die drei westlichen Militärgouverneure dem Grundgesetz ihre Zustimmung. Sie erhoben lediglich Vorbehalte hinsichtlich des Status von West-Berlin. Gleichzeitig verkündeten sie das Besatzungsstatut, das mit der Bildung der ersten Bundesregierung in Kraft treten sollte. Die Besatzungsmächte gestanden der Bundesrepublik zwar erheblich mehr Machtbefugnisse zu als ursprünglich vorgesehen, doch entschieden sie weiter über alle Fragen der auswärtigen Beziehungen und des Außenhandels, über die Höhe der Industrieproduktion und der Reparationen sowie über Probleme, die mit der Entmilitarisierung oder militärischen Angelegenheiten verbunden waren. Nach Ratifizierung des Grundgesetzes sollten allerdings die Machtbefugnisse der Militärgouverneure auf drei zivile Hohe Kommissare übergehen.

Zwei Tage zuvor, am 10. Mai, hatte der Parlamentarische Rat bereits Bonn zum »vorläufigen Sitz der Bundesorgane« und damit zum provisorischen Sitz von Parlament und Regierung der künftigen Bundesrepublik bestimmt. In den folgenden Tagen billigten auch die Länderparlamente das Grundgesetz. Nur der bayerische Landtag lehnte das Gesetz ab, da er es für zu zentralistisch hielt, erkannte aber gleichwohl seine Rechtsgültigkeit für den Freistaat an und sprach sich für die Zugehörigkeit zur neuen Bundesrepublik aus. Am 23. Mai 1949 wurde das Grundgesetz in Bonn feierlich verkündet. Die Gründungsurkunde der Bundesrepublik, die einen Tag später offiziell in Kraft trat, wurde von den Ministerpräsidenten der Länder, den Präsidenten der Landtage und den Abgeordneten des Parlamentarischen Rats mit Adenauer an der Spitze unterzeichnet. Lediglich die beiden KPD-Abgeordneten Max Reimann und Heinz Renner weigerten sich, ihre Unterschrift unter das Dokument zu setzen.

Der Deutsche Volksrat und die Gründung der DDR

Die Antwort der Sowjetunion auf die Gründung der Bundesrepublik war von langer Hand vorbereitet. Dennoch hielt Stalin die politische Situation in der SBZ bis Ende 1948 bewusst in der Schwebe, da er immer noch hoffte, ein Gesamtdeutschland unter sowjetischem Einfluss erreichen zu können. Zudem sollten die Westmächte als Verursacher der deutschen Teilung angeprangert werden.

Gleichzeitig war Stalin und den ostdeutschen Kommunisten bewusst, dass auf dem Weg freier Wahlen kein sozialistischer deutscher Teilstaat entstehen konnte. Besonders deutlich hatten dies die ostdeutschen Gemeinderats- und Landtagswahlen von 1946 gezeigt, wo die SED trotz massiver Einmischung der SMAD nur knapp die Hälfte der Stimmen auf sich vereinigen konnte. Um den Einfluss der bürgerlichen Parteien noch weiter zu begrenzen, riefen die SED und die sowjetische Besatzungsmacht deshalb Ende 1947 den »Deutschen Volkskongress für Einheit und gerechten Frieden« ins Leben. Dieser und die nachfolgenden Volkskongresse waren kommunistisch gelenkte Scheinparlamente zur propagandistischen Unterstützung der sowjetischen Deutschlandpolitik, die zumindest nach außen für die Erhaltung der deutschen Einheit eintraten. Der Kongress forderte die Vorbereitung eines Friedensvertrages sowie die Bildung einer gesamtdeutschen Regierung.

Der 2. Volkskongress, der am 17. und 18. März 1948 tagte, lehnte den Marshallplan ab, erkannte die Oder-Neiße-Linie als neue deutsche Ostgrenze an und beschloss ein Volksbegehren zur deutschen Einheit. Er wählte zugleich den 1. Deutschen Volksrat, der insgesamt 400 Mitglieder hatte, von denen ein Viertel aus den Westzonen kam, um den gesamtdeutschen Anspruch zu unterstreichen. Der Volksrat konstituierte sich am 19. März 1948 und wählte Wilhelm Pieck (SED) zu seinem Vorsitzenden. Als Stellvertreter wurden der ostdeutsche CDU-Vorsitzende Otto Nuschke und der LDPD-Chef Wilhelm Külz ernannt. Die Organisation des Volksrats war an die Struktur eines Parlaments angelehnt, doch fehlte ihm die Legitimation durch eine freie Wahl. Während die bürgerlichen Parteien auf die Feststellung wert legten, dass der Volksrat kein Vorparlament sein sollte, versuchte die SED, ihn als gesamtdeutsches Parlament auszugeben. Die Auswahl seiner Mitglieder war so getroffen worden, dass die Einheitssozialisten über die Mehrheit der Stimmen verfügten. Die SED selbst stellte 153 der aus der SBZ stammenden Abgeordneten. Hinzu kamen noch die Mitglieder der Massenorganisationen, die zum größten Teil ebenfalls SED-Angehörige waren. CDU und LDPD verfügten über 111 Mandate. Auch im Präsidium und in allen Ausschüssen besaß die SED die absolute Mehrheit und stellte zudem – bis auf den Justizausschuss und den Ausschuss für einen Friedensvertrag – alle Ausschussvorsitzenden.

Von besonderer Bedeutung war der Verfassungsausschuss unter der Leitung des ehemaligen Sozialdemokraten Otto Grotewohl. Dieser erarbeitete auf der Grundlage eines SED-Papiers vom November 1946 den Entwurf einer »Verfassung der Deutschen Demokratischen Republik«, der am 22. Oktober 1948 vom Deutschen Volksrat einstimmig angenommen wurde. Am 14. November 1948 wurde der Entwurf publiziert und öffentlich zur Diskussion gestellt. Ein gutes Vierteljahr später, am 19. März, wurden die Verfassung formell beschlossen und Wahlen zu einer »Volkskammer« angekündigt. Vom 15. bis zum 16. Mai 1949 wählte dann die Bevölkerung der SBZ die 1400 Delegierten für den 3. Deutschen Volkskongress. Erstmals standen jetzt nicht mehr einzelne Kandidaten zur Wahl. Die Bewohner der SBZ konnten ihre Stimme nur noch für oder gegen eine Einheitsliste aller Parteien und Massenorganisationen abgeben. Bei einer Wahlbeteiligung von 95,2 Prozent stimmten nach einer zweiten Auszählung, bei der alle ungültigen oder unausgefüllten Stimmzettel als Ja-Stimmen gezählt wurden, 61,1 Prozent der Wahlberechtigten für die vorgesehenen Kandidaten der Einheitsliste.

Der Kongress, an dem 610 Delegierte aus den Westzonen teilnahmen, stand ganz im Zeichen der Reaktion auf die Verabschiedung des Grundgesetzes. Die Versammlung nahm zunächst die

Verfassung der Deutschen Demokratischen Republik an und wählte anschließend den 2. Deutschen Volksrat, dem aber keine Delegierten aus dem Westen mehr angehörten. Dieser konstituierte sich am 7. Oktober 1949 als provisorische Volkskammer der DDR und beauftragte Otto Grotewohl mit der Bildung einer – ebenfalls provisorischen – Regierung. Zugleich wurde die Verfassung für das Gebiet der SBZ und Ost-Berlin in Kraft gesetzt und die Stadt zur Hauptstadt der DDR bestimmt. Damit war die Deutsche Demokratische Republik gegründet. Obwohl Grotewohl Ministerpräsident wurde und Pieck als Präsident fungierte, blieb der eigentliche starke Mann, der alle Fäden in der Hand behielt, Walter Ulbricht, der Erste Sekretär der SED. Mit Bildung der Bundesrepublik und der Deutschen Demokratischen Republik war die Teilung Deutschlands nun auch staatlich vollzogen.

9 Epilog

Der von Hitler und dem nationalsozialistischen Regime angezettelte Zweite Weltkrieg hatte das Deutsche Reich in die Katastrophe geführt. Die fanatische Entschlossenheit des Diktators, den Krieg und damit den Völkermord um jeden Preis fortzusetzen, ließ die Mehrzahl der Deutschen an den immer wieder in Aussicht gestellten »Endsieg« glauben. Es fand sich keine Mehrheit, die bereit war, mit dem Regime zu brechen und das sinnlose Morden und Sterben an den Fronten und in der Heimat zu beenden. Erst die vollständige alliierte Besetzung Deutschlands und die restlose militärische Niederwerfung seiner Streitkräfte – bestätigt durch die bedingungslose Kapitulation – setzten dem NS-Terror ein Ende.

Die Folgen des verlorenen Krieges waren gewaltig. Millionen Familien hatten ihre Angehörigen, ihre Wohnungen oder die Heimat und den Besitz verloren. Bis 1949 waren Hunger und Mangelversorgung ständige Begleiterscheinungen des Lebens, das sich erst gegen Ende des Jahrzehnts wieder stabilisierte. Hunderttausende fanden nach Flucht und Vertreibung nur langsam wieder eine neue Heimat und sahen sich nicht selten Anfeindungen der Alteingesessenen ausgesetzt, die ihre Habe nicht mit den Neuankömmlingen teilen wollten. Die Kriegsgefangenen kehrten erst allmählich zurück, und der Mangel an Männern sorgte für eine neue Rolle der Frauen im gesellschaftlichen Leben. Gleichzeitig mussten die Besiegten zusammen mit den Siegern mit dem Wiederaufbau der zerstörten Städte, Wirtschaftsbetriebe und Infrastruktur beginnen.

Die Alliierten konnten sich trotz des gemeinsam errungenen Sieges nicht auf eine einheitliche Politik hinsichtlich der Zukunft Deutschlands einigen. Klar schien anfangs nur, dass das Land in Besatzungszonen aufgeteilt und unter alliierte Kontrolle gestellt werden sollte. Auch die Bestrafung der Hauptkriegsverbrecher und eine weitreichende Entnazifizierung waren beschlossene Sache.

Stalin wollte für die Nachkriegszeit vor allem Sicherheit: für sich selbst, sein Regime, sein Land und seine Ideologie. Auch die USA und ihre westlichen Verbündeten strebten nach Sicherheit. Doch die deutsche Frage zeigte rasch, wie konträr die jeweiligen Vorstellungen der beiden Seiten waren. Der Sowjetunion ging es zunächst darum, den Status ihrer eigenen Besatzungszone zu festigen. In einem weiteren Schritt sollte dann – so Stalin 1946 – »ganz Deutschland [...] unser sein, das heißt sowjetisch, kommunistisch«[1].

Gleichwohl konnte die SBZ nicht wie gewünscht als Magnet für die westlichen Besatzungszonen wirken. Die rücksichtslosen Demontagen, die brutale Verfolgung wirklicher und vermeintlicher politischer Gegner sowie der Alltag der sowjetischen Besatzung sorgten dafür, dass die UdSSR jeglichen Bonus bei den Deutschen verspielte. Zudem fehlte dem von der Sowjetunion und den deutschen Kommunisten in der SBZ installierten politischen System die Legitimität, die die deutsche Selbstverwaltung in den Westzonen rasch erlangte. Gleichzeitig kündigten die USA und Großbritannien ihre bisherige Zusammenarbeit mit Moskau auf und bemühten sich um die Stabilisierung ihrer eigenen Zonen, um einen möglichst großen Teil Deutschlands unter westlicher Kontrolle zu halten.

In der Folge zeigte sich, dass die deutsche Frage allmählich zum Kern des sich entwickelnden Konflikts zwischen den USA und der UdSSR wurde. Die Sowjetunion drängte – entsprechend ihrer Auslegung der Beschlüsse von Potsdam – auf einen deutschen Einheitsstaat. Damit wollte sie zumindest eine wirtschaftliche Mitsprache in den Westzonen und die Kontrolle über das Ruhrgebiet erreichen. Die Westmächte hingegen strebten nach der Konsolidierung ihrer Besatzungszonen, zu der die Währungsreform und der Marshallplan gewichtige Beiträge leisteten. Des Weiteren war an die politische Zusammenfassung der drei Westzonen zu einem eigenen, von den Deutschen demokratisch und föderal verwalteten Staat gedacht.

Der Versuch Stalins, die Bildung eines unabhängigen westdeutschen Teilstaates zu verhindern, führte zur ersten Berlin-Krise, die den Kalten Krieg weiter eskalieren ließ. Mit seiner aggressiven Politik trieb der sowjetische Diktator die Westdeutschen allerdings lediglich stärker in die Arme der westlichen Alliierten. Hatten sich die Regierungschefs der westdeutschen Länder zunächst der Gründung eines neuen Staates widersetzt, so trat im Spätsommer 1948 der Parlamentarische Rat zusammen, der die Verfassung der zu gründenden Republik ausarbeiten sollte. Mit dem Inkrafttreten des Grundgesetzes existierte seit dem 24. Mai 1949 die Bundesrepublik Deutschland. Der neue demokratische Staat sollte sich bald als politisches Erfolgsmodell erweisen, da neben dem wirtschaftlichen Aufschwung auch eine wirkliche Demokratisierung der Gesellschaft erreicht wurde. In der am 7. Oktober 1949 gegründeten DDR konnte sich das demokratische Modell dagegen nicht etablieren, da die Sowjetunion hier eine kommunistische Diktatur errichtete, um ihre eigenen Interessen durchzusetzen.

Mit der staatlichen Spaltung Deutschlands endete die Phase der unmittelbaren Nachkriegszeit. Beide Großmächte hatten ihre Interessensphären abgesteckt und begannen nun mit der Konsolidierung ihres jeweiligen Machtbereichs in Europa. Für Deutschland bedeutete dies eine 40-jährige getrennte Entwicklung der beiden Teilstaaten, deren Folgen bis weit ins 21. Jahrhundert reichen.

10 Anhang

Anmerkungen

Das Kriegsende (S. 11–36)

1 Brief von Harry S. Truman an seine Mutter und Schwester, 12. Juli 1945, abgedruckt in: Harry S. Truman: Memoiren, Band 1: Das Jahr der Entscheidungen (1945), Stuttgart 1955, S. 329.

2 Kommuniqué über die Konferenz von Potsdam, 2. August 1945, abgedruckt in: Dokumente zur Deutschlandpolitik, II/1, 3. Drittelband, Frankfurt/Main 1992, S. 2121.

3 Bernd Stöver: Der Kalte Krieg. Geschichte eines radikalen Zeitalters 1947–1991, München 2007, S. 47.

4 Erklärung in Anbetracht der Niederlage Deutschlands und der Übernahme der obersten Regierungsgewalt hinsichtlich Deutschlands durch die Regierung des Vereinigten Königreichs, der Vereinigten Staaten von Amerika und der Union der Sozialistischen Sowjetrepubliken und durch die Regierung der Französischen Republik, 5. Juni 1945, abgedruckt in: Dokumente zu Deutschland 1944–1994, München 2004, S. 76.

5 Abkommen über Kontrolleinrichtungen in Deutschland, 14. November 1944, abgedruckt in: Dokumente zu Deutschland 1944–1994 (wie Anm. 4), S. 72.

6 Beschlussentwurf des Ministeriums für Bewaffnung für den Ministerrat der UdSSR, o. Datum (September 1946), RGAE, 8157/1/1149, Bl. 126.

7 Vgl. Bericht über Dienstreise in das Werk Carl Zeiss Jena, 18. August 1945, RGAE, 7572/2/1127, Bl. 42.

8 Vgl. Beschlussentwurf für Verfügung des Ministerrats der UdSSR im Anhang zum Schreiben von Ustinow an Beria, 22. März 1946, RGAE, 8157/1/1089, Bl. 55. Mit diesem Zusatz versah der Ministerrat für gewöhnlich Verfügungen von außerordentlicher Bedeutung, vor allem im Bereich der Raketen- und Atomtechnik.

9 Vgl. Schreiben von Ustinow an Beria, 25. Dezember 1946, RGAE, 8157/1/1089, Bl. 93.

10 Bericht der Kommission des Ministeriums für Bewaffnung über die Werke Zeiss und Schott, 18. August 1945, RGAE, 7572/2/1019, Bl. 2.

Die Nachkriegsgesellschaft (S. 37–62)

1 Zit. n.: Torsten Fischer: Kriegsende an Rhein, Ruhr und Weser, Gundensberg-Gleichen 2005, S. 56.

2 Wie kam es zur Bundesrepublik? Politische Gespräche mit Männern der ersten Stunde, hrsg. von Albert Wucher, Freiburg 1968, S. 13.

3 Norman M. Naimark: The Russians in Germany: A History of the Soviet Zone of Occupation, 1945–1949, Cambrigde/London 1995, S. 133.

4 Ute Frevert: Frauen-Geschichte. Zwischen Bürgerlicher Verbesserung und Neuer Weiblichkeit, Frankfurt/Main 1986, S. 246.

5 Zit. n.: Naimark: The Russian (wie Anm. 3), S. 126.

6 Protokoll der Außenministerkonferenz in Moskau, 1. November 1943, abgedruckt in: Dokumente zur Deutschlandpolitik, I/4, Frankfurt/Main 1991, S. 622.

7 Vgl. Tripartite Dinner Meeting, 29. November 1943, abgedruckt in: Dokumente zur Deutschlandpolitik (wie Anm. 6), S. 665.

8 Ebd.

9 Verhör von Keitel durch den NKGB, 17. Juni 1945, GARF, 9401/2/97, Bl. 420 f.

10 Verhör von Göring durch den NKGB, 17. Juni 1945, GARF, 9401/2/97, Bl. 410.

11 Zit. n.: Telford Taylor: Die Nürnberger Prozesse: Kriegsverbrechen und Völkermord, Zürich 1951, S. 26.

12 Lutz Niethammer: Juden und Russen im Gedächtnis der Deutschen, in: Der historische Ort des Nationalsozialismus. Annäherungen, hrsg. von Walter H. Pehle, Frankfurt/Main 1990, S. 114–134, hier 116.

13 Zit. n.: Constantin Goschler: Nachkriegsdeutschland und die Verfolgten des Nationalsozialismus, in: Ende des Dritten Reiches – Ende des Zweiten Weltkriegs. Eine perspektivische Rückschau, hrsg. von Hans-Erich Volkmann, München/Zürich 1995, S. 317–342, hier 320.

»Strandgut des Krieges« (S. 63–93)

1 Zit. n. Christian Habbe: Der zweite lange Marsch, in: Die Flucht: Über die Vertreibung der Deutschen aus dem Osten, hrsg. von Stefan Aust und Stephan Burgdorff, Stuttgart/München 2002, S. 225–236, hier 228.

2 Michael Schwartz: Vertriebene und »Umsiedlerpolitik«. Integrationskonflikte in den deutschen Nachkriegs-Gesellschaften und die Assimilationsstrategien in der SBZ/DDR 1945–1961, München 2004, S. 731.

3 Ebd., S. 919.

4 Vgl. Die UdSSR und die deutsche Frage 1941–1948. Dokumente aus dem Archiv für Außenpolitik der Russischen Föderation, hrsg. von Jochen P. Laufer und Georgij P. Kynin unter Mitarbeit von Viktor Knoll, Bd. I, Berlin 2004, S. 194–214.

5 Verfügung Nr. 7467 des Staatlichen Verteidigungskomitees der UdSSR über Maßnahmen zur Säuberung des Hinterlandes der Fronten von Terroristen und Diversanten, 3.2.1945, RGASPI, 644/1/369, Bl. 2–5.

6 Vgl. Dokumente zur Deutschlandpolitik, II/1, 3. Drittelband, Frankfurt/Main 1992, Bd. 1, S. 2101–2125.

7 Rüdiger Overmans: Soldaten hinter Stacheldraht. Deutsche Kriegsgefangene des Zweiten Weltkriegs, München 2000, S. 108 f.

8 Jörg Echternkamp: Im Schlagschatten des Krieges Von den Folgen militärischer Gewalt und nationalsozialistischer Herrschaft in der frühen Nachkriegszeit, in: Rolf-Dieter Müller (Hrsg.): Der Zusammenbruch des Deutschen Reiches 1945: Die Folgen des Zweiten Weltkriegs, München 2008, S. 657–697, hier 677.

9 Wolfgang Jacobmeyer: Vom Zwangsarbeiter zum Heimatlosen Ausländer. Die Displaced Persons in Westdeutschland 1945–1951, Göttingen 1998, S. 16.

10 Rolf Steininger: Deutsche Geschichte, Darstellung und Dokumente in vier Bänden, Band 1: 1945–1947, Frankfurt/Main 2002, S. 156.

11 Wolfgang Leonhard: Die Revolution entlässt ihre Kinder, Köln/Berlin 1955, S. 358.

Die sowjetische Besatzungsherrschaft in Deutschland (S. 94–133)

1 Zit. n.: Michail G. Semirjaga: Kak my upravili Germaniy. Politika i žisn, Moskva 1995, S. 159.

2 Bodo Ritscher: Zur Herausbildung und Organisation des Systems von Speziallagern des NKWD in der sowjetischen Besatzungszone Deutschlands im Jahre 1945, in: Deutschland Archiv (1993), Nr. 6, S. 727.

3 Vgl. Schreiben von Beria an Stalin über die Ergebnisse der Säuberung des Hinterlandes der Roten Armee von feindlichen Elementen vom 1. Januar bis zum 15. April 1945, 17. April 1945, GARF, 9401/2/95, Bl. 253 f. Darunter befanden sich: »8 470 Agenten, Terroristen, Diversanten; 123 166 Mitglieder nationalsozialistischer Organisationen; 31 319 Angehörige von Armeen die gegen die UdSSR kämpfen; 3 319 Angehörige der Polizeiorgane, von Gefängnissen, KZ u. a.; 2 272 Leiter von Großbetrieben, der Administration, Journalisten; 17 495 Landesverräter; 29 628 andere feindliche Elemente«.

4 Ebd., Bl. 254.

5 Anweisung des Militärrats und der Politverwaltung der 1. Ukrainischen Front an die Militärkommandanten deutscher Städte zur Organisation der örtlichen Verwaltung und zur Arbeit mit der deutschen Bevölkerung, 13. Mai 1945, in: Russkij archiv: Velikaja Otečestvennaja: Bitva za Berlin (Kransnaja Armija v poveržennoj Germanii, Bd. 15 (4–5), Moskva 1995, S. 393.

6 Beschluss des Rates der Volkskommissare der UdSSR über die Organisation der Sowjetischen Militäradministration zur Verwaltung der sowjetischen Besatzungszone in Deutschland, 6. Juni 1945, in: Bitva za Berlin (wie Anm. 5), S. 410.

7 Schreiben über die Reorganisation des Apparates der Bevollmächtigten des NKWD der UdSSR, bei der 1., 2. und 3. Belorussischen sowie der 1. und 4. Ukrainischen Front, 22. Juni 1945, GARF, 9401/2/97, Bl. 9.

8 Aktennotiz Serows an Beria über die Lage in den Gebieten Thüringens und Sachsen, die von den Streitkräften der Verbündeten geräumt wurden, 9. Juli 1945, GARF, 9401/2/97, Bl. 307.

9 Ebd., Bl. 308.

10 Ebd.

11 Beschluss der Rehabilitierungskommission der Russischen Föderation zur Untersuchungsakte gegen Jürgen S., 15. Februar 1996, Dokument im Besitz des Autors.

12 Schreiben des Chefs der Informationsabteilung der SMA Sachsen N.A. Kusminow an den Leiter des Operativsektors des MGB K.P. Jegoschin, 19. April 1948, abgedruckt in: Apparat NKVD-MGB v Germanii 1945–1953. Dokumenty, hrsg. von Nikita Petrov und Jan Foitzik, Moskva 2009, S. 287.

13 RGANI, Kartei der eingehenden Korrespondenzen beim ZK der VKP(b).

14 Schreiben von Merkulow an Beria, 19. Juni 1945, GARF, 9401/1/2223, Bl. 52–56. »Enormoz« war der Codename für die Bearbeitung des amerikanischen Manhattan-Projekts zur Entwicklung einer Atombombe durch den NKWD.

15 Aktennotiz von Serow an Kruglow über den Umfang der Streitkräfte der Verbündeten und deutschen Formationen in den westlichen Besatzungszonen Deutschlands, zu den von ihnen durchgeführten Manövern und Gerüchte über einen möglichen Krieg, 3. Juli 1946, GARF, 9401/2/138, Bl. 119.

16 Ebd., Bl. 126.

17 Headquarters European Command Intelligence Center US Army. Virginia Report Nr. 96, 20. Oktober 1947, Bundesarchiv Koblenz, RG 260/OMGUS/AGTS/37/1(1).

18 Urteil des Militärkollegiums des Obersten Gerichts der UdSSR in der Angelegenheit der ehemaligen Mitarbeiter des Apparates des Bevollmächtigten des NKVD-MVD in Deutschland G.A. Beschanow, S.A. Klepow u.a., 17. Oktober 1951, veröffentlicht in: Apparat NKVD-MGB (wie Anm. 12), S. 443 f.

19 Auskunftsschreiben des Komitees für Parteikontrolle beim ZK der KPdSU in der Angelegenheit G.A. Bežanov, Juli 1954, RGASPI, 589/3/8133, Bl. 47.

20 Befehl Nr. 0022 über die Ergebnisse der Inspektion der Gruppe der sowjetischen Besatzungsstreitkräfte und der Verbände der Reserve des Oberkommandos in Deutschland, 21. September 1946, RGASPI, 5/11/477, Bl. 48.

21 Die Streitkräfte der UdSSR. Abriss ihrer Entwicklung von 1918 bis 1968, Berlin 1974, S. 610.

22 Operativnyj plan dejstvij Gruppy sovetskich okkupacionnych vojsk v Germanii, 5.11.1946, abgedruckt in: Garleov, Otkuda ugroza, S. 27.

23 Zit. n.: Ilko-Sascha Kowalczuk/Stefan Wolle: Roter Stern über Deutschland. Sowjetische Truppen in der DDR, Berlin 2001, S. 55.

24 Befehl Nr. 2 des Obersten Chefs der Sowjetischen Militäradministration über die Zulassung antifaschistischer Parteien und Organisationen, 10. Juni 1945.

25 Vom Chaos zur Ordnung. Aufruf der Sozialdemokratischen Partei Deutschlands, in: Das Volk, 7. Juli 1945.

26 Zit. n.: Hartwig Bögeholz: Die Deutschen nach dem Krieg. Eine Chronik. Befreit, geteilt, vereint: Deutschland 1945 bis 1995, Hamburg 1995, S. 27.

27 Hermann Wentker: Justiz in der SBZ/DDR 1945–1953. Transformation und Rolle ihrer zentralen Institutionen, München 2001, S. 25.

28 Zit. n.: Christoph Kleßmann: Die doppelte Staatsgründung. Deutsche Geschichte 1945–1955, Bonn 1982, S. 73.

29 Zit. n.: Norman Naimark: Die Russen in Deutschland. Die Sowjetische Besatzungszone 1945 bis 1949, Berlin 1997, S. 64.

30 Zit. n.: Semirjaga, Kak my (wie Anm. 1), S. 172.

Von der Bizone zur Trizone – Die westliche Besatzungsherrschaft (S. 134–164)

1 Rede des amerikanischen Außenminister Byrnes in Stuttgart, 6. September 1946, abgedruckt in: Die Neue Zeitung, 9. September 1946.

2 Zit. n.: Rolf Steininger: Deutsche Geschichte, Darstellung und Dokumente in vier Bänden, Band 1: 1945–1947, Frankfurt/Main 2002, S. 14.

3 Karl Ernst Bungenstab: Umerziehung zur Demokratie? Reeducation-Politik im Bildungswesen der US-Zone 1945–1949, Düsseldorf 1970, S. 81.

4 Vgl. Steininger: Deutsche Geschichte (wie Anm. 2), S. 139.

5 Zit. n.: Christoph Kleßmann: Die doppelte Staatsgründung. Deutsche Geschichte 1945–1955, Bonn 1982, S. 97.

6 Zit. n.: Michael Wala: Der Marshallplan und die Genese des Kalten Krieges, in: Die USA und Deutschland im Zeitalter des Kalten Krieges 1945–1990, hrsg. von Detlef Junker in Verbindung mit Philipp Gassert, Wilfired Mausbach und David B. Morris, 1. Band, Stuttgart/München 2001, S. 124–131, hier 124.

7 John Lewis Gaddis: Der Kalte Krieg. Eine neue Geschichte, Berlin 2007, S. 46.

8 Allan Bullock: The Life and Times of Ernest Bevin. Foreign Secretary 1945–51, London 1983, S. 422.

9 Bernd Stöver: Der Kalte Krieg. Geschichte eines radikalen Zeitalters 1947–1991, München 2007, S. 46.

Das geteilte Deutschland und die erste Schlacht des Kalten Krieges (S. 165–181)

1 Aufzeichnung einer Unterredung des Gen. I.V. Stalin mit den Führern der SED, Wilhelm Pieck und Otto Grotewohl, 26.3.1948, in: Die UdSSR und die deutsche Frage 1941–1948. Dokumente aus dem Archiv für Außenpolitik der Russischen Föderation, hrsg. von Jochen P. Laufer und Georgij P. Kynin unter Mitarbeit von Viktor Knoll, Bd. III, Berlin 2004, S. 546.

2 Victor Gobarev: Soviet Military Plans and Actions during the First Berlin Crisis, 1948–1949, in: Slavic Military Studies (1997), Nr. 3, S. 15.

3 George Bailey/Sergej A. Kondraschow/David Murphy: Die unsichtbare Front. Der Krieg der Geheimdienste im geteilten Berlin, Berlin 2000, S. 78.

4 Zit. n.: Hartwig Bögeholz: Die Deutschen nach dem Krieg. Eine Chronik. Befreit, geteilt, vereint: Deutschland 1945 bis 1995, Hamburg 1995, S. 79.

5 Zit. n.: Hannes Adomeit: Die Sowjetmacht in internationalen Krisen und Konflikten: Verhaltensmuster, Handlungsprinzipien, Bestimmungsfaktoren, Baden-Baden 1983, S. 133.

6 On the Front Lines of the Cold War: Documents on the Intelligence War in Berlin, 1946 to 1961, ed. by Donald P. Steury, Washington D.C. 1999, S. 130.

7 Paul Maddrell: Spying on Science: Western Intelligence in Divided Germany, Oxford 2006, S. 69.

8 CIA History Staff: The Clandestine Service Historical Series: The illegal Border-crossing program 1946–1959, Washington D.C. 1971. S. 17, auf: www.foia.cia.gov.

9 Chief, MBO to Chief, OSO, Report of Investigation RUSTY, 17.12.1948, abgedruckt in: Forging an Intelligence Partnership: CIA and the Origins of BND, 1945–1949, ed. by Kevin C. Ruffner, Washington D.C. 1999, Vol. II, S. 109.

10 Očerki istorii rossijskoj vnešnej razvedki 1945–1965, Moskva 2003, S. 37.

11 Bericht von Fedotow und Rodionow an Molotow, April 1948. Dem Bericht ist das entsprechende Telegramm von Saint-Hardouin vom 2.4.1948 beigefügt, abgedruckt in: Očerki-5, S. 552.

12 Schreiben von Fedotow und Rodionow an Stalin, Molotow, Bulganin und Sorin, Juli 1948, abgedruckt in: Očerki-5, S. 580.

13 Bericht des Komitees für Information beim Ministerrat der UdSSR, 28.9.1948, abgedruckt in: Bailey/Kondraschow/Murphy: Die unsichtbare Front (wie Anm. 3), S. 85.

Der Vollzug der staatlichen Teilung Deutschlands (S. 182–187)

1 Antwortnote der Ministerpräsidenten der Länder in den westdeutschen Besatzungszonen an die Militärgouverneure mit Stellungnahme zu den Frankfurter Dokumenten, 10. Juli 1948, in: Dokumente zu Deutschland 1944–1994, München 2004, S. 91.

2 Zit. n.: Hans-Peter Mensing: Konrad Adenauer, in: Kanzler und Minister 1949–1998. Biographisches Lexikon der deutschen Bundesregierungen, hrsg. von Udo Kempf und Hans-Georg Merz, Wiesbaden 2001, S. 82–96, hier 82.

Epilog (S. 188–190)

1 Vladimir O. Pechatnov/Earl C. Edmondson: The Russian Perspective, in: Debating the Origins of the Cold War, ed. by Ralph B. Levering u.a., New York 2002, S. 85–151, hier 109.

Auswahlbibliografie

Die nachfolgende Auflistung enthält eine Auswahl wichtiger Werke, die zur vertiefenden Lektüre empfohlen werden. Weitere Literaturhinweise finden sich in den Anmerkungen.

Albrecht, Ulrich; Heinemann-Grüder, Andreas; Wellmann, Arend: Die Spezialisten. Deutsche Naturwissenschaftler und Techniker in der Sowjetunion nach 1945. Berlin 1992.

Antoni, Michael: Das Potsdamer Abkommen – Trauma oder Chance? Geltung, Inhalt und staatsrechtliche Bedeutung für Deutschland. Berlin 1985.

Badstübner, Rolf; Loth, Wilfried (Hrsg.): Wilhelm Pieck – Aufzeichnungen zur Deutschlandpolitik 1945–1953. Berlin 1994.

Bauerkämper, Arnd: Ländliche Gesellschaft in der kommunistischen Diktatur. Zwangsmodernisierung und Tradition in Brandenburg 1945–1963. Köln, Weimar, Wien 2002.

Benz, Wolfgang: Die Gründung der Bundesrepublik von der Bizone zum souveränen Staat. München 1984.

Benz, Wolfgang: Potsdam 1945. Besatzungsherrschaft und Neuaufbau im Vier-Zonen-Deutschland. München 1986.

Benz, Wolfgang: Von der Besatzungsherrschaft zur Bundesrepublik. Stationen einer Staatsgründung 1945–1949. Frankfurt/Main 1984.

Boelcke, Willi A.: Der Schwarzmarkt 1945–1949: Vom Überleben nach dem Kriege. Braunschweig 1986.

Broszat, Martin; Henke, Klaus-Dietmar; Woller, Hans (Hrsg.): Von Stalingrad zur Währungsreform. Zur Sozialgeschichte des Umbruchs in Deutschland. München 2008.

Broszat, Martin; Weber, Hermann (Hrsg.): SBZ-Handbuch. Staatliche Verwaltungen, Parteien, gesellschaftliche Organisationen und ihre Führungskräfte in der Sowjetischen Besatzungszone Deutschlands. München 1993.

Buchheim, Christoph (Hrsg.): Wirtschaftliche Folgelasten des Krieges in der SBZ/DDR. Baden-Baden 1995.

Clay, Lucius D.: Entscheidung in Deutschland. Frankfurt/Main 1950.

Creuzberger, Stefan: Die sowjetische Besatzungsmacht und das politische System der SBZ. Weimar, Köln, Wien 1996.

Echternkamp, Jörg: Nach dem Krieg. Alltagsnot, Neuorientierung und die Last der Vergangenheit 1945–1949. Zürich 2003.

Eschenburg, Theodor: Jahre der Besatzung 1945–1949. Stuttgart, Wiesbaden 1983.

Fisch, Jörg: Reparationen nach dem Zweiten Weltkrieg. München 1992.

Foitzik, Jan: Sowjetische Militäradministration in Deutschland (SMAD). Berlin 1999.

Gimbel, John: Amerikanische Besatzungspolitik in Deutschland 1945–1949. Frankfurt/Main 1971.

Gimbel, John: Science, Technology and Reparations. Exploitation and Plunder in Postwar Germany. Stanford 1990.

Goschler, Constantin: Wiedergutmachung. Westdeutschland und die Verfolgten des Nationalsozialismus (1945–1954). München 1992.

Graml, Hermann: Die Alliierten und die Teilung Deutschlands. Konflikte und Entscheidungen. Frankfurt/Main 1985.

Gries, Rainer: Die Rationen-Gesellschaft. Versorgungskampf und Vergleichsmentalität: Leipzig, München und Köln nach dem Kriege. Münster 1991.

Grohnert, Reinhard: Die Entnazifizierung in Baden 1945–1949. Konzeption und Praxis der »Epuration« am Beispiel eines Landes der französischen Besatzungszone. Stuttgart 1991.

Henke, Klaus-Dietmar: Die amerikanische Besetzung Deutschlands. München 1995.

Herbst, Ludolf: Option für den Westen. Vom Marshallplan bis zum deutsch-französischen Vertrag. München 1989.

Hilger, Andreas: Deutsche Kriegsgefangene in der Sowjetunion, 1941–1956. Kriegsgefangenenpolitik, Lageralltag und Erinnerung. Essen 2000.

Hilger, Andreas; Schmeitzner, Mike; Vollnhals, Clemens (Hrsg.): Sowjetisierung oder Neutralität? Optionen sowjetischer Deutschlandpolitik in Deutschland und Österreich 1945–1955. Göttingen 2006.

Hoffmann, Dierk; Krauss, Martina; Schwartz, Michael (Hrsg.): Vertriebene in Deutschland. Interdisziplinäre Ergebnisse und Forschungsperspektiven. München 1999.

Hoffmann, Dierk; Wentker, Hermann (Hrsg.): Das letzte Jahr der SBZ: politische Weichenstellungen und Kontinuitäten im Prozeß der Gründung der DDR. München 2000.

Institut Français de Stuttgart (Hrsg.): Die französische Deutschlandpolitik zwischen 1945 und 1949. Tübingen 1987.

Jacobmeyer, Wolfgang: Vom Zwangsarbeiter zum heimatlosen Ausländer. Die Displaced Persons in Westdeutschland 1945–1991. Göttingen 1985.

Judt, Matthias; Ciesla, Burghard (Ed.): Technology Transfer out of Germany After 1945. Amsterdam 1996.

Junker, Detlef (Hrsg.): Die USA und Deutschland im Zeitalter des Kalten Krieges. Ein Handbuch. Stuttgart, München 2001.

Karlsch, Rainer: Allein bezahlt? Die Reparationsleistungen der SBZ/DDR 1945–1953. Berlin 1993.

Karlsch, Rainer; Laufer, Jochen (Hrsg.): Sowjetische Demontagen in Deutschland 1944–1949. Hintergründe, Ziele und Wirkungen. Berlin 2002.

Kessel, Martina: Westeuropa und die deutsche Teilung. Englische und französische Deutschlandpolitik auf den Außenministerkonferenzen von 1945 bis 1947. München 1989.

Kleßmann, Christoph: Die doppelte Staatsgründung. Deutsche Geschichte 1945 bis 1955. Bonn, Göttingen 1982.

Knyschewskij, Pawel Nikolaewitsch: Moskaus Beute: wie Vermögen, Kulturgüter und Intelligenz nach 1945 aus Deutschland geraubt wurden. München/Landsberg am Lech 1995.

Königseder, Angelika; Wetzel, Juliane: Lebensmut im Wartesaal. Die jüdischen DPs (Displaced Persons) im Nachkriegsdeutschland. Frankfurt/Main 1994.

Koval', K. I.: Poslednij svidetel'. »Germanskaja karta« v cholodnoj vojne. Moskva 1997.

Kraus, Elisabeth: Ministerien für das ganze Deutschland? Der Alliierte Kontrollrat und die Frage der gesamtdeutscher Zentralverwaltungen. München 1990.

Laufer, Jochen P.; Kynin, Georgij P. (Hrsg.): Die UdSSR und die deutsche Frage 1941–1948. Dokumente aus dem Archiv für Außenpolitik der Russischen Föderation. Unter Mitarbeit von Viktor Knoll, Bd. I–III. Berlin 2004.

Lemke, Michael (Hrsg.): Sowjetisierung und Eigenständigkeit in der SBZ/DDR (1945–1953). Köln, Weimar, Wien 1999.

Loth, Wilfried (Hrsg.): Die deutsche Frage in der Nachkriegszeit. Berlin 1994.

Mai, Gunther: Der Alliierte Kontrollrat in Deutschland 1945–1948. Alliierte Einheit – deutsche Teilung. München 1995.

Malycha, Andreas: Die SED: Geschichte ihrer Stalinisierung 1946–1953. Paderborn 2000.

Maser, Werner: Nürnberg – Tribunal der Sieger. Düsseldorf 1976.

Mastny, Vojtech: The Cold War and Soviet Insecurity: The Stalin Years. New York, Oxford 1998.

Mehringer, Hartmut; Schwartz, Michael; Wentker, Hermann (Hrsg.): Erobert oder befreit? Deutschland im internationalen Kräftefeld und die Sowjetische Besatzungszone (1945/46). München 1999.

Mick, Christoph: Forschen für Stalin. Deutsche Fachleute in der sowjetischen Rüstungsindustrie 1945–1958. München, Wien 2000.

Mironenko, Sergej; Niethammer, Lutz; Plato, Alexander v. (Hrsg.): Sowjetische Speziallager in Deutschland. Berlin 1998.

Möller, Horst; Tschubarjan, Alexandr O. (Hrsg.): SMAD Handbuch. Die Sowjetische Militäradministration in Deutschland 1945–1949. München 2009.

Müller, Rolf-Dieter (Hrsg.): Der Zusammenbruch des Deutschen Reiches 1945: Die Folgen des Zweiten Weltkriegs (= Das Deutsche Reich und der Zweite Weltkrieg, Bd. 10/2). München 2008.

Naimark, Norman M.: The Russians in Germany. A history of the Soviet Zone of Occupation, 1945–1949. Cambridge, London 1995.

Niethammer, Lutz: Entnazifizierung in Bayern. Säuberung und Rehabilitierung unter amerikanischer Besatzung. Frankfurt/Main 1972.

O'Sullivan, Donald: Stalins »Cordon sanitaire«. Die sowjetische Osteuropapolitik und die Reaktionen des Westens 1939–1949. Paderborn u.a. 2003.

Overy, Richard J.: Verhöre: die NS-Elite in den Händen der Alliierten 1945. Berlin 2005.

Pakschies, Günter: Umerziehung in der britischen Zone 1945–1949. Weinheim 1979.

Petrov, Nikita V.: Prevyj predsedatel' KGB Ivan Serov. Moskva 2005.

Plumpe, Werner: Vom Plan zum Markt. Wirtschaftsverwaltung und Unternehmerverbände in der britischen Zone. Düsseldorf 1987.

Rupieper, Hermann-Josef: Der besetzte Verbündete. Die amerikanische Deutschlandpolitik 1949–1955. Opladen 1991.

Rupieper, Hermann-Josef: Die Wurzeln der westdeutschen Nachkriegsdemokratie. Der amerikanische Beitrag. Opladen 1993.

Schneider, Ulrich: Niedersachsen 1945. Kriegsende, Wiederaufbau, Landesgründung. Hannover 1985.

Schulze, Rainer u.a. (Hrsg.): Flüchtlinge und Vertriebene in der westdeutschen Nachkriegsgesellschaft. Hildesheim 1987.

Schwartz, Michael: Vertriebene und »Umsiedlerpolitik«. Integrationskonflikte in den deutschen Nachkriegsgesellschaften und die Assimilationsstrategien in der SBZ/DDR. München 2004.

Semirjaga, M. I.: Kak my upravljali Germaniej. Politika i žisn. Moskva 1995.

Steininger, Rolf: Ein neues Land an Rhein und Ruhr: die Ruhrfrage 1945/46 und die Entstehung Nordrhein-Westfalens. Düsseldorf 1990.

Stüber, Gabriele: Der Kampf gegen den Hunger 1945–1950. Die Ernährungslage in der britischen Zone Deutschlands, insbesondere in Schleswig-Holstein und Hamburg. Neumünster 1984.

Thoß, Bruno (Hrsg.): Volksarmee schaffen ohne Geschrei! Studien zu einer »verdeckten Aufrüstung« in der SBZ/DDR 1947–1952. Im Auftrag des MGFA. München 1994.

Tyrell, Albrecht: Großbritannien und die Deutschlandplanung der Alliierten 1941–1945. Frankfurt/Main 1987.

Volkmann, Hans-Erich (Hrsg.): Ende des Dritten Reiches – Ende des Zweiten Weltkriegs. München, Zürich 1995.

Vollnhals, Clemens (Hrsg.): Entnazifizierung. Politische Säuberung und Rehabilitierung in den vier Besatzungszonen 1945–1949. München 1991.

Weber, Hermann: Von der SBZ zur DDR: 1945–1968. Hannover 1966.

Wehler, Hans-Ulrich: Deutsche Gesellschaftsgeschichte. Vierter Band. Vom Beginn des Ersten Weltkriegs bis zur Gründung der beiden deutschen Staaten 1914–1949. München 2003.

Weisz, Christoph (Hrsg.): OMGUS-Handbuch. Die amerikanische Militärregierung in Deutschland. München 1994.

Wentker, Hermann: Justiz in der SBZ/DDR 1945–1953. Transformation und Rolle ihrer zentralen Institutionen. München 2001.

Woller, Hans: Gesellschaft und Politik in der amerikanischen Besatzungszone. Die Region Ansbach und Fürth. München 1986.

Zauner, Stefan: Erziehung und Kulturmission. Frankreichs Bildungspolitik in Deutschland 1945–1949. München 1994.

Zeidler, Manfred: Kriegsende im Osten. Die Rote Armee und die Besetzung Deutschlands östlich von Oder und Neiße 1944/45. München 1996.

Register

Der Autor

Matthias Uhl, geboren 1970 in Nordhausen, studierte Geschichte, Politikwissenschaft und Osteuropäische Geschichte in Halle und Moskau. Nach seiner Promotion im Jahr 2000 war er von 2001 bis 2005 wissenschaftlicher Mitarbeiter am Institut für Zeitgeschichte, seit Juli 2005 arbeitet er am Deutschen Historischen Institut Moskau. Seine Forschungsschwerpunkte sind die Geschichte des Kalten Krieges und die sowjetische Militär- und Sicherheitspolitik.